职业教育“双高建设”规划教材

道路与桥梁工程技术专业群校企合作一体化教材

公路勘测技术

主　编　关　超　桑海军

副主编　张永丹　周志国　金春福

本书立体化资源

黄河水利出版社

·郑州·

内 容 提 要

本书以最新颁布的公路工程技术标准及相关规范为依据，全面系统地介绍了公路勘测设计的基本理论和实用方法。本书主要内容包括绪论、公路平面设计方法、公路纵断面设计方法、公路横断面设计方法、公路选线和定线及公路外业勘测。本书可作为高职高专院校交通土建类相关专业的教学用书，也可供从事公路工程设计、施工、管理等技术人员参考或职业技能培训的教材使用。

图书在版编目(CIP)数据

公路勘测技术/关超，桑海军主编. —郑州：黄河水利出版社，2024. 2

ISBN 978-7-5509-3653-9

Ⅰ. ①公…　Ⅱ. ①关… ②桑…　Ⅲ. ①道路测量-高等职业教育-教材②道路工程-设计-高等职业教育-教材　Ⅳ. ①U412

中国国家版本馆 CIP 数据核字(2023)第 138890 号

策划编辑　贾会珍　电话：0371-66028027　E-mail：110885539@ qq. com

责任编辑　景泽龙　　责任校对　兰文峡
封面设计　黄瑞宁　　责任监制　常红昕
出版发行　黄河水利出版社
地址：河南省郑州市顺河路 49 号　邮政编码：450003
网址：www. yrcp. com　E-mail：hhslcbs@ 126. com
发行部电话：0371-66020550
承印单位　河南承创印务有限公司
开　　本　787 mm×1 092 mm　1/16
印　　张　13. 25
字　　数　310 千字
版次印次　2024 年 2 月第 1 版　　2024 年 2 月第 1 次印刷

定　　价　43. 00 元

前 言

本书是以职业能力培养为核心，以道路工程的勘测设计过程为线索而编写的适应高等职业教育公路运输及相关专业的教材，也可用于公路相关行业的设计、施工、监理等技术和管理人员参考。

公路勘测技术是高等职业院校交通土建类相关专业的核心课程，作者通过对公路工程各阶段的职业岗位和典型工作任务进行调研、分析和论证，了解企业对毕业生知识结构和能力的要求，结合公路勘察设计的各项工作要求，明确了公路勘测技术课程的相关学习目标。在编写过程中，教材注重知识与能力的培养和结合，充分体现职业能力的要求，体现高等职业教育的特点。

教材中阐述的内容结合了最新颁布的工程技术标准和规范，将新技术、新方法、新理论融入教材，使教材具有先进性、时效性和科学性。同时，教材强调对学生进行新时代思想政治教育，融入了大量思政教育专题内容，培养学生的爱国情怀和工匠精神。

本书由辽宁省交通高等专科学校关超和桑海军担任主编。其中，关超编写绪论、项目一、项目二、附录；桑海军编写项目三、项目四、项目五。全书由辽宁省交通建设投资集团梁岩担任主审。

本书在编写过程中参考了大量文献和书籍，在此对原作者表示衷心的感谢！

由于作者水平有限，疏漏和不妥之处在所难免，敬请广大读者批评指正。

作 者

2023 年 6 月

目 录

绪 论

知识目标

掌握公路的组成和分级方法，理解公路设计的基本依据。

能力目标

能够确定公路的设计速度、交通量、服务水平，并选定公路的等级。

思政目标

了解中国古代道路发展历史，培养爱国主义情怀。

一、交通运输体系

由于社会生产与消费的需要，为了实现人与物的移动，人们必须克服空间上的阻碍，为具体实现这种移动提供运输，我们把实现这种服务的物质生产全过程称为交通运输。

码 0-1 道路运输概况与公路组成

交通运输是国民经济的基础，是联系工业和农业、城市和乡村、生产和消耗的纽带，是国民经济的大动脉。交通运输的发展，有利于促进整个社会的经济发展和人民物质文化生活水平的提高，有利于加强国防建设。按照运输线路和工具的不同，交通运输体系可分为铁路运输（火车）、道路运输（汽车）、水路运输（轮船）、航空运输（飞机）及管道运输五种。铁路运输运量大、运程远，在交通运输中起着主要作用；道路运输机动灵活、分布广，对于客货运输，特别是短途运输有着显著的效益；水路运输成本低，但运速较慢并受到航道的限制；航空运输速度快，对于运送旅客、紧急物资及邮件起着重要作用；管道运输由于受管线的限制，仅适用于液态、气态和散装粉状物（如石油、煤气、水泥等）的运输。上述不同的运输方式各有所长，只有合理分工、协调配合、取长补短，才能组成一个综合的交通运输系统，为社会生产和消费服务。

目前，我国的交通运输发展以铁路为骨干，道路为基础，充分利用内河、沿海和远洋运输资源，积极发展航空事业，已形成具有不同功能、远近结合、四通八达、全国统一的综合交通运输网络体系。

二、道路运输的特点

道路运输机动灵活，周转迅速，而且容易普及，它可以将物资、商品直接运到市场、仓库、工矿企业和农村，在城市和乡村、生产和消费之间架起桥梁，减少中转装卸环节，方便人民群众，既是一个独立的运输体系，又是对铁路、水运、航空运输方式的补充。道路运输在中短途和实现"点对点"运输方面有较大优势，在厂矿企业内部及城市交通中，道路运输是最主要的运输方式。

道路运输与其他运输方式相比，具有以下特点：

(1)机动灵活，直达门户。这是其他运输方式不具备的。

(2)运送速度快，适应性强。道路运输可避免中转重复装卸，能满足各方面多种运输需要，不受批量限制，不受时间约束，对贵重物品、易碎物品、防腐保鲜货物的中短途运输尤为适宜。

(3)为其他运输方式集散、接运客货。如果缺少道路运输的联结作用，其他运输方式的功能将受到极大的影响。

(4)道路运输的技术特性简单，车辆易于驾驶，投资回收快。

(5)道路运输在客运上有很大优势。这不仅表现在道路运输的机动灵活和直达门户方面，还表现在客运成本低、投资小、收效大和舒适方便等方面。

目前，在我国道路客运设施尚未得到根本改善的条件下，道路年客运运输量仍占全国总年客运量的70%以上，有的省份则高达90%。在抢险、救灾及战时，道路运输更是最有效的运输方式。

三、我国公路建设现状

我国公路建设始于20世纪初，与其他发达国家相比，起步并不算晚。但1949年前的公路建设发展缓慢，到1949年全国公路通车里程仅约8万km，且大部分分布在沿海地区。新中国成立以后，公路事业才逐步得到发展，并迈入现代化建设时期。1949年后，我国的公路建设大致经历了"通达工程"建设期(1950—1978年)、"提高等级"建设期(1979—1997年)和"完善路网"建设期(1998—2019年)。

(一)"通达工程"建设期(1950—1978年)

这一时期，我国的国民经济建设全面展开，百废待兴，国民经济基础十分薄弱且长期处于计划经济的体制环境制约下，国家对公路交通的基础性和先导性作用认识不足，导致投资不足，公路建设资金十分匮乏。这一时期公路建设的任务是"以通为主"，公路建造技术和工艺水平相对落后，公路建设标准多为三、四级公路。但是通车里程增长迅速，截至1976年，全国公路通车里程达到82.3万km。

(二)"提高等级"建设期(1979—1997年)

这一时期，我国经济开始步入持续、快速、健康发展的轨道，综合实力日趋增强，公路基础设施建设发生历史性的转变，主要表现在：公路建设得到中央和地方各级政府的重视，公路建设的重要性逐步为全社会所认识；在统一规划的基础上，开始有计划地建设全国公路基础设施，明确了全国干线公路网布局；公路建设在扩大总规模的同时，重点加强了质量，高等级公路迅速发展，公路基础设施的总体技术水平得到提高；公路建设资金来源趋于多元化，提高养路费征收标准、开征车辆购置附加费、允许高等级公路收费还贷等政策的出台，保证了公路建设资金的来源。

这一时期，公路建设由以前的“以通为主”向“提高公路的快速性”转变，主要任务是提高公路等级、质量和通行能力，开始建设高速公路，以满足国民经济对公路交通的需求。截至 1996 年底，我国的公路通车总里程超过 118 万 km，高速公路和一级公路超过 15 万 km，路网等级全面提高。

（三）“完善路网”建设期（1998—2019 年）

这一时期，国家采取了积极的财政政策，以扩大内需推动国民经济快速稳步地增长，行之有效的措施包括大规模启动基础建设项目，这给公路建设带来了前所未有的发展机遇，加之交通增长对公路建设的强烈要求，修建高速公路成为公路建设的主旋律。截至 2019 年，全国公路总里程已达 501.25 万 km，其中高速公路达 14.96 万 km，居世界第一，国道、省道总体技术状况达到良好水平，路网日趋完善。

总体来看，经过多年的发展，我国的公路建设取得了巨大的成就：一是路网密度大大提高；二是农村公路建设成就显著；三是公路、桥梁、隧道建造技术不断提升甚至超越国际先进水平，建造了一批标志性工程，如港珠澳大桥、杭州湾大桥、秦岭特长隧道、世界最长的沙漠公路塔里木沙漠公路等；四是高速公路建设成就突出。

四、我国公路交通发展规划

为科学发展我国公路、水路交通，2001 年交通部根据我国国民经济和社会发展的长远规划，制定了长期发展规划，提出通过“三个发展阶段”实现公路现代化的奋斗目标。目前，第一阶段和第二阶段目标已经实现，第三阶段目标是在 21 世纪中叶基本实现公路交通运输现代化。

2019 年 9 月 19 日，中共中央、国务院印发《交通强国建设纲要》，明确了“从 2021 年到 21 世纪中叶，我国将分两个阶段推进交通强国建设”的发展目标。到 2035 年，基本建成交通强国。现代化综合交通体系基本形成，人民满意度明显提高，支撑国家现代化建设能力显著增强；拥有发达的快速网、完善的干线网、广泛的基础网，城乡区域交通协调发展达到新高度；基本形成全国 123 出行交通圈（都市区 1 小时通勤、城市群 2 小时通达、全国主要城市 3 小时覆盖）和全球 123 快货物流圈（国内 1 天送达、周边国家 2 天送达、全球主要城市 3 天送达），旅客联程运输便捷顺畅，货物多式联运高效经济；智能、平安、绿色、共享交通发展水平明显提高，城市交通拥堵基本缓解，无障碍出行服务体系基本完善；交通科技创新体系基本建成，交通关键装备先进安全，人才队伍精良，市场环境优良；基本实现交通治理体系和治理能力现代化；交通国际竞争力和影响力显著提升。到 21 世纪中叶，全面建成人民满意、保障有力、世界前列的交通强国。基础设施规模质量、技术装备、科技创新能力、智能化与绿色化水平位居世界前列，交通安全水平、治理能力、文明程度、国际竞争力及影响力达到国际先进水平，全面服务和保障社会主义现代化强国建设，人民享有美好的交通服务。

《交通强国建设纲要》对道路交通发展提出了“基础设施布局完善、立体互联”的目标;完善城市群快速公路网络,加强公路与城市道路衔接;完善城市快速路、主次干路、支路级配和结构合理的城市道路网,打通道路微循环,提高道路通达性,完善城市步行和非机动车交通系统,提升步行、自行车等出行品质,完善无障碍设施;全面推进"四好农村路"建设,加快实施通村组硬化路建设,建立规范化可持续管护机制。

五、我国公路运输的发展趋势

新中国成立以来,公路交通运输事业发生了翻天覆地的变化,我国公路运输发展的趋势如下:

(1)我国公路运输发展和世界各国公路运输发展的趋势是一致的,包括产生(低速增长)、发展(高速增长)和稳定3个阶段。我国公路运输事业在20世纪80年代以前基本处于低速增长阶段,20世纪80年代初开始高速发展,这一发展趋势已延续至今。

(2)传统公路设施向智慧公路发展,将数字化技术应用于传统公路设施。智慧公路具备智能、快速、绿色、安全四大要素。2018年,交通运输部发布《关于加快推进新一代国家交通控制网和智慧公路试点的通知》,提出基础设施数字化、路运一体化车路协同、北斗高精度定位综合应用、基于大数据的路网综合管理、"互联网+"路网综合服务、新一代国家交通控制网6个智慧公路试点主题,划定北京、河北、吉林、江苏、浙江、福建、江西、河南以及广东9个智慧公路试点地区,推进新一代国家交通控制网和智慧公路建设。

(3)公路质量不断提升,公路网规模扩大,城市群快速公路网络不断完善,公路与城市道路衔接逐渐加强。

六、公路勘测设计阶段及任务

(一)公路勘测设计的技术依据

(1)《公路工程技术标准》(JTG B01—2014)。

(2)《公路路线设计规范》(JTG D20—2017)。

(3)《公路勘测规范》(JTG C10—2007)。

(4)《公路桥涵设计通用规范》(JTG D60—2015)。

(二)工程可行性研究

工程可行性研究是基本建设前期工作的一项重要内容,是建设程序的组成部分,是建设项目决策和编制计划任务书的科学依据。其可定义为"论证工程(或产品)项目技术上的可行性和经济上的合理性,并论证何时修建或分期修建,提供业主决策,保证工程的经济效果"。

公路建设必须严格遵守国家规定的基本建设程序。所有大、中型项目应根据批准的项目建议书(或委托书),进行可行性研究。可行性研究工作完成后应进行评估,经过综合分析后,提出投资少、效益好的建设方案。

可行性研究工作是交通建设综合管理的手段,必须从运输生产的目的出发。研究技术可行性必须与经济效益相结合,研究经济效益必须考虑采用新技术的可能,重视运输领域的综合效益。

可行性研究应附有必要的图表,其中包括路线方案及比较方案图、历年工农业总产值与客货运量统计表、公路客货运量、交通量预测表、效益计算表等。

在可行性研究的同时,应进行环境影响分析,以工程性质、路线位置、资源利用、环境影响等为依据。同时,可行性研究还应对工程进行宏观分析,确定项目是否成立。在计划任务书下达后,进行初步设计的同时,应编制环境影响评价书,即根据预测工程对环境的影响,提出对环境污染、破坏的防治措施及综合整改方法。

(三)设计任务书

公路勘测设计工作是根据批准的设计任务书进行的。设计任务书一般由提出计划的主管部门下达或由下级单位编制后报批。设计任务书应包含下列内容:

(1)建设的依据和意义。

(2)路线的建设规模和修建性质。

(3)路线的基本走向和主要控制点。

(4)工程技术等级和主要技术标准。

(5)勘测设计的阶段划分及各阶段完成的时间。

(6)建设期限,投资估算,需要钢、木、水泥的数量。

(7)施工力量的原则安排。

(8)路线示意图等。

在计划任务书实施过程中,如对建设规模、期限、技术等级标准及路线走向等重大问题有变更时,应报原批准机关审批同意。

(四)勘测设计阶段及任务

公路勘测设计根据路线的设计和要求,可分为一阶段设计、两阶段设计和三阶段设计。

1. 一阶段设计

一阶段设计适用于技术简单、方案明确的小型公路工程,即根据批准的设计任务书,进行一次详细定测,编制施工图设计和工程预算。

2. 两阶段设计

两阶段设计为公路测设所采用的测设程序。其步骤是:先进行初测、编制初步设计和工程概算;经上级批准初步设计后,再进行定测、编制施工图和工程预算。也可直接进行定测、编制初步设计;然后根据批准的初步设计,通过补充测量编制施工图。

3. 三阶段设计

对于技术上复杂而又缺乏经验的建设项目或建设项目中的个别路段、特殊大桥、互通式立体交叉、隧道等,必要时应采用三阶段设计,即分为初步设计、技术设计和施工图设计三个阶段。技术设计阶段主要是对重大、复杂的技术问题,落实技术方案,计算工程数量,提出修正的施工方案,修正设计概算。其深度和要求介于初步设计与施工图设计之间。

无论采用哪种划分阶段设计,在勘测前都要进行实地调查,它是勘测前不可缺少的一个步骤,也可与可行性研究结合在一起,但不可作为一个阶段。

(五)设计文件编制

设计文件是公路勘测设计的最后成果,经审查批准后是公路施工的依据。其组成、内容和要求随设计阶段不同而异。

根据《公路工程基本建设项目设计文件编制办法》规定,设计文件由总体说明、总体设计、路线、路基、路面、桥梁、涵洞、隧道、路线交叉、交通工程及沿线设施、环境保护与景观设计、其他工程、筑路材料、施工方案、设计概算等及附件(基础资料)组成。其表达形式有文字说明、设计图、表格三种。

七、公路的分类

公路是供各种车辆和行人等通行的工程设施。

(一)按使用特点划分

公路是指连接城市、乡村和工矿基地等,主要供汽车行驶,具备一定条件和设施的道路。公路按使用特点可划分为城市道路、厂矿道路、林区道路及乡村道路。

(1)城市道路:城市范围内,供车辆及行人通行的,具备一定技术条件和设施的道路。城市道路是城市组织生产、安排生活、搞活经济、物资流通所必需的交通设施,也是城市市政设施的重要组成部分。

(2)厂矿道路:指主要为工厂、矿山运输车辆通行的道路,通常分为厂内道路、厂外道路和露天矿山道路。厂外道路为厂矿企业与国家干线公路、城市道路、车站、港口相衔接的道路或是连接厂矿企业分散的车间、居住区之间的道路。

(3)林区道路:指修建在林区的主要供各种林业运输工具通行的道路。由于林区道路的位置、交通性质及功能的不同,林区道路的技术要求应按专门制定的林区道路工程技术标准执行。

(4)乡村道路:指修建在乡村、农场,主要供行人及各种农业运输工具通行的道路,由县统一规划。由于乡村道路主要为农业生产服务,一般不列入国家公路等级标准。

(二)按行政级别划分

公路按其重要性和使用性质可划分为国家干线公路(简称国道)、省级干线公路(简称省道)、县级公路(简称县道)、乡级公路(简称乡道)以及专用公路等。

(1)国道:是指在国家干线网中,具有全国性的政治、经济和国防意义,由国家统一规划,并经确定为国家级干线的公路。

(2)省道:是指在省公路网中,具有全省性的政治、经济和国防意义,并经确定为省级干线的公路,由省(自治区、直辖市)公路主管部门负责建设、养护、改造。

(3)县道:是具有全县(县级市)的政治、经济意义,连接县城和县域内主要乡(镇)、主要商品生产和集散地的公路,以及不属于国道、省道的县际间公路,由县(县级市)主管部门负责修建、养护和管理。

(4)乡道:是主要为乡(镇)村经济、文化、行政服务的公路,以及不属于县道以上公路的乡间或与外部联络的公路。

(5)专用公路:由工矿、农林等部门投资修建,专供或主要供其使用的公路。

在城市、厂矿、林区、港口等内部的道路以及旅游点内部的道路,都不属于公路范畴,但穿过小城镇的路段仍属公路。

(三)按功能划分

(1)快速路:是为城市中大量、长距离、快速交通服务的重要道路,对向车道设置分隔带,有自行车通行时,加设两侧带。进出口应采用全控制或部分控制。与高速公路、快速路、主干路相交时采取立体交叉,与交通量较小的次干路相交时可采用平面交叉,在过路行人集中的地方设置人行天桥或地下通道。

(2)主干路:是连接城市各主要分区的干路,是城市道路网的骨架,以交通功能为主。自行车交通量大时,宜采用机动车与非机动车分隔形式,如三幅路或四幅路。主干路两侧不宜设置吸引大量车流、人流的公共建筑物的出入口。

(3)次干路:是城市的交通干路,兼有服务功能。次干路与主干路结合组成城市道路网,具有集散交通的作用。次干路两侧可设置公共建筑物的出入口,并可设置机动车和非机动车的停车场、公共交通站点和出租车服务站等。

(4)支路:为次干路与街坊路的连接线,解决局部区域交通,以服务功能为主。支路可与平行快速路的道路相接。

八、公路分级与技术标准

(一)公路等级的划分

公路按交通行业标准《公路工程技术标准》(JTG B01—2014),根据公路使用任务、功能和适应的交通量分为高速公路、一级公路、二级公路、三级公路、四级公路五个等级。

(1)高速公路为专供汽车分方向、分车道行驶,全部控制出入的多车道公路。高速公路的年平均日设计交通量宜在 15 000 辆小客车以上。

(2)一级公路为供汽车分方向、分车道行驶,可根据需要控制出入的多车道公路。一级公路的年平均日设计交通量宜在 15 000 辆小客车以上。

(3)二级公路为供汽车行驶的双车道公路。二级公路的年平均日设计交通量宜为 5 000~15 000 辆小客车。

(4)三级公路为供汽车、非汽车交通混合行驶的双车道公路。三级公路的年平均日设计交通量宜为 2 000~6 000 辆小客车。

(5)四级公路为供汽车、非汽车交通混合行驶的双车道或单车道公路。双车道四级公路年平均日设计交通量宜在 2 000 辆小客车以下;单车道四级公路年平均日设计交通量宜在 400 辆小客车以下。

(二)公路等级的选用

确定一条公路建设标准的主要因素是公路的使用任务、功能、路网规划和交通量。因此,在确定公路技术等级以前,首先应做好可行性研究,掌握该公路各路段的近期、远期交通量。

公路是带状建筑物,沿途的社会环境、经济环境和自然环境可能有很大的差异,其地形、地物以及交通量不会完全相同,甚至会有很大的差别。因此,对于一条比较长的公路,可以根据沿途情况的变化和交通量的变化,分段采用不同的车道数或不同的公路等级。

公路等级选用应遵循以下原则:

(1)主要干线公路作为公路网中结构层次最高的主通道,应选用高速公路。

(2)次要干线公路作为主要干线公路的补充,应选用二级及二级以上公路。

日设计交通量达到15 000辆小客车时,宜选用一级及一级以上公路;日设计交通量达到10 000辆小客车时,且沿线纵横向干扰较大,宜选用一级公路;日设计交通量低于10 000辆小客车时,可选用二级公路;当货车混入率较高时,宜间隔设置超车车道,减少纵向干扰。

(3)主要集散公路连接干线公路与支线公路,宜选用一级公路、二级公路。

日设计交通量达到15 000辆小客车时,可选用一级公路;日设计交通量在5 000~15 000辆小客车时,可选用二级公路,日设计交通量达到10 000辆小客车时,且沿线纵横向干扰较大时,宜选用一级公路;日设计交通量低于5 000辆小客车时,宜选用二级公路。

(4)次要集散公路服务于县乡区域交通宜选用二级公路、三级公路。日设计交通量达到5 000辆小客车时,宜选用二级公路;日设计交通量低于5 000辆小客车时,宜选用三级公路。

(5)支线公路宜选用三级公路 、四级公路。当日设计交通量达到5 000辆小客车时,宜选用二级公路。

(6)当既有公路不能满足功能需要时,应结合公路网发展规划有计划地进行改建。

对于不符合技术标准规定的已有公路,应根据需要与可能的原则,按照公路网发展规划有计划地进行改建,提高通行能力及使用质量,以达到相关等级公路标准的规定。

(三)公路工程技术标准

公路工程技术标准是根据一定数量的车辆在道路上以一定的行车速度行驶时,对路线和各项工程提出的技术要求逐步总结规定而成的。它是根据科学理论,同时总结公路设计、修建的经验而拟定的,它反映了我国公路建设的技术方针和标准要求,因此在设计公路时都应遵守。公路技术标准大体可归纳为三类:线形标准、载重标准、净空标准。对路线来说,关键是线形标准。由于我国幅员辽阔,各地地理位置和自然条件各不相同,故对公路技术标准的掌握、应用,应视具体情况,在满足基本要求的前提下,结合实际灵活应用。

公路技术标准的正确应用取决于两个阶段:一是在计划任务书编制阶段,公路技术等级的选定要正确合理。因为计划任务书是进行勘测设计的主要依据,在技术等级选定以前,一定要征询各方面的意见,深入实地进行踏勘调查,掌握第一手资料,然后结合目前和远景的使用要求,慎重地进行选择,如果确定不当,偏高或偏低,不仅直接影响公路建成后的使用效果,也直接影响工期和造价。二是根据计划任务书中已选定的技术等级,在勘测设计过程中,对各项具体指标要正确合理地掌握。实践证明,计划任务书中技术等级选定的正确,不等于公路技术标准具体掌握的合理。所以,在布线时,应在方案上多下功夫,力求最优方案,避免以降低标准来减少投资的错误途径。

一条较长的公路往往跨越不同的地带类型,连接不同运输的集散点。确定公路技术等级和技术标准时,还应密切结合路线所经地区的地形以及路段之间的运量大小,可以全线采用一个技术等级,也可适当分段采用不同的技术等级和标准。《公路路线设计规范》(JTG D20—2017)规定,同一公路项目可分段选用不同的技术等级。同一技术等级可分段选用不同的设计速度。不同的技术等级、不同设计速度的设计路段之间应选择合理的衔接位置或地点,过渡应顺适,衔接应协调。

各级公路主要技术指标汇总见表 0-1。

表 0-1　各级公路主要技术指标汇总

公路等级	高速公路			一级公路			二级公路		三级公路		四级公路	
设计速度/(km/h)	120	100	80	100	80	60	80	60	40	30	30	20
车道数	≥4			≥4			2		2		2 或 1	
车道宽度/m	3.75	3.75	3.75	3.75	3.75	3.50	3.75	3.50	3.50	3.25	3.00(双车道) 3.50(单车道)	
极限最小半径($i=8\%$)/m	650	400	250	400	250	125	250	125	60	30	15	
停车视距/m	210	160	110	160	110	75	110	75	40	30	20	
最大纵坡/%	3	4	5	4	5	6	5	6	7	8	9	
汽车荷载	公路-Ⅰ级								公路-Ⅱ级			

九、公路的基本组成

码 0-2　道路组成与设计标准

公路是布置在大地表面供各种车辆行驶的一种线性带状结构物。因此,公路设计就有线形设计和结构设计两大部分。

(一)线形组成

公路受到自然条件的制约,在平面上有转折、纵面上有起伏。在转折点和起伏变化点处为满足车辆行驶的顺适、安全和行驶速度的要求,公路就需要进行线形组合设计。

公路路线是公路的中线,平面有转折、纵面有起伏的立体空间线形。其线形组成:在平面由直线、曲线(圆曲线、缓和曲线)组成,纵断面由坡度线及竖曲线组成。作为立体空间线形的图形显示分解为平面图、纵断面图来表示。

(二)结构组成

公路是交通运输的建筑结构物,它不仅承受荷载的作用,而且受着自然条件的影响,其结构主要包括路基路面工程、桥涵、防护工程(挡土墙、护坡、护栏等)、特殊构造物及交通服务设施。

1. 路面

路面是用各种筑路材料铺筑在路基上直接承受车辆荷载的层状构造物,亦即供汽车安全、迅速、经济、舒适行驶的公路表面部分,又称行车道,如图 0-1 所示。路面应具有足够的强度和稳定性,应达到平整、抗滑、低扬尘和低噪声等要求。通常路面由基层及面层两部分组成,如图 0-2 所示。

路面的类型主要有沥青混凝土、水泥混凝土、沥青贯入、沥青碎石、沥青表面处治和砂

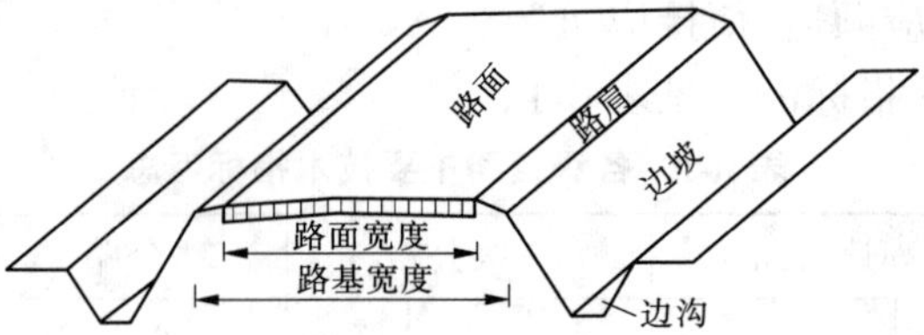

图 0-1 路面和路基

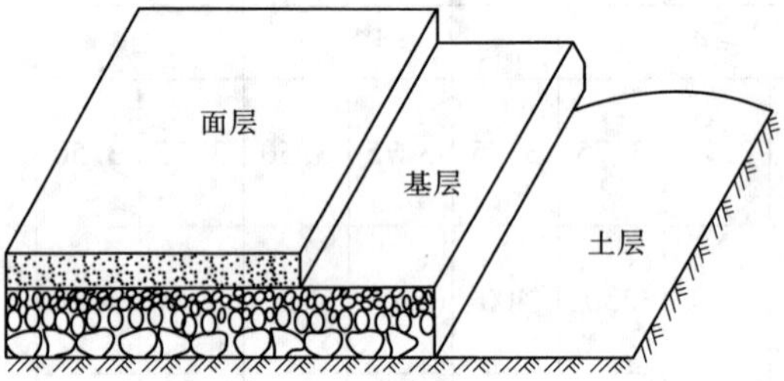

图 0-2 路面结构

石路面。按其力学性质可分为柔性路面和刚性路面两大类。常用材料有沥青、水泥、碎(砾)石、砂、黏土等。

2. 路基

路基是按照路线位置和一定技术要求修筑的作为路面基础的带状构造物,通常包括路槽(供铺筑路面的浅槽)、路肩、边坡、边沟等组成部分,如图 0-1 所示。路基是用当地土石填筑或在原地开挖而成的,既要有足够的强度和稳定性,还要达到经济合理。通常路基可分为路堤、路堑、半填半挖路基三种基本形式,如图 0-3 所示。路堤即高于原地面的填方路基,路堑即低于原地面的挖方路基,在一个横断面内部分为填方、部分为挖方的称半填半挖路基。

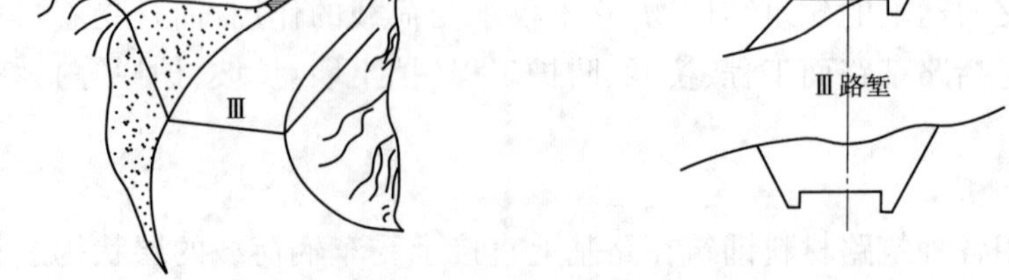

图 0-3 路基横断面形式

3. 桥涵

桥涵为公路跨越河流、山谷等障碍物而修建的构造物,其中单孔跨径大于等于 5 m 或多孔跨径大于等于 8 m 的称为桥梁,其余称为涵洞。桥梁、涵洞统称为桥涵,如图 0-4 所示。

图 0-4 桥梁与涵洞

4. 排水系统

为了确保路基稳定,避免受水的侵蚀,公路还应修建排水系统。公路排水系统按其排水方向分有纵向排水系统和横向排水系统。

纵向排水系统常见的有边沟、截水沟、排水沟等,如图 0-5 所示。

图 0-5 边沟和截水沟

横向排水系统常见的有路拱、桥涵、透水路堤、过水路面等。

公路排水系统按其排水位置不同又分为地面排水和地下排水。地面排水主要是排除危害路基的雨水、积水及外来水等地表水;地下排水系统主要是排除地下水和其他需要通过地下排除的水。常见的地面排水设施包括边沟、截水沟、排水沟、跌水和急流槽、拦水带等;常见的地下排水设施包括暗沟、渗沟、渗井等。

5. 防护工程

为保证路基稳定或行车安全所修筑的工程设施,如挡土墙、护坡、护栏等,如图 0-6 所示。

6. 特殊构造物

例如,隧道是穿越山岭为改善线形、缩短路线长度所修筑的山洞,半山桥(洞)是山区路基悬出一半所修筑的桥梁或所开挖的部分路宽的山洞,悬出路台是在悬崖峭壁上所修筑的悬臂式构造物,如图 0-7 所示。

图 0-6　挡土墙和坡面防护

图 0-7　隧道和半山桥

7. 沿线设施

为保证行车的安全、舒适和增加路容美观，公路除设置基本构造物和特殊机构物外，还需设置各种沿线设施。沿线设施是公路沿线交通安全、管理、服务、环保等设施的总称。

(1)交通安全设施。为保证行车与行人安全和充分发挥公路的作用而设置的设施称为交通安全设施。这些设施包括人行地下通道、人行天桥、标牌、标线、交通信号灯、护栏、防眩板、隔音墙、防护网、反光标志、照明等设施。

(2)交通管理设施。为保障良好的交通秩序、防止事故发生而设置的各种设施称为交通管理设施。这些设施包括公路标志、路面标线、路面标志、紧急电话、公路情报板、公路监视设施、交通控制设施等。

(3)防护设施。为防治公路上的塌方、泥石流、坠石、滑坡、积雪、雪崩、积沙、水毁等病害而设置的各种设施和构造物称为防护设施，如抗滑坡构造物、防雪走廊、防沙棚、挑坝等。

(4)停车设施。为了方便旅客和保证安全，在公路沿线的适当地点设置的停车场、汽车站、回车道等设施称为停车设施。

(5)渡口码头。三、四级公路跨越较大河流、湖泊、水库，当交通量不大而暂时不能建桥所设置的船渡设施称为渡口码头。渡口通常包括引道、码头、渡船及附属设施等部分。

(6)路用房屋及其他沿线设施。包括养护房屋、营运房屋、收费站、加油站等设施。

(7)绿化。它是公路不可缺少的部分，有稳定路基、隐蔽路面、美化路容、增加行车安全、发展用材林木等作用。

十、公路设计控制要素

公路设计从建立设计的基本控制开始。这些控制包括环境、驾驶员与行人特性、交通元素等。上述控制因素由设计者选择或决定,他们决定了公路的等级,同时为线形设计提供依据。下面仅讨论几个主要的控制要素。

(一)设计车辆

道路上行驶的车辆主要是汽车。对于混合交通的道路还有一部分非机动车。汽车的物理特性及行驶于路上各种大小车辆的组成对于道路几何设计有决定意义,因此选择有代表性的车辆作为设计的依据是必要的。

行驶在公路上的车辆,其几何尺寸、质量、性能等直接关系到行车道宽度、弯道加宽、公路纵坡、行车视距、公路净空、路面及桥涵荷载等,因此设计车辆的规定及采用对确定公路几何尺寸和结构具有重要的意义。

设计车辆是公路几何设计所采用的代表车型,其外廓尺寸、载重量和动力性能是确定公路几何参数的主要依据。

汽车的种类很多,《公路工程技术标准》(JTG B01—2014)规定,作为公路设计依据的汽车分为五类,即小客车、大型客车、铰接客车、载重汽车和铰接列车,基本外廓尺寸如表 0-2 所示,外廓见图 0-8。

表 0-2 设计车辆外廓尺寸 单位:m

车辆类型	总长	总宽	总高	前悬	轴距	后悬
小客车	6.0	1.8	2	0.8	3.8	1.4
大型客车	13.7	2.55	4	2.6	6.5+1.5	3.1
铰接客车	18.0	2.5	4	1.7	5.8+6.7	3.8
载重汽车	12.0	2.55	4	1.5	6.5	4.0
铰接列车	18.1	2.55	4	1.5	3.3+11	2.3

注:铰接列车的轴距(3.3+11)m:3.3 m 为第一轴至铰接点的距离,11 m 为铰接点至最后轴的距离。

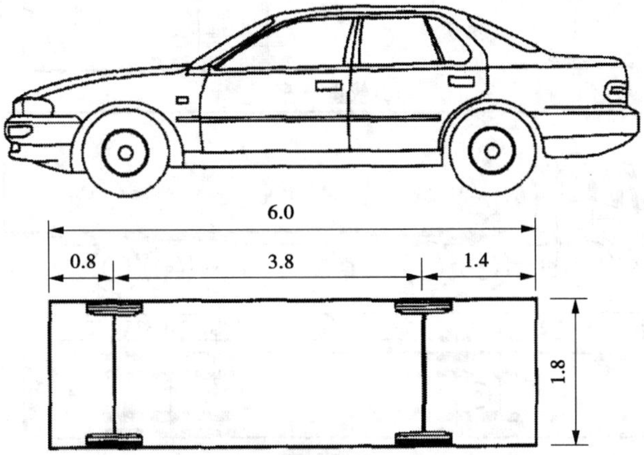

(a)小客车

图 0-8 设计车辆外廓尺寸 (单位:m)

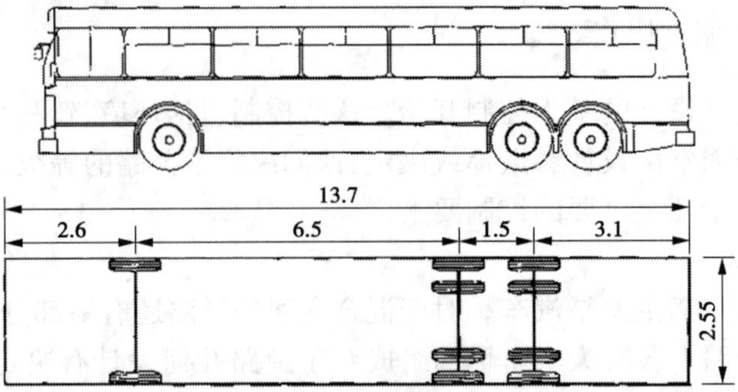

(b)大型客车

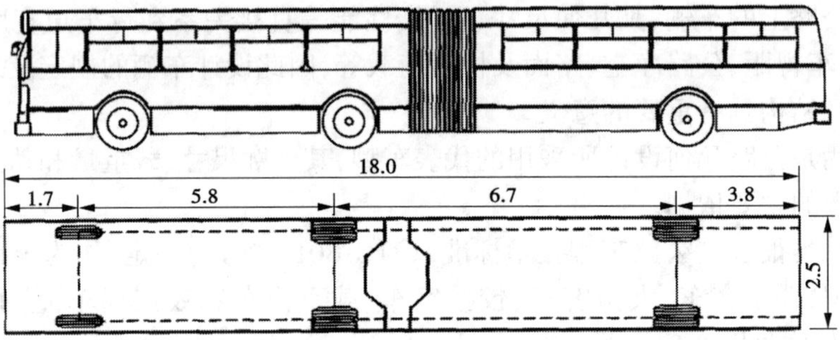

(c)铰接客车

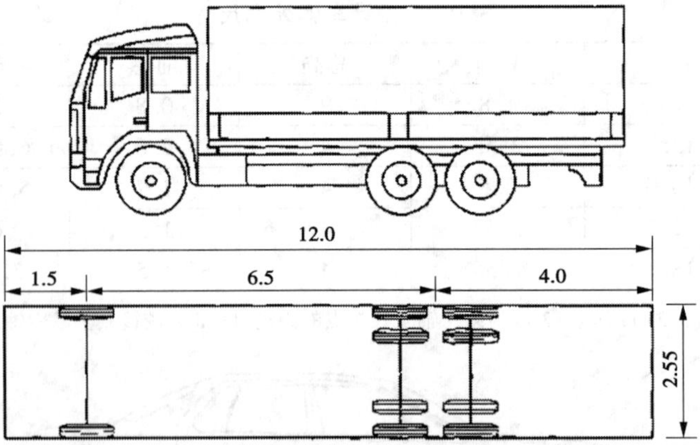

(d)载重汽车

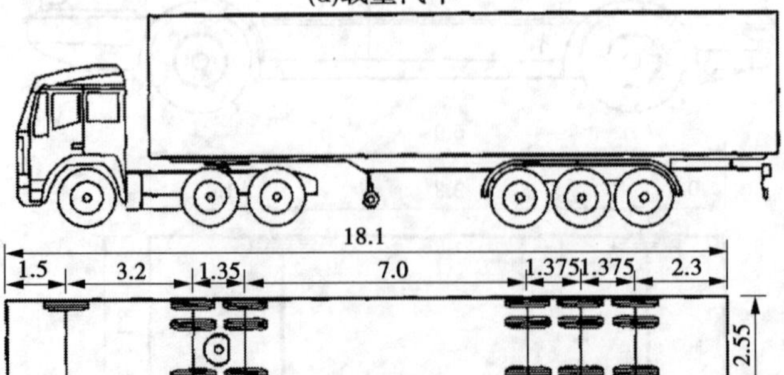

(e)铰接列车

续图 0-8

设计车型的选用应符合以下要求：

(1)干线公路和主要集散公路应满足所有设计车型通行要求。

(2)次要集散公路应满足小客车、载重汽车和大型客车通行要求。

(3)支线公路应满足小客车和载重汽车的通行要求。

(4)有特殊通行要求的公路，其设计车辆可论证确定。

(二)设计速度

设计速度是确定公路设计指标并使其相互协调的设计基准速度。设计速度直接影响平曲线半径、视距、超高、纵坡、竖曲线等指标。车道宽度、中间带宽度、路肩宽度等也与设计速度有密切关系。这些指标应与设计速度配合以获得均衡设计。

影响道路设计速度的因素较多，主要有地形、地区特征、设计交通量、汽车的技术性能、司机的适应性、行车的安全性和工程的经济性等。在规定设计速度时，主要考虑汽车的以下几种速度：

(1)汽车行驶的最高速度。即受汽车的动力性能及汽车构造的限制所能达到的最高车速。显然制定设计速度时，必须考虑汽车所能行驶的最高速度和公路上行驶的多数车辆的要求。

(2)汽车的经济速度。即新出厂的汽车，在一般公路上行驶时所测定的最经济(油耗少、轮耗小)车速。

(3)平均技术速度。即汽车在公路上行驶的平均速度。汽车行驶在公路上，驾驶员按地形和沿线条件选择各自适应公路线形的驾驶速度，即技术速度。各路段技术速度的平均值即为公路实际行驶的车速。

(4)运行速度。气候条件良好，交通密度小，汽车运行只受道路本身条件(集合要素、路面、附属设施)的影响时，中等技术驾驶员的实际运行速度，通常取速度累计分布曲线上对应85%分位值的速度。

《公路工程技术标准》(JTG B01—2014)规定了各级公路的设计速度，如表0-3所示。

表0-3　各级公路的设计速度

公路等级	高速公路			一级公路			二级公路		三级公路		四级公路	
设计速度/(km/h)	120	100	80	100	80	60	80	60	40	30	30	20

设计速度的选用应根据公路的功能与技术等级，结合地形、工程经济、远期的运行速度和沿线土地利用性质等因素综合论证确定。

(1)高速公路设计速度不宜低于100 km/h，受地形地质条件限制时可选用80 km/h。高速公路和作为干线的一级公路的特殊困难的局部路段，且因新建工程可能诱发工程地质病害时，经论证，该局部路段的设计速度可采用60 km/h，但长度不宜大于15 km，或仅限于相邻两互通式立体交叉之间。

(2)作为干线的一级公路，设计速度宜采用100 km/h；受地形地质条件限制，可采用80 km/h。作为集散的一级公路，设计速度宜采用80 km/h；受地形地质条件限制，可采用

60 km/h。

(3)作为干线的二级公路,设计速度宜采用 80 km/h;受地形地质条件限制,可采用 60 km/h。作为集散的二级公路,设计速度宜采用 60 km/h;受地形地质条件限制,可采用 40 km/h。

(4)三级公路设计速度宜采用 40 km/h;受地形地质等条件限制,可采用 30 km/h。

(5)四级公路设计速度宜采用 30 km/h;受地形地质等条件限制,可采用 20 km/h。

公路设计速度选用还应注意以下几点:

(1)同一公路项目可分段选用不同的技术等级,同一技术等级可分段选用不同的设计速度。不同技术等级、不同设计速度的设计路段之间应选择合理的衔接位置或地点,过渡应顺适,衔接应协调。

(2)各级公路应根据项目沿线的地形、地质与自然条件等条件变化,分路段论证确定其设计速度。同一设计速度的路段长度不应过短,一条公路中不同设计速度的变化不应频繁。

(3)地形、地质等条件困难、复杂的路段,设计速度宜取用较低值,几何指标宜采用较小和较低值;地形平缓开阔、无地质等灾害影响的路段,设计速度宜取用较高值,几何指标宜采用较大和较高值。

(4)公路以设计速度进行设计时,同时应采用运行速度进行检验。相邻路段运行速度之差应小于 20 km/h,运行速度与设计速度之差宜小于 20 km/h,以满足设计速度的一致性原则。

(5)公路限制速度应根据设计速度、运行速度及路侧干扰与环境等因素综合论证确定。

需要指出的是,驾驶员往往不是以设计速度,而是根据沿途的地形、交通等实际条件选择适应道路几何状况的行驶速度。在路面平整、潮湿、自由流状态下行驶速度累积分布曲线上对应于85%分位值的速度,称为运行速度,即设计速度与运行速度并非一致。设计速度低的路段,当路线本身几何要素超过安全行驶的需要,外部条件又较好时,运行速度常接近或超过设计速度,设计速度越低,出现这种可能性的概率就越高;反之,当外部条件不好时,在设计速度较高的路段,运行速度接近或超过设计速度,设计速度越高、外部条件越差,出现这种可能性的概率就越高。上述分析说明,以设计速度为控制进行路线设计而得到的线形指标,很可能与运行速度要求的不一致。目前常用的改进办法是用运行速度对设计指标的合理性进行校核。《公路工程技术标准》(JTG B01—2014)规定:相邻路段运行速度的差小于 20 km/h,同一路段运行速度与设计速度的差小于 20 km/h。

(三)交通量

交通量是指单位时间内通过公路某一横断面的往返车辆总和。交通量可以按年、日或小时计。车辆数量是按照各种交通车辆不同的折算系数换算成某一标准车辆的总和。单位为辆/d 或辆/h。一条公路交通量的大小由交通调查和交通预测来确定。

设计交通量是指待建公路到达远景设计年限末年时能达到的交通量。有设计年平均日交通量和设计小时交通量。

1. 设计年平均日交通量

公路设计不能以现有的交通量为依据,应考虑将来经济发展和路况改善所引起的交通量变化的需要,即应以远景设计年限交通量变化的需要为准。远景设计年平均日交通量是指根据交通量预测资料得到的远景年限末的年平均日交通量(年平均日交通量简写为 AADT,即一年 365 天交通量总和除以 365)。它是确定公路等级、论证公路的计划费用或各项结构设计的重要依据,但直接用于公路几何设计却不适宜,因为交通量具有随时间和空间变化的特征。远景设计年平均日交通量依公路使用任务、性质,按现行的年平均日交通量,据设计年限以一定增长率推算而来。其计算公式为:

$$N_d = N_0(1+\gamma)^{T-1}$$

式中 N_d——远景设计年平均日交通量,辆/d;

N_0——起始年平均日交通量,辆/d;

γ——年平均交通量增长率(%);

T——远景设计年限。

新建和改扩建公路项目的设计交通量预测应符合下列规定:

(1)高速公路和一级公路设计交通量预测年限为 20 年,二、三级公路为 15 年,四级公路按实际情况确定。

(2)设计交通量预测年限的起算年为该项目可行性研究报告中的计划通车年。

(3)设计交通量预测应充分考虑走廊带范围内远期社会经济的发展规划和综合运输体系的影响。

2. 设计小时交通量

小时交通量(辆/h)是以小时为计算单位的交通量,是确定车道数和车道宽度或评价服务水平的依据。大量的公路交通量变化图示表明,在一天及全年时间中,每小时交通量的变化量是相当大的。如果以一年中最大的高峰小时交通量作为设计依据,就会造成浪费,但如果采用日平均小时交通量则不能满足实际需要,又会造成交通拥挤,甚至阻塞。为了设计交通量的取值既能保证交通安全畅通,又能使工程造价经济、合理,应借助一年中小时变化曲线来确定适用于设计使用的小时交通量,具体方法如下:

将一年中所有小时交通量按其与年平均日交通量百分数的大小顺序排列起来并绘制成如图 0-9 所示的曲线。

从图 0-9 中可以看出,在 30~50 位小时交通量附近的曲线发生了急剧的变化,从此向右,曲线明显变缓,而在它的左侧,曲线坡度则急剧加大。因此,设计小时交通量的合理取值,应选择在第 30~50 位小时的范围以内。如以第 30 位小时交通量作为设计依据,意味着在一年中,有 29 个小时超过设计值,将使道路发生拥挤,占全年小时数的 0.33%,也就是说,能顺利通过的保证率可达到 99.67%。

目前,世界上许多国家,包括我国均采用第 30 位小时交通量作为设计依据。《公路工程技术标准》(JTG B01—2014)规定,公路设计小时交通量宜采用年第 30 位小时交通量,也可根据项目特点与需求,取第 20~40 位最为经济合理的时位。

如图 0-9 所示,对于各种不同年份、不同地区的公路都能绘出相应的曲线,虽然各条曲线的弯曲程度和上下位置有所差别,但曲线的基本图形都是类似的。在确定设计小时

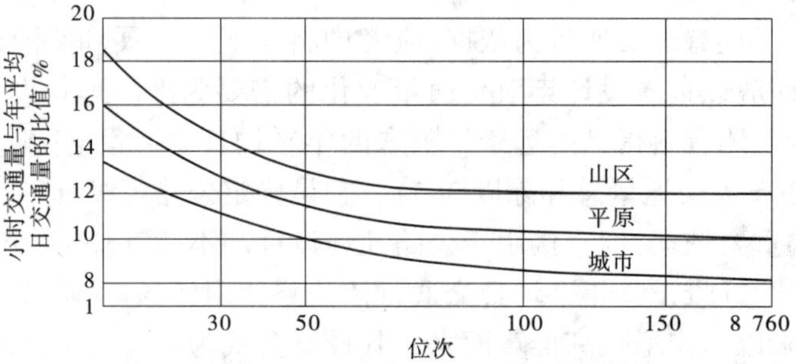

图 0-9　年平均日交通量与小时交通量的关系曲线

交通量时，应绘制各路线的交通量变化图。有日常观测资料的公路，必须使用观测资料；没有观测资料的，可参考性质相似、交通情况相似的其他公路观测资料进行交通量的推算。

3. 交通量折算

《公路工程技术标准》(JTG B01—2014)规定，各级公路交通量以小客车为标准，因此应将公路上行驶的各种车辆折合成标准车的数量。交通量的折算可参照表 0-4 进行。

表 0-4　各汽车代表车型与车辆折算系数

汽车代表车型	车辆折算系数	说明
小客车	1.0	座位≤19 座的客车和载重量≤2 t 的客车
中型车	1.5	座位>19 座的客车和 2 t<载重量≤7 t 的货车
大型车	2.5	7 t<载重量≤20 t 的货车
汽车列车	4.0	载重量>20 t 的货车

畜力车、人力车、自行车等非机动车按路侧干扰因素计，公路上行驶的拖拉机每辆折算为 4 辆小客车。公路通行能力分析所要求的车辆折算系数应针对路段、交叉口等形式，按不同的地形条件和交通需求，采用相应的折算系数。

(四)通行能力与服务水平

公路通行能力是在一定的道路和交通条件下，公路上某一路段适应车流的能力，以单位时间内通过的最大车辆数表示。单位时间通常以“小时(h)”计，车辆数对于多车道公路用一条车道的通过数表示；双车道公路用往返车道合计数表示，它是正常条件下公路交通的极限值。

1. 基本通行能力

基本通行能力是指在理想条件下，单位时间内一个车道或在一条车道的某一路段可以通过的小客车最大数，是计算各种通行能力的基础。所谓理想条件，包括公路本身和交通两个方面，即公路本身应在车道宽、侧向净宽有足够的宽度及平纵线形和视距良好；交通上只有小客车行驶，没有其他车型混入且不限制车速。现有公路即使是高速路，也基本上没有合乎理想条件的状态，可能通过的车辆数一般都低于基本通行能力。

2. 设计通行能力

1) 服务水平及服务交通量

我国按照车流运行状态,将从小交通量自由流至交通量达到可能的受限制车流这一运行条件范围分为六级服务水平,与每一级服务水平相应的交通量称为服务交通量。

2) 设计通行能力

公路交通的运行状态保持在某一设计的服务水平时,单位时间内公路上某一路段可以通过的最大车辆数称为设计通行能力。其是实际道路可能接受的通过能力,考虑人对道路的要求,按照道路运行质量要求及经济、安全和出入口交通条件等因素而确定作为设计的依据。

3. 服务水平

道路服务水平是指在规定的道路与交通条件下,根据交通量、车速、舒适、方便、经济和安全等指标,道路可向使用者(主要是汽车驾驶人)所能提供的综合效果。不同的效果反映不同的服务水平。服务水平的高低可以反映出一定条件下,道路上的不同车流状态和与之相应的通行能力以及驾驶人驾车的自由程度。

《公路工程技术标准》(JTG B01—2014)规定采用基准条件下,用最大服务交通量与基本通行能力之比值来衡量拥挤程度,作为评价服务水平的主要指标;同时采用小客车设计行驶速度与自由流速度之差作为次要评价指标,将公路服务水平划分为六级。服务水平是驾驶员感受公路交通流运行状态的质量指标,通常用平均行驶速度、行驶时间、驾驶自由度和交通延误等指标表征。各级公路设计采用的服务水平规定如表 0-5 所示。

表 0-5　各级公路设计采用的服务水平

公路等级	高速公路	一级公路	二级公路	三级公路	四级公路
服务水平	三级	三级	四级	四级	—

注:1. 一级公路用作集散公路时,设计服务水平可降低一级。

2. 长隧道及特长隧道路段,非机动车及行人密集路段,互通式立体交叉的分合流区段以及交织区段,设计服务水平可降低一级。

公路规划设计时,既要保证必要的车辆运行质量,同时兼顾公路建设的运行成本。一、二、三级公路的功能类别高时,应该选择较高的服务水平;功能类别低时,可降低一级,节约投资。长隧道及特长隧道路段、非机动车及行人密集路段、互通式立体交叉的分合流以及交织区段,土地资源紧缺、工程造价高昂或对环境破坏严重的地段,设计服务水平可降低一级。

服务水平划分为六级,是为了说明公路交通负荷状况,以交通流状态为划分条件,定性地描述交通流从自由流、稳定流到拥堵流的变化阶段。因此,采用六级服务水平,可以方便地评价公路交通的运行质量。

一级服务水平:交通流处于完全自由流状态。交通量小、速度高、行车密度小,驾驶者能自由地按自己的意愿选择行车速度,行驶车辆不受或基本不受交通流中其他车辆的影响。在交通流内驾驶的自由度很大,为驾驶员、乘客和行人提供的方便性和舒适度非常优越。较小的交通事故和行车障碍的影响容易消除,在事故路段不会产生停滞排队现象。

二级服务水平:交通流处于相对自由流状态。驾驶者基本上可按自己的意愿选择行车速度,但是要开始注意到交通流内是否有其他使用者。驾驶员身心舒适水平很高。较小的交通事故和行车障碍的影响容易消除,在事故路段的运行服务情况比一级服务水平差些。

三级服务水平:交通流处于稳定流的上半段,车辆间的相互影响变大,选择速度受到其他车辆的影响。变换车道时,驾驶员要格外小心,较小交通事故仍能消除,但事故发生路段的服务质量大大下降,严重的阻塞导致后面形成排队车流,驾驶员心情紧张。

四级服务水平:交通流处于稳定流范围下限,但是车辆运行明显地受到交通流内其他车辆的影响,速度和驾驶的自由度受到明显的限制。交通量稍有增加就会导致服务水平的显著降低,驾驶人员身心舒适水平降低,即使较小的交通事故也难以消除,会形成很长的排队车流。

五级服务水平:为交通流拥堵流的上半段,其下是达到最大通行能力时的运行状态对于交通流的任何干扰,例如车流从匝道驶入或车辆变换车道,都会在交通流中产生一个干扰波,交通流不能消除它,任何交通事故都会形成长长的排队车流,车流行驶灵活性极端受限,驾驶人员身心舒适水平很差。

六级服务水平:是拥堵的下半段,是通常意义上的强制流或阻塞流。这一服务水平下,交通设施的交通需求超过其运行允许的通过量,车流排队行驶,队列中的车辆出现停停走走现象,运行状态极不稳定,可能在不同的交通流状态间发生突变。

思政小课堂

中国古代道路史

世上本没有路,走的人多了也就成了路。可以说,自从人类诞生后,就开始了路的历史。原始的道路是由人践踏而形成的小径。东汉训诂书《释名》解释道路为:“道,蹈也,路,露也,人所践蹈而露见也。”

早在大约50万年至170万年前,在亚洲东部这块古老的土地上,就先后有元谋人、蓝田人和北京人等原始人群生活。我们的祖先在极端恶劣的自然环境和十分低下的生产力条件下,为了生存和繁衍,就在中华大地上开辟了最早的道路。

距今4 000年前的新石器晚期,中国有记载役使牛马为人类运输而形成驮运道,并出现了原始的临时性的简单桥梁。相传中华始祖黄帝“命竖亥通道路”,“道路”之名遂由此而定。黄帝因见蓬草随风吹转,而发明了车轮,于是以“横木为轩,直木为辕”制造出车辆,对交通运输做出了伟大贡献,故尊称黄帝为“轩辕氏”。随着车辆的出现产生了车行道,人类陆上交通出现了新局面。《古史考》记载:“黄帝作车,任重致远。少昊时略加牛,禹时奚仲驾马。”《尚书·舜典》中则讲了这样一个故事:尧年纪大了,经过反复考验选择了舜为自己的接班人,并将帝位传给了他。舜登位后办的第一件大事就是“辟四门,达四聪”,“明通四方耳目”,二月巡泰山,五月去衡山,八月访华山,十一月到恒山。可见舜帝对发展交通、开辟道路是非常重视的。夏禹的事业，也是从“随山刊木，奠高山大川”（《尚书·禹贡》）入手的。他“陆行乘车，水行乘船，泥行乘撬，山行乘檋”（《史记·夏本纪》），足迹几遍黄河、长江两大流域。

商代（公元前16世纪—前11世纪）重视道路交通，商汤的祖先“服牛乘马”，远距离经商，揭开了以畜力为交通运输动力的历史。古代文献中便有商人修筑护养道路的记载，当时人们已经懂得夯土筑路，并利用石灰稳定土壤。从商代殷墟的发掘，发现有碎陶片和砾石铺筑的路面，并出现了大型的木桥。经过夏、商两代长期的开拓，到公元前1066年至前771年的西周时期，可以说我国道路已经初具规模。

西周（公元前11世纪—前771年）道路的规模和水平有很大的发展，出现了较为系统的路政管理。周武王姬发灭商后，除都城镐京（今西安附近）外，还根据周公姬旦的建议，修建了东都洛邑（今洛阳），以便于控制东方新得到的大片疆土，对付殷商残余势力。为了有效地发挥两京的政治、经济、文化中心的作用，在它们之间修建了一条宽阔平坦的大道，号称“周道”，并以洛邑为中心，向东、向北、向南、向东南又修建成等级不同的、呈辐射状的道路。周道是西周王室的生命线，也是国家交通的中轴线。《诗经·大东》上说：“周道如砥，其直如矢；君子所履，小人所视；眷言顾之，潸焉出涕！”意思是说，在这条宽广平坦、笔直如矢的大路上，老百姓看到王公贵族掠走了他们辛勤劳动的成果，不能不伤心落泪。《诗经·大东》还说：“维北有斗，西柄之揭。”意思是说天空北面有北斗，周道像一把朝西的勺柄，连结了七星。在我国古代交通发展史上，修建周道的重大意义是不可低估的。不仅周、秦、汉、唐的政治经济文化重心都是在这条轴线上，而且在以后的宋、元、明、清时期，这条交通线也仍然是横贯东西的大动脉。周道在我国经济文化发展的历史上起了奠基性的作用。

此外，西周对道路网的规划、标准、管理、养护、绿化以及沿线的服务性设施方面，也有所创建。首先把道路分为市区和郊区，前者称为“国中”，后者称为“鄙野”，分别由名为“匠人”和“遂人”的官吏管理，可以说是现代城市道路和公路划分的先河。城市道路分为经、纬、环、野四种，南北之道谓之经，东西之道谓之纬。都城中有九经九纬，呈棋盘形，围城为环，出城为野。经、纬、环、野各规定有不同的宽度，其单位为轨，每轨宽八周尺，每周尺约合0.2 m。经涂、纬涂宽九轨（约合14.4 m），环涂宽七轨（约合11.2 m），野涂宽五轨（约合8 m）。郊外道路分为路、道、涂、畛、径五个等级，并根据其功能规定不同的宽度，有如现代的技术标准。“路”容乘车三轨，“道”容二轨，“涂”容一轨，“畛”走牛车，“径”为走马的田间小路。在路政管理上，朝廷设有“司空”掌管土木建筑及道路，而且规定“司空视涂”，按期视察，及时维护；如“雨毕而除道，水涸而成梁”；并“列树以表道，立鄙食以守路”，是以后养路、绿化和标志的萌芽。而且“凡国野之道，十里有庐，庐有饮食；三十里有宿，宿有路室，路室有委；五十里有市，市名侯馆，侯馆有积”，其道路服务性设施的齐备程度，可想而知。以上情况，足见西周的道路，已臻相当完善的程度。

东周时期（公元前770—前221年），社会生产力空前发展，农业、手工业与商业都兴盛起来。春秋争霸，战国称雄，车战频仍，交往繁忙，道路的作用显得日益重要，甚至一国道路的好坏，为其兴亡的征兆。《国语》载有东周单子经过陈国时，看见道路失修，河川无桥梁，旅舍无人管理，预言其国必亡，后来果然应验。大规模的经济文化交流、军事外交活动和人员物资聚散，都极大地推进了道路的建设。除周道继续发挥其中轴线的重要作用外，在其两侧还进一步完善了纵横交错的陆路干线和支线，再加上水运的发展，把黄河上下、淮河两岸和江汉流域有效地连接起来。

当时在山势险峻之处凿石成孔，插木为梁，上铺木板，旁置栏杆，称为栈道，是中国古代道路建设的一大特色，尤以秦国修筑的褒斜栈道最为著名。秦惠王时，为了克服秦岭的阻隔，打通陕西到四川的道路，开始修筑褒斜栈道。这条栈道起自秦岭北麓眉县西南15 km的斜水谷，到达秦岭南麓褒城县北5 km的褒水河谷，故称褒斜道。这条全长200多km的栈道是在峭岩陡壁上凿孔架木，并在其上铺板而成的。除褒斜道外，以后几百年间还陆续开凿了金牛道、子午道和傥骆道等栈道。这些工程极其艰巨，人们首先是采用古老原始的“火焚水激”的方法开山破石，然后在崖壁上凿成30 cm见方、50 cm深的孔洞，分上、中、下三排，均插入木桩。接着在上排木桩上搭遮雨棚，中排木桩上铺板成路，下排木桩上支木为架。这样，我们远望栈道好像空中阁楼一般，煞是壮观。迄今，陕西太白县境内尚有多处清晰可辨的栈道遗迹。《史记·货殖列传》记载：“关中南则巴蜀，栈道千里，无所不通，唯褒斜道绾毂其口”，战略上为“蜀之咽喉”，历来为兵家必争之地。如在公元前206年，著名的“明修栈道，暗渡陈仓”的故事即发生于此。

除秦国的栈道外，其他主要的道路工程还有：楚国经营的从郢都通往新郑的重要通道，晋国打通的穿越太行山的东西孔道，齐鲁两国建设的四通八达的黄淮交通网络，燕国开辟的直达黄河下游和通往塞外的交通线等。至此，穿大袖宽袍的中原人、善射箭骑马的戎狄人、居云梦江汉的荆楚人、披长发嬉水的吴越人、喜椎髻歌舞的巴蜀人就连成一体了，为中华民族的进一步统一打下了基础。

秦代(公元前221—前206年)是中国全国陆上交通网形成的时期。早在秦国出兵扫灭六国的同时，秦王就在着手平毁各地私筑的高墙壁垒，拆除妨碍交通运输的关卡。秦始皇统一中国后，实现了“车同轨”。全国车辆使用同一宽度的轨距(宽6秦尺，折合1.38 m)，使车辆制造和道路建设有了法度。就意味着车上的主要零部件都有统一标准，更换迅速方便。这种“标准化”的要求和方法是很先进的，它适应了秦代全国土木工程和战争等方面长途运输的需要，对道路修建方面提出了更高的要求，具有巨大的经济价值和社会效益。

根据“车同轨”的要求，秦始皇开始致力于修建以首都咸阳为中心、通向全国的驰道网，其工程历时十年，规模浩大，耗费了难以计数的人力和物力，足可与罗马的道路网媲美。据《汉书·贾山传》：“为驰道于天下，东穷齐、燕，南极吴、楚，江湖之上，濒海之观毕至。道广五十步，三丈而树，厚筑其外，隐以金椎，树以青松”；《史记》记载了秦始皇于公元前220年至公元前210年的11年间，曾巡视全国，东至山东，东北至河北海滨，南至湖南，东南至浙江，西至甘肃，北至内蒙古，大部分是乘车，足见其路网范围之广。

秦代驰道有统一的质量标准：路面幅宽为50步，约合70 m，定线的原则是尽量取直；路基要高出两侧地面，以利排水，并要用铁锤把路面夯实，以增加其密实度；路旁每隔三丈种一株青松，以为行道树；除路中央三丈为皇帝专用外，两边还开辟了人行旁道；每隔10里建一亭，作为区段的治安管理所、行人招呼站和邮传交接处。

我们还是以北通九原的北方直道的国防工程为例来看看秦代驰道的实际状况。据古书记载,公元前212年至前210年,秦始皇下令修筑一条长约1 400 km的直道,命蒙恬、扶苏率20万大军,边驻守边关,边修直道。这条大道沿途经过陕甘等省,穿过14个县,直至九原郡(今内蒙古自治区包头市),仅仅用了两年半的时间就修筑完毕。建成后的直道宽度一般都在60 m左右,可并排行驶10~12辆大卡车。最宽处甚至可以当作现代化中型飞机起飞降落的跑道。其沿途各支线星罗棋布,每条支线都有容纳并排行驶两辆卡车到四辆卡车的宽度。这条直道正式使用以后,秦始皇的骑兵从他的军事指挥中心——云阳林光宫(今陕西淳化县梁武帝村)出发,三天三夜即可驰抵阴山脚下,出击匈奴。据考古发现,至今,内蒙古东胜县境内仍有45 km的直道遗迹明显可见。

除驰道、直道外,还在西南山区修筑了"五尺道"以及在今湖南、江西等地区修筑了所谓"新道"。这些不同等级、各有特征的道路,构成了以咸阳为中心,通达全国的道路网。除修筑城外的道路外,对于城市道路的建设也有突出之处,如在阿房宫的建筑中,采用高架道的形式筑成"阁道",自殿下直抵南面的终南山,形成"复道行空,不霁何虹"的壮观。

汉代(公元前206—公元220年)在秦原有道路上继续扩建延伸,构成了以京城为中心向四面辐射的交通网。如自西汉京城长安而东,出函谷关(今河南灵宝东北),经洛阳至定陶,以达临淄,为东路干线;自长安而北,直达九原郡(包头市),为北路干线;自长安向西,抵达陇西郡(今甘肃临洮),为西北干线,自公元前2世纪开通河西、西域后,这条干线可经由河西走廊,延长到西域诸国,这就是闻名中外的"丝绸之路";自蒲津(今山西永济西)渡黄河,经平阳(今临汾西北)、晋阳(今太原市南),以通平城(今大同市东),为河东干线;自长安向西南经汉中,以达成都,并远至云南,为西南干线;自长安向东南出武关,经南阳,以达江陵,并继续南进,为南路干线。此外,还有一些支线和水运干线通向全国。

在邮驿与管理制度上,汉代也继承了秦代的制度,并使其更加完善,驿站按其大小,分为邮、亭、驿、传四类,大致上五里设邮,十里设亭,三十里设驿或传,约一天的路程。据《汉书·百官公卿表》载,西汉时全国共有亭29 635个,如是则估计当时共有干道近15万km。

沟通欧亚大陆的世界著名的丝绸之路,在公元前1世纪起已经形成商业之途,并将中国的丝绸穿越沙漠,输送到欧洲而得名,但主要是在公元前138到前115年,由西汉王朝派张骞两次出使西域,远抵大夏国(今阿富汗北部)而载之于史册。丝绸之路主要路线,起自长安(今西安),沿河西走廊,到达敦煌,由此分成经塔里木河南北两信道,均西行至木鹿城(今土库曼斯坦境内)。然后横越安息(在今伊朗)全境,到达安都城(今土耳其安塔基亚)。又分两路,一路至地中海东岸,转达罗马各地;另一路到达地中海东岸的西顿(今黎巴嫩)出地中海。3世纪时,又有取道天山北面的较短路线,沿伊犁河西行到达黑海附近。丝绸之路不仅在经济方面,而且在文化方面,沟通了中国和中东与欧洲各国。

后汉时期,在今陕西褒城鸡头关下修栈道时,经过横亘在褒河南岸耸立的石壁,名为"褒屏",曾用火石法开通了长14 m、宽3.95~4.25 m、高4~4.75 m的隧洞,就是著名的石门,内有石刻《石门颂》《石门铭》纪其事。火石法先用柴烧炙岩石,然后泼以浓醋,使之粉碎,再用工具铲除,逐渐挖成山洞。

隋代(581—618年)匠人李春等在赵郡(今河北省赵县)洨河上修建了著名的赵州桥,首创圆弧形空腹石拱桥,是建桥技术上的卓越成就。在道路建设中较巨大的工程有长数千里的御道,《资治通鉴·隋记》:“发榆林北境至其牙,东达于蓟,长三千里,广百步,举国就役,开为御道”,可见规模之大。

唐代(618—907 年)是我国古代道路发展的极盛时期。唐太宗即位不久就曾下诏书,在全国范围内要保持道路的畅通无阻,对道路的保养也有明文规定,不准任意破坏,不准侵占道路用地,不准乱伐行道树,并随时注意保养。唐代重视驿站管理,传递信息迅速,紧急时,驿马每昼夜可行500 里以上。唐代已出现了沿路设置土堆,名为堠,以记里程,即今天的里程碑的滥觞。

当时,京城长安不仅有水路运河与东部地区相通,而且是国内与国际陆路交通的枢纽,已经成为世界上最大的都市之一。唐代长安城墙的规模是空前的。它周长 36.7 km,南北长 8 651 m,东西宽 9 721 m,近似一个正方形,面积相当于今天西安城的 10 倍。城内道路网呈棋盘式,有 11 条南北大街,14 条东西大街,把全城划分为 100 多个整齐的坊市。各条大街车水马龙,熙熙攘攘,非常热闹。街道两侧多植树,加上错落其间的清池溪水、众多的园林、盛开的牡丹,使整个城市非常整齐美观。位于中轴线的朱雀大街宽达 147 m,把长安城划为东西两部分。街西管区叫长安县,街东管区叫万年县。朱雀大街路面用砖铺成,道路两侧有排水沟和行道树,布置井然,气度宏伟,不但为中国以后的城市道路建设树立了榜样,而且影响远及日本。出了长安城,向东、向南、向西、向北,构成了四通八达的陆路交通网。不仅通向全国各地,而且中外交通往来也比较频繁。此外,像洛阳、扬州、泉州和广州等城市,随着唐代政治、经济和文化的发展,也相继成为国内外交通的重要中心。

到了宋(960—1279 年)和辽金时期,我国的道路建设进入一个新的发展阶段,特别是在城市道路建设与交通管理方面,与隋唐时代有着明显的区别。这一时期的城市建设,实现了街和市的有机结合。城内大道两旁,第一次成为百业汇聚之区。城里居民走出了周、秦、汉、唐那种以封闭分隔为特征的坊里高墙,投入空前活跃的城市生活;酒楼茶肆勾栏瓦舍日夜经营,艺人商贩填街塞巷。北宋的都城汴京(今开封)经过改建,已成为人口超过百万的大都会,城中店铺达 6 400 多家。汴京中心街道称作御街,宽两百步,路两边是御廊。北宋政府改变了周、秦、汉、唐时期居民不得向大街开门、不得在指定的市坊以外从事买卖活动的旧规矩,允许市民在御廊开店设铺和沿街做买卖。为活跃经济文化生活,还放宽了宵禁,城门关得很晚,开得很早。御街上每隔二三百步设一个军巡铺,铺中的防隅巡警,白天维持交通秩序,疏导人流车流;夜间警卫官府商宅,防盗、防火、防止意外事故。这恐怕是历史上最早的巡警了。唐代已有公共交通车,当时称之为油壁车。到了南宋,京城临安(今杭州)这种油壁车有了新的改进。车身做得很长,上有车厢,厢壁有窗,窗有挂帘,装饰华美。车厢内铺有绸缎褥垫,很是讲究,可供 6 人乘坐观光。这是最早的公交车,临安在世界上也算是出现公交车最早的城市了。

元、明时期建成了以北京为中心的稠密的驿路交通网。驿路干线辐射到我国的四面八方。特别是元代,综合拓展了汉、唐以来的大陆交通网,进一步覆盖了亚洲大陆的广阔地区,包括阿拉伯半岛。蒙古族各部在成吉思汗等有作为的领袖统率下东征西略,兵锋所至,驿站随置,道路贯通,运输不绝。蒙古军军事势力的极盛时期,道路直通东欧多瑙河畔,南下攻灭金政权和南宋政权后,把南中国的大片疆土也纳入自己的版图。同汉唐时期的丝绸之路比较起来,元、明道路规模更大、效率更高,发挥着更为直接的重要作用。

清代(1644—1911 年)是我国最后一个封建王朝,奠定了近代中国的基本疆域。虽然就交通工具、交通设施、交通动力、交通管理来说,比起以前朝代,除了量的变化,没有什么质的突破,但是经过清政府的多次整顿,全国道路布局比以往任何时候都更加合理而有效。清代把驿路分为三等:一是"官马大路",由北京向各方辐射,主要通往各省城;二是"大路",自省城通往地方重要城市;三是"小路",自大路或各地重要城市通往各市镇的支线。官马大路,是国家级官道,在京城东华门外设皇华驿,作为全国交通的总枢纽,管理北路、西路、南路、东路等官马大路干线系统。官马北路系统最重要的是通往大东北的干线,即从北京经山海关、盛京(今沈阳)分别延伸到雅克萨、庙屯(在黑龙江入海口)的官路和通往朝鲜半岛的国际通道。属于官马北路系统的还有分别到呼伦、恰克图的干线以及塞上的横向大通道。这些道路在开发清代北疆、捍卫北疆的斗争中发挥过重要的战略作用。官马西路系统包括兰州官路与四川官路的两大干线,前者从北京经保定、太原、西安、兰州,分别到青海、西藏和新疆,并通往中亚、西亚诸国;后者则是通往大西南的干线,从西安通往云、贵、川,并向西延伸到西藏拉萨。在大清帝国创建和巩固的过程中,这个覆盖我国整个西部地区的官马西路系统起过十分重要的作用。官马南路系统,包括云南官路、桂林官路和广东官路三条干线。前两条干线均从太原南下过黄河到洛阳,然后分道到昆明或桂林,并延伸到中南半岛;第三条干线即广东官路的主干道,则是从北京出发经济南、徐州、合肥、南昌、赣州、韶关,直达广州。这是元、明以来北京到广州纵贯中国南北的主要官道,历来当作"使节路",而终点广州又曾是清代对外通商的唯一口岸,所以清政府对这条干线特别重视。官马东路的唯一干线就是福建官路,沿途经过天津、济南、徐州、南京、苏州、上海、杭州、福州等重要城市。它是清政府经济上赖以生存的重要通路。此外,还有横贯东西的长江官路等。清政府正是通过这些道路,实现了对全国各省、各市、各县、各乡镇乃至自然村落的政治控制与经济榨取;全国各地各民族人民为了生存和发展,也通过这个庞大的交通网络,实现了经济、文化等各方面的交流。

清代还利用原有驿道修建了长达约 15 万 km 的"邮差路线"。在筑路及养路方面也有新的提高,规定得很具体。在低洼地段,出现高路基的"叠道",在软土地区用秫秸铺底筑路法,有如今天的土工织物,对道路建设有不少新贡献。

清代的茶叶之路,以山西、河北为枢纽,北越长城,贯穿蒙古,经西伯利亚通往欧洲腹地,是丝绸之路衰落之后在清代兴起的又一条陆上国际商路。它始于汉唐时代,鼎盛于清道光时期。但中国的道路建设发展至清代末年,已是驿道时代的尾声,代之而起者是汽车公路的逐渐兴起。从此,近代道路的发展史重点,由东方而转移到西方。

我国古代的道路,都是沙石或泥土路,还没有用沥青或水泥铺成的道路。直至 19 世纪末期,我国才出现了铁路和公路。1876 年,英帝国主义欺骗清政府,擅自修筑了吴淞到上海的铁路。这是在我国领土上的第一条铁路。而 1881 年建成的唐山到胥各庄的铁路,则是我国出资修建并延存下来的第一条铁路。我国最初的公路,是 1908 年苏元春驻守广西南部边防时兴建的龙州到那堪的公路,可惜没有全部完工。1913 年,湖南兴建了长约 50 km 的长沙到湘潭的公路。随着近代交通工具火车、轮船、汽车的相继兴起,铁路、公路、航线的不断开辟,我国古代的驿路交通系统终于完成了它的历史使命,逐渐趋于瓦解和废弃。

思考题

1. 公路如何分级？
2. 公路的结构组成和线形组成是什么？
3. 什么是设计车辆？如何分类？
4. 什么是设计速度？如何选用？
5. 什么是设计交通量？
6. 什么是服务水平？如何分级？
7. 勘测设计如何分阶段进行？其工作内容和适应条件是什么？

项目一　平面设计

知识目标

掌握直线、圆曲线、缓和曲线的设计方法，理解平面设计方法和步骤。

能力目标

能够设计平面线形，编制平面设计文件。

思政目标

了解中国高速公路发展历史，培养爱国主义情怀。

任务一　认识平面线形

码 1-1　平面设计

一、路线

道路是一个三维空间实体。路线是指道路中线的空间位置。它的中线是一条空间曲线。路线在水平面上的投影称为路线的平面。沿着中线竖直地剖切，再行展开就成为纵断面。中线任一点的法向切面是道路在该点的横断面。道路的平面、纵断面和各个横断面是道路的几何组成部分。路线设计是指确定路线空间位置和各部分几何尺寸的工作，包括进行平面设计、纵断面设计及横断面设计。三者之间既相互联系又相互制约，既分别处理又要综合考虑。道路平纵横的表达如图 1-1 所示。

在公路设计时，大致按下列顺序进行：在尽量顾及纵、横断面平衡的前提下先定平面，沿着这个平面线形进行高程测量和横断面测量，取得地面线和地质、水文及其他必要的资料后，再设计纵断面和横断面。为达到设计的目标，必要时再修改平面，多次反复，以达到一个较为满意的结果。

二、平面线形要素

公路的平面线形，由于其位置受社会经济、自然地理和技术条件等因素的制约，公路从起点到终点在平面上不可能是一条直线，而是由许多直线段和曲线段组合而成的。而

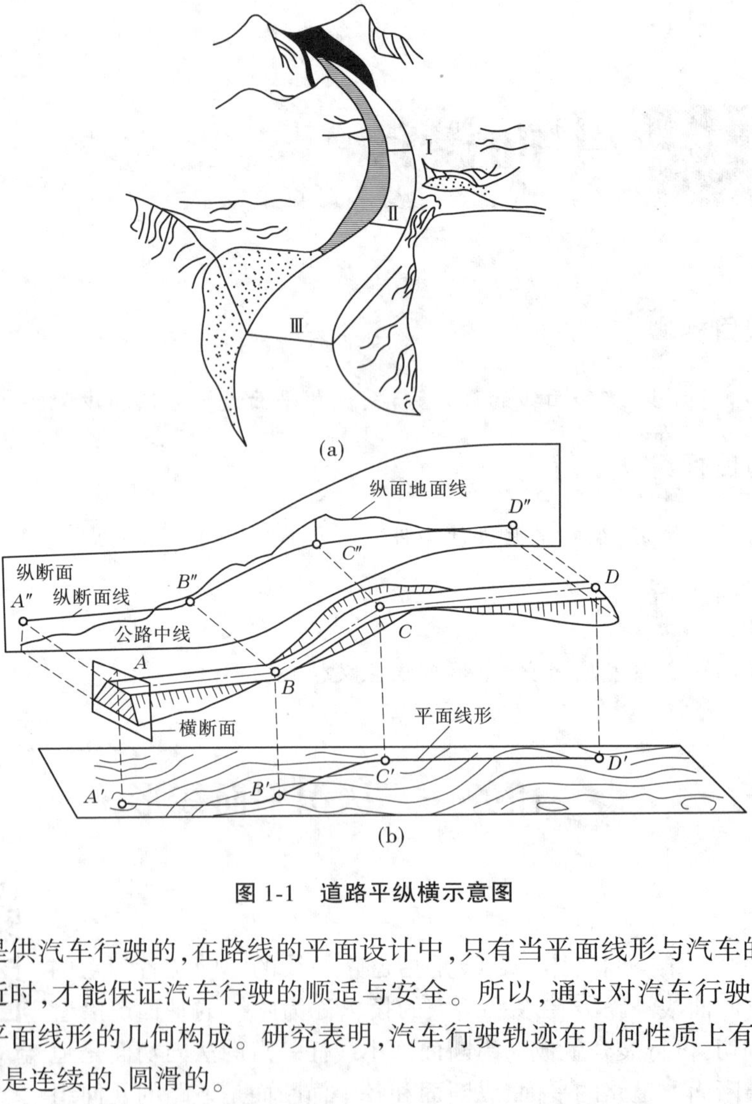

图 1-1　道路平纵横示意图

现代的道路是供汽车行驶的，在路线的平面设计中，只有当平面线形与汽车的行驶轨迹相符合或相接近时，才能保证汽车行驶的顺适与安全。所以，通过对汽车行驶轨迹的研究，能了解道路平面线形的几何构成。研究表明，汽车行驶轨迹在几何性质上有以下特征：

(1)轨迹是连续的、圆滑的。

(2)轨迹的曲率是连续的，即轨迹上任一点不会出现两个曲率值。

(3)轨迹的曲率变化率是连续的，即轨迹上任一点不会出现两个曲率变化率值。

理想的公路平面线形是行车道的边缘能与汽车的前外轮和后内轮的轮迹线完全符合或相平行。早期的公路平面线形由直线和圆曲线构成，仅符合汽车行驶轨迹特征的第(1)条，满足了车辆的直行和转向要求，但在直线和圆曲线相切处出现曲率不连续，如图 1-2 所示，与汽车行驶轨迹之间有较大偏离。随着汽车交通量的增加和行驶速度的提高，现代道路在直线和圆曲线之间引入了一条曲率逐渐变化的“缓和曲线”，使整条线形符合汽车行驶轨迹特征的第(1)条和第(2)条，保持了线形的曲率连续，如图 1-3 所示，但在直线、圆曲线及缓和曲线的连接点曲率的变化率不连续，即仍不满足第(3)条特征的要求。考虑到道路横向宽度有足够的富余，即使轨道的曲率变化率不连续，对车辆行驶的安全性影响有限，所以道路设计仍把缓和曲线作为道路平面线形的要素广泛采用。

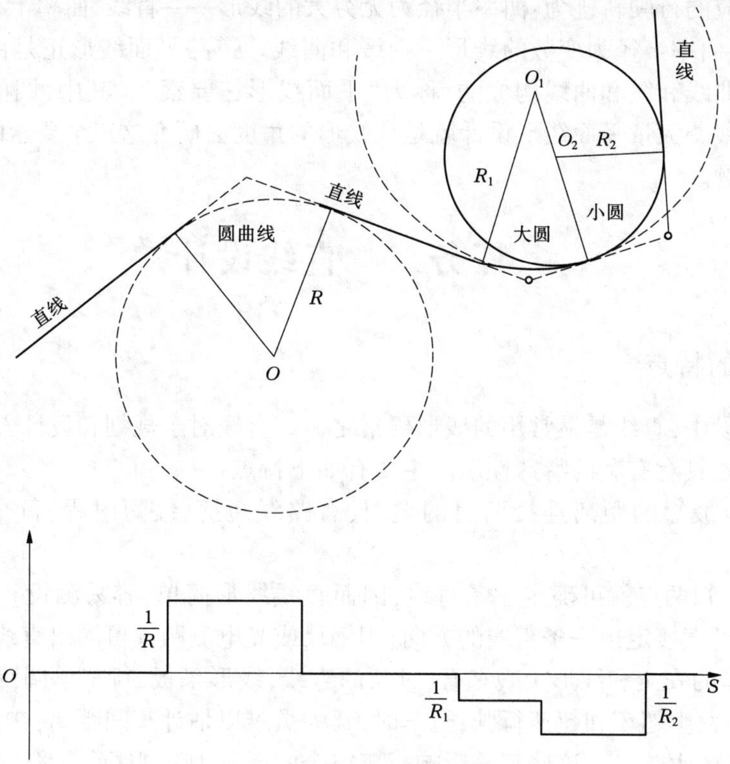

图 1-2　曲率不连续的路线

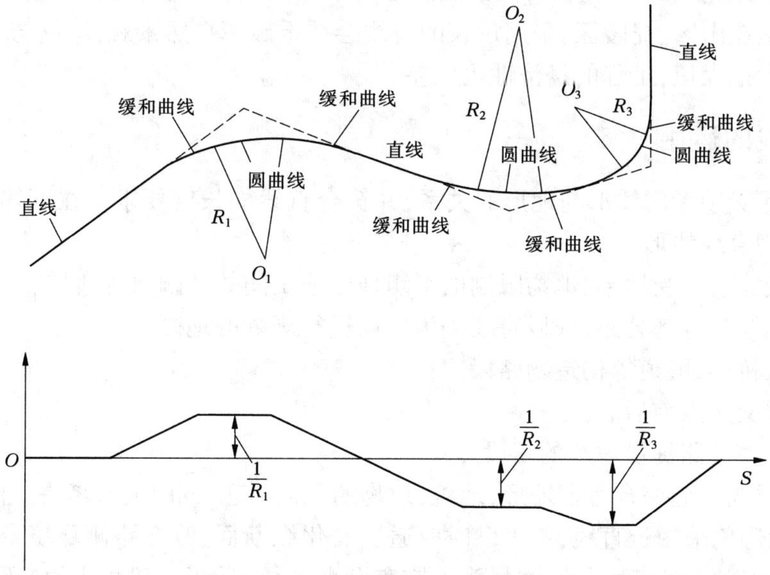

图 1-3　曲率连续的路线

此外，与行驶轨迹相对应的是汽车导向轮旋转面与车身纵轴之间的夹角。行驶中的汽车导向轮旋转面与车身纵轴之间有三种关系，即角度为零、角度为常数、角度为变数。

与上述状态对应的行驶轨迹为:曲率半径为无穷大的线形——直线,曲率半径为常数的线形——圆曲线,曲率半径为变数的线形——缓和曲线。道路平面线形正是由上述三种线形,即直线、圆曲线和缓和曲线构成的,称为“平面线形三要素”。其中,圆曲线和缓和曲线统称为平曲线。大量平面线形设计就是从线形的角度去研究这三个要素的选用和相互间的组合等问题。

任务二　直线设计

一、直线的特点

在公路建设中,直线是最常用的线形要素之一。直线对于规划和设计人员,往往比对公路的使用者更具有有利的特殊性质。主要有如下特点:

(1)直线以最短的距离连接两目的地,具有路线短捷、缩短时程、行车方向明确等特点。

(2)由于已知两点就可确定一条直线,因而直线线形简单,容易测设。在测设中,用花杆和经纬仪可直接定出一条直线的方向,用钢尺或光电测距仪可测出直线的长度。

(3)从行车的安全和线形美观来看,过长的直线,线形呆板,行车单调,易使驾驶员产生疲劳,也容易发生超车和超速行驶;行车时,驾驶员难以估计车间距离;在直线上夜间行车,对向车容易产生眩光。这些都是影响行车安全的不利因素,因而直路段特别是过长直线,行车安全性差,往往是发生车祸较多的路段。在设计中,尽量避免采用过长直线。

(4)直线虽然路线方向明确,但只能满足两个控制点的要求,难以与地形及周围环境协调。特别是在山区、丘陵区,采用过长的直线会严重破坏自然景观,不仅与环境协调差,而且易造成大挖大填,工程的经济性也较差。

二、直线的运用

直线运用必须考虑线形与地形的关系,并符合直线的长度要求。在下述地区或路段上可考虑采用直线线形:

(1)路线完全不受地形、地物限制的平坦地区或山间的宽阔河谷地带。

(2)城镇及其近郊公路,或以直线条为主体进行规划的地区。

(3)长大桥梁、隧道等构造物路段。

(4)路线交叉点前后。

(5)双车道公路提供超车的路段。

选用直线线形应综合考虑地形、地貌、地物的几何形态,同时充分考虑人的视觉、心理感受;应尽量避免采用长直线,不得已时应通过变化纵断面、改变路侧环境景观等技术手段,尽量避免驾驶人疲劳。长直线尽头不应布设小半径(低于一般最小值)平曲线。受条件限制,相接半径较小时,应采用运行速度理论进行验算,检查视距、超高、路面抗滑性能等是否满足要求;应将直线作为与圆曲线、缓和曲线同等的线元之一,不应刻意追求零比例直线的线形。对于高速公路,如果直线长度较长,宜有意设置曲线代替;而对于双车道公路，如无其他需求，可维持直线设计。

三、直线的长度

在道路平面线形设计时，一般应根据沿线地形、地物条件，驾驶员的视觉、心理感受，以及保证行车安全等因素，合理布设直线路段，对直线的最大长度与最小长度有所限制。

(一)直线的最大长度

既然直线的长度不宜过长，则在长直线的应用上应有条件地加以限制。对于直线的最大长度(以 m 计)，日本、德国规定不宜超过 20V(V 是设计速度，单位为 km/h)，即 72 s 的行程；西班牙规定不宜超过 80%的设计速度的 90 s 的行程；法国认为长直线宜采用半径 5 000 m 以上的圆曲线代替。对美国和俄罗斯这样的地广人稀之国，线形以直线为主，而又有所区别：美国规定线形应尽可能直捷，但应与地形一致；俄罗斯对直线的运用未有限制，且部分类似于高速公路的快速干道不封闭。美国和俄罗斯均具有土地资源丰富的特点，采用宽中央分隔带改善路容，设置低路堤、缓边坡增加直线上高速行车的安全度，这方面显然不适合我国国情。我国地域辽阔，地形差异较大，对直线长度很难做出统一规定。因此，我国现行的标准和规范中均未对直线的最大长度规定具体的数值。

在实际工作中，设计者可根据地形、地物、自然景观以及经验等决定直线的最大长度，既不追求长直线，也不强设平曲线。对于直线路段应采用运行速度进行检查，以确保直线段与相邻曲线段线形设计的连续性。

执行的最大长度，在城镇及其附近或其他景色有变化的地点大于 20V 是可接受的；在景色单调的地点最好控制在 20V 以内；而在特殊的地理条件下应特殊处理，不宜过度限制。无论高速路还是低速路，任何情况下都应避免追求长直线的错误倾向。

(二)直线的最小长度

1. 同向曲线间的直线最小长度

同向曲线是指两个转向相同的相邻曲线之间连以直线而形成的平面线形，如图 1-4(a)所示，其中间的直线长度是指前一曲线的终点到后一曲线的起点之间的距离。当此直线很短时，在视觉上容易形成直线与两端曲线构成反弯的错觉，破坏了线形的连续性，形成所谓的“断背曲线”，如图 1-5 所示。因此，《公路路线设计规范》(JTG D20—2017)规定：当设计速度≥60 km/h 时，同向曲线间的直线最小长度(以 m 计)以不小于设计速度(以 km/h 计)的 6 倍为宜。当设计速度≤40 km/h 时，可参照上述规定执行。在受到条件限制时，无论是高速路还是低速路，都宜将在同向曲线间插入大半径曲线或将两曲线做成复曲线、卵形曲线或 C 形曲线。

2. 反向曲线间的直线最小长度

反向曲线是指两个转向相反的相邻曲线之间连以直线所形成的平面线形，如图 1-4(b)所示。由于两弯道转弯方向相反，考虑到其超高和加宽缓和的需要，以及驾驶人员操作的方便，其间的直线最小长度应予限制。《公路路线设计规范》(JTG D20—2017)规定：当设计速度≥60 km/h 时，反向曲线间直线最小长度(以 m 计)以不小于设计速度(以 km/h 计)的 2 倍为宜。当设计速度≤40 km/h 时，可参照上述规定执行。当两反向曲线已设置有缓和曲线时，在受限制的地点也可将两反向缓和曲线首尾相连，构成 S 形曲线，

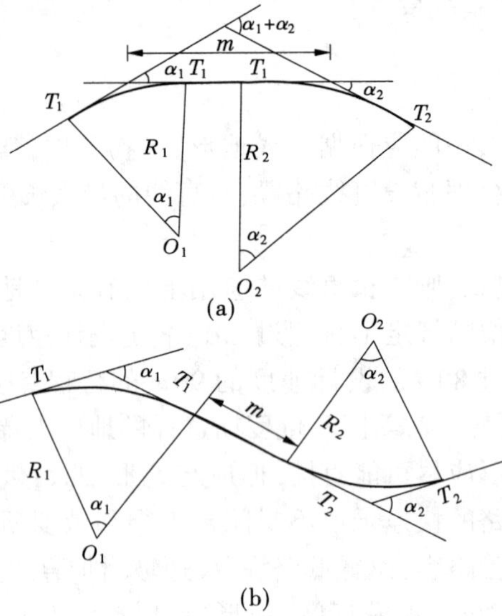

图 1-4 同向与反向曲线

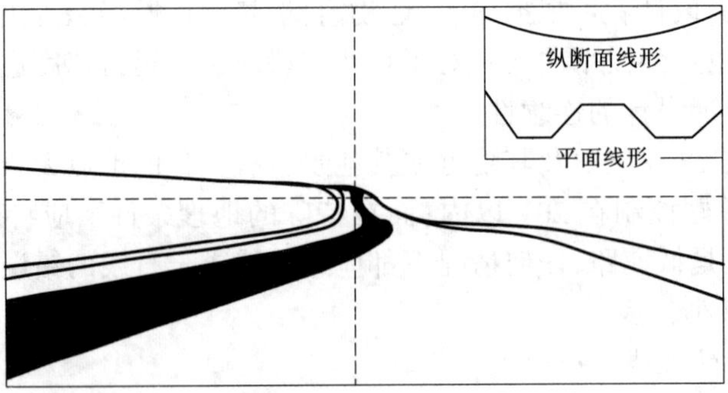

图 1-5 同向曲线间插入短直线

但被连接的两缓和曲线和圆曲线应满足一定的条件。

知识延伸

如何确定直线的方向和长度?

直线是最常采用的基本线形。在路线平面中,直线的位置通常是由两端的交点位置来确定的。直线的方向决定了路线的走向,其表示方法有如下三种。

1. 用直线间的夹角或转角表示方向

如图 1-6 所示,直线 JD_{n-1} 至 JD_n 的延长线与 JD_n 至 JD_{n+1},之间的夹角称路线的偏角,通常用 α 表示。偏角有右偏角与左偏角之分,常用 $\alpha_{右}$(表示右偏)或 $\alpha_{左}$(表示左偏)表示。如 JD_{n-1} 至 JD_n 的方向已知,则由转角即可求得 JD_n 至 JD_{n+1} 的方向。

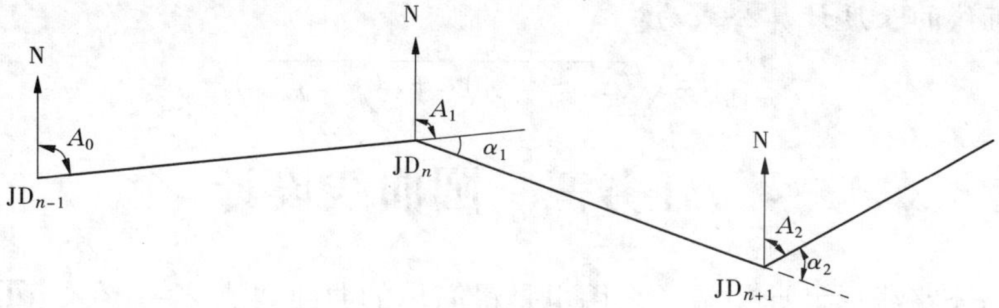

图 1-6 路线偏角

2. 用象限角表示方向

直线的象限角为直线与南或北方向所夹的锐角，象限角以 R 表示，如图 1-7 所示。直线 OA、OB、OC、OD 的象限角分别为 R_1、R_2、R_3、R_4。

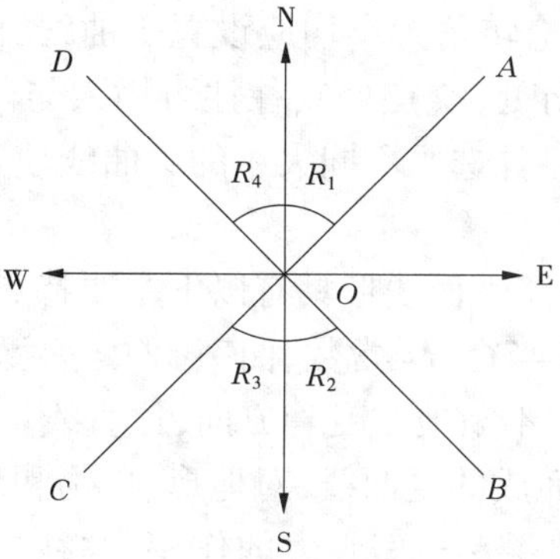

图 1-7 象限角

$$R = \arctan\left|\frac{\Delta y}{\Delta x}\right| = \arctan\left|\frac{y_n - y_{n-1}}{x_n - x_{n-1}}\right| \tag{1-1}$$

3. 用方位角表示方向

方位角即路线某一直线方向与正北方向的夹角（由正北方向起按顺时针方向放置到该直线方向的夹角，通常用 A 表示）如图 1-6 所示，JD_{n-1}—JD_n 的方位角用 A_1 表示，JD_n—JD_{n+1} 的方位角用 A_2 表示。

由图 1-6 可知，路线的转角等于前一方位角与后一方位角之差，即 $\alpha_i = A_i - A_{i-1}$。当 α 为正时，为右偏；当 α 为负时，为左偏。

直线的方向即方位角按下式计算。直线的方位角 A 为：

第一象限 $\Delta x > 0, \Delta y > 0 \quad A = R$ (1-2)

第二象限 $\Delta x < 0, \Delta y > 0 \quad A = 180° - R$ (1-3)

第三象限 $\Delta x < 0, \Delta y < 0 \quad A = 180° + R$ (1-4)

第四象限 $\Delta x > 0, \Delta y < 0 \quad A = 360° - R$ (1-5)

应用以上关系时，必须预先知道直线所在的象限。判别直线所在象限的方法用同一个象限内一对坐标增量的正负号来判别。

两点间直线的长度计算公式为：

$$S_{n-1\sim n}=\sqrt{(x_n-x_{n-1})^2+(y_n-y_{n-1})^2} \tag{1-6}$$

任务三　圆曲线设计

圆曲线是公路线形设计中最常采用也是最简单的曲线要素之一，在路线改变方向的转折处（交点处），往往可插入与两端直线相切的圆曲线来实现路线方向的改变。按照地形平面或立体的不同形态及大小，选用适当的圆曲线远比直线更能表达地形的实际情况。

码 1-2　圆曲线设计

一、圆曲线的特点

各级公路和城市道路不论转角大小均应设置平曲线，而圆曲线是平曲线的重要组成部分。在路线改变方向的转折处（交点处），往往可插入与两端直线相切的圆曲线来实现路线方向的改变。按照地形条件选用不同大小的圆曲线使其更加适应地形和驾驶员的视觉心理。

一般认为，圆曲线作为公路平面线形具有以下主要特点：

（1）曲线上任意点的曲率半径 R=常数，曲率 $1/R$=常数，故测设和计算简单。

（2）曲线上任意一点都在不断地改变着方向，比直线更能适应地形的变化，尤其是由不同半径的多个圆曲线组合而成的复曲线，对地形、地物和环境有更强的适应能力。

（3）汽车在圆曲线上行驶要受到离心力的作用，往往要比在直线上行驶多占用道路宽度。

（4）汽车在小半径的圆曲线内侧行驶时，视距条件较差，视线受到路堑边坡或其他障碍物的影响较大，因而容易发生行车事故。

二、圆曲线半径

（一）圆曲线半径与影响因素

圆曲线是平面线形设计中经常采用的线形要素之一，圆曲线的技术标准主要是曲线半径大小，半径是圆曲线的重要参数。

汽车在平曲线上行驶，除要受到重力的影响外，还要受到离心力的影响。由于离心力的存在，使汽车在平曲线上行驶时出现两种不稳定的危险：一是汽车向外滑移；二是汽车向外倾覆。下面对汽车在曲线上行驶所产生的横向力进行分析，见图 1-8。

则横向力 Y 为

$$Y=C\cos\alpha \pm G_a\sin\alpha \tag{1-7}$$

其中 α 很小，$\cos\alpha\approx1$，$\sin\alpha\approx\tan\alpha=i_0$，有

$$Y=C \pm G_a i_0 \tag{1-8}$$

式中，“+”表示路拱双坡外侧，“-”表示路拱双坡内侧。

离心力

$$C=m\frac{v^2}{R}=\frac{G_a v^2}{gR} \tag{1-9}$$

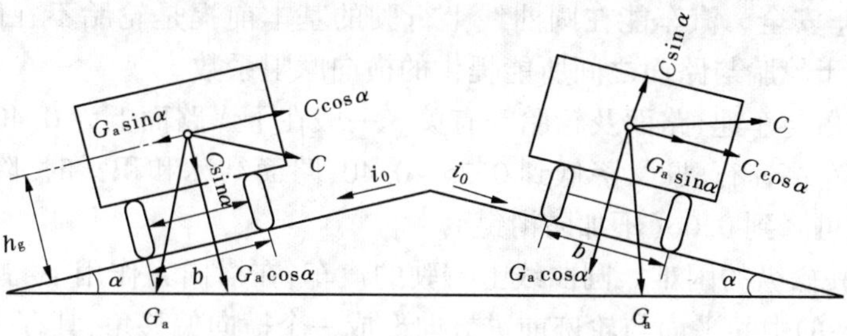

G_a—汽车总重,N;h_g—汽车重心高度,m;α—道路横向坡度角,(°);

C—离心力,N;b—汽车轮距,m;i_0—路拱横坡度。

图 1-8　汽车在曲线上行驶的受力情况

式中　R——平曲线半径,m;

　　v——汽车行驶速度,m/s。

所以
$$Y = \frac{G_a v^2}{gR} \pm G_a i_0 \tag{1-10}$$

横向力 Y 是汽车行驶的不稳定因素,就横向力而言,只从其值的大小无法反映不同重量汽车的稳定程度。例如:5 kN 的横向力若作用在小汽车上,可能使其产生横向倾覆的危险,而作用在重型载重汽车上则可能是安全的。于是采用横向力系数来衡量稳定性程度,其意义为单位车重的横向力,即

$$\mu = \frac{Y}{G_a} = \frac{v^2}{gR} \pm i_0 \tag{1-11}$$

对等式进行变形,有

$$R = \frac{v^2}{g(\mu \pm i_0)}$$

当车速以 V(km/h)代替 v(m/s),则有

$$R = \frac{V^2}{127(\mu \pm i_0)} \tag{1-12}$$

式中　V——各级公路的设计速度,km/h;

　　μ——横向力系数;

　　i_0——路拱横坡度。

为了减小或消除汽车向外滑移,一般将路面外侧抬高,使之向内侧倾斜(这种倾斜称为设置超高),其倾斜度的大小用超高横坡度(i_c)表示。由于内倾斜角过大时,会使汽车向内产生滑移,所以为了保证在平曲线上行车的安全,必须根据汽车、平曲线以及路面的具体情况,采取相应的超高措施,以求得行驶中力系的平衡。设计了超高后

$$R = \frac{V^2}{127(\mu + i_c)} \tag{1-13}$$

在车速一定的情况下,最小半径 R_{min} 取决于容许的最大横向力系数 μ_{max} 和该圆曲线的最大超高值 i_{cmax}。

1. 横向力系数 μ

横向力的存在对行车产生种种不利影响,μ 越大越不利,主要表现在以下几方面:

(1)危及行车安全。汽车能在圆曲线上行驶的基本前提是轮胎不在路面上滑移，要求横向力系数低于轮胎与路面之间所能提供的横向摩阻系数。

横向摩阻系数与车速、路面及轮胎等有关。一般在干燥路面上为0.40~0.80；在潮湿的沥青路面上汽车高速行驶时，降低到0.25~0.40；路面结冰和积雪时，降到0.20以下；在光滑的冰面上可降到0.06(不加防滑链)。

(2)增加驾驶操纵的困难。圆曲线上行驶的汽车，在横向力作用下，弹性轮胎会产生横向变形，使轮胎的中间平面与轮迹前进方向形成一个横向偏移角，其存在增加了汽车在方向操纵上的困难。特别是车速较高时，如横向偏移角超5°，一般驾驶员就不易保持驾驶方向的稳定。

(3)增加燃料消耗和轮胎磨损。μ 的存在使轮胎和路面之间的摩阻力增加，车辆的燃油消耗和轮胎磨损增加。表1-1为不同横向力系数下的实测损耗值。

表1-1　实测损耗值

横向力系数 μ	燃料消耗/%	轮胎消耗/%
0	100	100
0.05	105	160
0.10	110	220
0.15	115	300
0.20	120	390

(4)人体感受不舒适。μ 值不同，汽车在弯道上行驶时乘客的感觉也不同。根据试验得知，乘客随 μ 值的心理感受如下：①当 $\mu<0.10$ 时，乘客不感到有曲线存在，很平稳；②当 $\mu=0.15$ 时，乘客略感到有曲线存在，但尚平稳；③当 $\mu=0.20$ 时，乘客已感到有曲线存在，略感到不平稳；④当 $\mu=0.35$ 时，乘客感到有曲线存在，已感到不平稳；⑤当 $\mu>0.40$ 时，转弯时已非常不稳定，人有倾倒的危险。

综上所述，μ 的取值关系到行车的安全、经济与舒适。为计算最小圆曲线半径，应考虑各方面因素采用一个合适的 μ 值。一般 $\mu_{max}=0.10\sim0.16$，车速高时取低值，车速低时取高值。

2. 最大超高值 i_{max}

在车速较高的情况下，为了平衡离心力 γ，要用较大的超高，但道路上行驶的车辆的速度差异较大，特别是在混合交通的道路上，不仅要照顾快车，也要考虑慢车的安全，对于慢车，乃至因故暂停在弯道上的车辆，其离心力接近于0或等于0。此时，如超高值过大，超出轮胎与路面间的横向摩阻系数，车辆有沿路面最大合成坡度下滑的危险。因此，最大超高值不应大于轮胎与路面间的横向摩阻系数。

确定最大超高值 i_{max}，除要考虑道路所在地区的气候条件外，还必须给驾驶员和乘客以心理上的安全感。对重山区、城市附近、交叉口以及有相当数量非机动车行驶的道路，最大超高应比一般道路小些。

《公路工程技术标准》(JTG B01—2014)对各级公路的最大超高规定如下：公路采用

的最大超高应根据交通量、交通组成和公路行车环境等条件确定。一般地区，圆曲线最大超高应采用8%；积雪冰冻地区，最大超高应采用6%；以通行中小型客车为主的高速公路和一级公路，最大超高可采用10%；城镇区域公路，最大超高可采用4%；大型货运车辆占比较高的公路，宜采用较小的最大超高值。

(二)最小半径的计算

汽车在圆曲线上行驶时保持稳定的必要条件是汽车所受横向力被轮胎与路面之间的摩阻力抵消，若横向力大于摩阻力，则汽车出现横向滑移。因此，在设计时应控制横向力系数不超过横向摩阻系数。

《公路工程技术标准》(JTG B01—2014)根据不同横向力系数及超高横坡的取值，对不同等级的公路规定了极限最小半径和不设超高的最小半径，见表1-2。

表1-2　圆曲线最小半径

设计速度/(km/h)		120	100	80	60	40	30	20
最大超高	10%	570	360	220	115	—	—	—
	8%	650	400	250	125	60	30	15
	6%	710	440	270	125	60	35	15
	4%	810	500	300	150	65	40	20
不设超高最小半径/m	路拱≤2.0% $\mu=0.035\sim0.040$	5 500	4 000	2 500	1 500	600	350	150
	路拱>2.0% $\mu=0.040\sim0.050$	7 500	5 250	3 350	1 900	800	450	200

注：—为不考虑采用最大超高的情况。

选用曲线半径时，既要适应沿线地形地物条件变化，同时应注意前后线形协调，不应突然采用小半径曲线。长直线或大半径圆曲线路段，不能采用圆曲线半径极限值。从地形条件好的区段进入地形条件较差的区段时，线形技术指标应逐渐过渡，防止突变。

1. 圆曲线最小半径极限值

圆曲线最小半径的极限值是相应于设计速度时允许的最小稳定行驶半径，它是圆曲线设计半径的极限值，在设计中任何情况下都必须满足。

圆曲线最小半径的极限值是以汽车在曲线部分能安全舒适行驶所需要的条件而确定的，其实质是汽车行驶在公路曲线部分时，所产生的离心力等横向力不超过轮胎与路面的摩擦力所允许的界限。计算圆曲线最小半径时，关键参数是横向力系数和超高横坡。《公路工程技术标准》(JTG B01—2014)中的最小半径极限值是考虑了行车的稳定性、舒适性和经济性等因素，采用最大的μ值(横向力系数μ为0.10~0.17)和允许的最大超高横坡(分别为6%、8%、10%)，按式(1-13)计算并取整后得到的。

2. 圆曲线不设超高最小半径

所谓不设超高的平曲线最小半径，是考虑到平曲线半径较大时，离心力的影响已较小，路面的摩阻力可以保证汽车具有足够的稳定性，可以不设置超高而允许设置与直线路段相同的路拱横坡。汽车在不设超高的平曲线上行驶时，由于路面有路拱坡度，汽车可能在路拱外侧行驶。表1-2中不设超高的圆曲线最小半径值，即是按路面泥泞或结冰时的最不利情况,考虑汽车在路拱外侧行驶,并满足行车的舒适和线形的协调要求,取 μ = 0.035~0.04,路拱横坡 $i_0 \leqslant 2\%$(或 μ =0.04~0.05, $i_0>2\%$)后,按式(1-12)计算得出的。

公路圆曲线半径小于表 1-2 所列不设超高最小半径时,应设置圆曲线超高。

3. 圆曲线最大半径

过大的曲线半径往往导致曲线较长,从而不利于平纵组合设计;过大的曲线半径,视觉效果近乎直线,在驾驶人视野受限和不兴奋状态时,不利于准确判断前方路段路线线形;在大半径、长曲线上行驶,驾驶人会出现与在长直线上行驶类似的单调、疲劳感。半径过大,圆曲线太长,对测设和施工都不利,而且过大的半径,其几何性质与直线已无多大的差异。《公路路线设计规范》(JTG D20—2017)规定,圆曲线最大半径不宜超过 10 000 m。

三、圆曲线的长度

汽车在曲线线形的道路上行驶时,如果曲线很短,则驾驶员操作方向盘频繁而紧张,这在高速行驶的情况下是危险的。在平面设计中,公路平曲线一般由前、后缓和曲线和中间圆曲线三段曲线组成。为便于驾驶操作和行车安全与舒适,汽车在任何一段线形上行驶的时间都不应短于 3 s,在曲线上行驶里程需要 9 s;如果中间的圆曲线为零,形成凸形曲线,但凸形曲线与两回旋曲线衔接,对行车不利,只有在受地形条件限制的山嘴或特殊困难情况下方可使用。因此,在进行平曲线设计时,圆曲线的最小长度一般要有 3 s 行程。

知识延伸

如何计算圆曲线几何要素?

对于未设置缓和曲线的单圆曲线,其曲线几何要素(见图 1-9)为:

切线长 $$T = R\tan\frac{\alpha}{2} \tag{1-14}$$

曲线长 $$L = \frac{\pi}{180}\alpha R \tag{1-15}$$

外距 $$E = R\left(\sec\frac{\alpha}{2} - 1\right) \tag{1-16}$$

切曲差 $$J = 2T - L \tag{1-17}$$

式中 R——曲线半径,m;

α——转角,(°)。

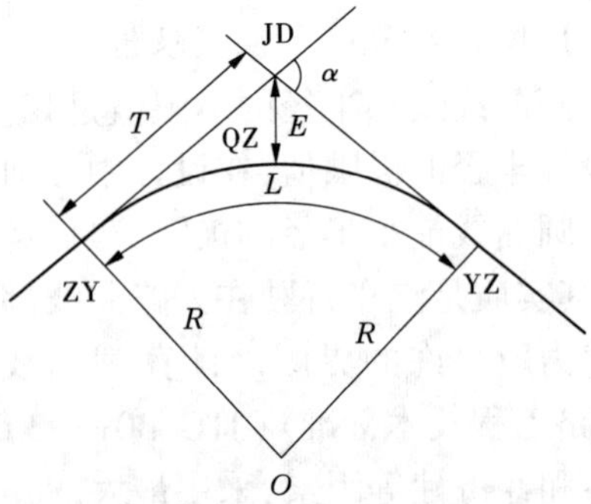

图 1-9 圆曲线要素计算

曲线主点桩号计算如下:

$$ZY(\text{桩号}) = JD(\text{桩号}) - T$$
$$YZ(\text{桩号}) = ZY(\text{桩号}) + L$$

$$\mathrm{QZ}(\text{桩号})=\mathrm{YZ}(\text{桩号})-L/2$$

$$\mathrm{JD}(\text{桩号})=\mathrm{QZ}(\text{桩号})+J/2$$

四、圆曲线的运用

道路平面设计时，应根据沿线地形、地物等条件，尽量选用较大半径，以保证行车安全舒适。在选定半径时，既要技术合理，又要经济适用；既不盲目采用高标准（大半径）而过分增加工程量，也不只考虑眼前通过要求而采用低标准。

（1）选定圆曲线半径应与地形相适应，以采用超高值为2%～4%的圆曲线半径为宜。

（2）地形条件受限时，可采用大于或接近圆曲线一般最小半径；地形条件特殊困难不得已时，方可采用圆曲线极限最小半径。

（3）在选用圆曲线半径时，应与设计速度相适应，同相衔接路段的平、纵线形要素相协调，构成连续、均衡的曲线线形。

（4）从交通安全的角度考虑，400 m 是圆曲线半径选择的参考基准值。相关研究成果表明，大量的交通事故与小半径曲线有关，交通事故率和事故严重程度随着曲线半径的增加而降低；圆曲线半径小于 200 m 的路段交通事故率要比圆曲线半径大于 400 m 的路段至少高 1 倍；圆曲线半径大于 400 m 时，对运行速度已经没有太大的影响，对于安全性的提高也没有太大影响。同时，半径均衡的曲线组合比不均衡的曲线组合更安全，长直线接小半径曲线对行车非常不利。

（5）选用曲线半径时，最大半径值一般不应超过 10 000 m。理论研究和实践表明，对于高速公路而言，$R>3\ 000$ m 后，汽车的横向力系数的差异极小。此时，由于横向力的存在而引起的舒适性方面的降低是人体感觉不到的；在驾驶操作上与在直线段上已无大的差异；因横向力的存在而增加的燃料消耗也小于3%。当地形平坦、景观单调时，在大曲率长曲线上行驶如同在长直线上行驶一样，会使驾驶员感到疲劳、反应迟钝。调查表明，驾驶者不希望在过长、过缓的曲线上行驶。所以，选用大半径的曲线时，也应持谨慎的态度。

任务四　缓和曲线设计

缓和曲线是道路平面线形要素之一，它是直线与圆曲线之间或半径相差较大的两个同向圆曲线之间的一种曲率连续变化的曲线。《公路工程技术标准》（JTG B01—2014）规定：高速公路和一、二、三级公路的直线同小于不设超高的圆曲线最小半径径向连接处，应设置缓和曲线。四级公路可不设缓和曲线，在直线同小于不设超高最小半径径向连接处，应设置超高、加宽过渡段。

码 1-3　缓和曲线设计

一、缓和曲线的作用

（1）便于驾驶员操纵方向盘。汽车从直线驶入圆曲线，其曲率半径从无穷大变到一个定值，这时汽车的前轮转向角需要经过一段距离逐渐变化，才能使汽车较为安全舒适地进入圆曲线。缓和曲线通过其曲率的逐渐变化，恰好能适应汽车转向操作的行驶轨迹。

(2)满足乘客的舒适与稳定,减小离心力的变化。直线段上无离心力,而圆曲线上存在离心力。如果不设缓和曲线,则汽车直接从直线段上进入圆曲线,所受离心力在切点处是突然加上去的,而且在离开圆曲线时又突然消失了,这不利于行车的安全性和舒适性;相反,在直线和圆曲线间插入缓和曲线后,汽车行驶过程中是从没有离心力的直线段逐渐进入到离心力为 C 的圆曲线,这就消除了离心力的突变。

(3)满足超高和加宽的过渡,有利于平稳行车。当圆曲线上设置超高和加宽时,由直线段上无超高和无加宽过渡到圆曲线的全超高和加宽时,必须有一个缓和段,一般情况下是在缓和曲线内完成超高或加宽的渐变过程。

(4)与圆曲线配合得当,增加线形美观。圆曲线与直线径向连接,在连接处曲率突变,视觉上有不平顺的感觉,见图 1-10。设置缓和曲线后,使线形连接圆滑,增加线形的美观,同时有良好的视觉效果和心理效果,见图 1-11。

图 1-10　圆曲线与直线径向连接

图 1-11　圆曲线与直线间设缓和曲线

二、缓和曲线的性质

汽车由直线进入圆曲线是通过驾驶员操纵方向盘来实现的,考察汽车由直线进入圆曲线的行驶轨迹,先假定汽车是等速行驶的,并且司机匀角速度转动方向盘,其行驶轨迹线的曲率半径 ρ 可按如下方法推求:

设汽车在缓和曲线上行驶的速度为 v(m/s),行驶 t(s)后,方向盘的转动角度为 φ,前轮的转动角为 ϕ(见图 1-12),两者的关系为

$$\phi = K\varphi \quad (K 为 \leqslant 1 的系数)$$

若方向盘转动的角速度为 ω,t(s)后转动的角度为 $\varphi = \omega t$,前轮的转动角为

$$\phi = K\varphi = K\omega t$$

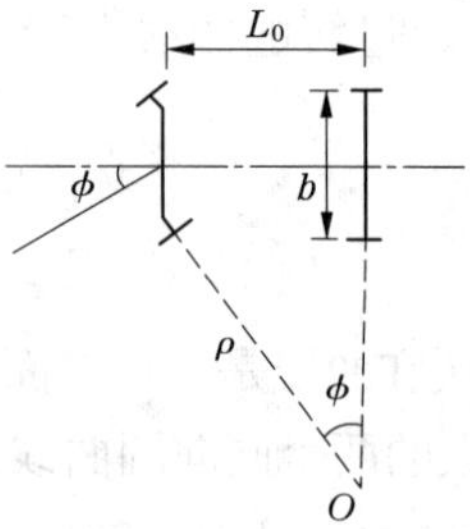

图 1-12　汽车的转弯行驶

假定汽车前后轮轴距为 L_0,则汽车的转动半径 ρ 为

$$\rho = \frac{L_0}{\sin\phi} \approx \frac{L_0}{\phi} = \frac{L_0}{K\omega t}$$

汽车沿缓和曲线行驶 t(s)后,在曲线上行驶的距离为 l,则

$$l = vt = v\frac{L_0}{K\omega}\frac{1}{\rho}$$

设 $C = v\dfrac{L_0}{K\omega} = 常数$,则

$$l = \frac{C}{\rho} \tag{1-18}$$

式(1-18)即为汽车等速行驶,同时以不变的角速度转动方向盘所产生的轨迹。汽车行驶轨迹线的曲率半径值随着行驶距离(自转弯开始点算起)的增大而递减,即缓和曲线上任一点的半径与其距起点的距离成反比例。该方程即为回旋曲线方程。因此,《公路工程技术标准》(JTG B01—2014)规定缓和曲线采用回旋线。铁路设计中,考虑到列车运行的平稳性,低速铁路采用三次抛物线形式,高速铁路则多采用半波正弦形缓和曲线。

为了设计方便,常用 A^2 代替回旋曲线常数 C,则

$$\rho l = A^2 \tag{1-19}$$

式中 A——回旋线参数,m;

ρ——回旋线上任一点的曲率半径,m;

l——回旋线上任一点到曲线起点的曲线长度,m。

所有的回旋曲线在几何上都是相似的。参数 A 可认为是回旋线的放大系数,R 确定了圆的大小,A 则表征了回旋曲线曲率变化的缓急。

在缓和曲线终点处 $\rho=R$,$l=L_s$,则

$$\rho l = RL_s = A^2 \tag{1-20}$$

三、缓和曲线的最小长度

缓和曲线的作用主要通过一定的长度来保证,且缓和曲线越长,其缓和效果就越好;但太长的缓和曲线也是没有必要的,因为这会给测设和施工带来不便。因此,缓和曲线的最小长度应按发挥其作用的要求来确定,即设置足够长的缓和曲线,使其能够起到缓和离心力突变、完成超高加宽渐变和便于驾驶操作等作用,并使线形顺畅、美观。缓和曲线的最小长度应满足如下要求。

(一)满足离心加速度变化率的要求

汽车以速度 v 在缓和曲线上行驶时,所受离心力 C 为:

$$C = m\frac{v^2}{\rho}$$

则离心加速度为:

$$a = \frac{v^2}{\rho}$$

若汽车在 t(s)内从缓和曲线起点到达终点,行驶距离为缓和曲线长度 L_s,而缓和曲线的曲率半经由∞均匀变化到 R,离心加速度则由 0 均匀增加到了 $a=\frac{v^2}{R}$。

因此,离心加速度随时间的变化率 a_t 为:

$$a_t = \frac{\frac{v^2}{R} - 0}{t} = \frac{v^2}{Rt}$$

而

$$t = \frac{L_s}{v}$$

所以

$$a_t=\frac{v^3}{RL_s}=\frac{V^3}{47RL_s}$$

则

$$L_s=\frac{V^3}{47Ra_t}$$

式中　a_t——离心加速度变化率,m/s³;

R——圆曲线半径,m。

从乘客舒适的观点出发,并为使缓和曲线符合汽车运行特性、线形视觉良好,离心加速度变化率应限制在一定范围内。如日本规定:高速公路为 0.35 m/s³(推荐值)及 0.5 m/s³(绝对最大值);设计速度 60 km/h 以下的一般匝道及主要地方道路为 0.6 m/s³;山岭区及其他特殊地区为 0.75 m/s³ 及 0.775 m/s³。《公路工程技术标准》(JTG B01—2014)规定离心加速度变化率≤0.6 m/s³,则

$$L_s = 0.036\frac{V^3}{R} \tag{1-21}$$

(二)满足驾驶员操作及反应时间的要求

在汽车从直线进入圆曲线的转向行驶过程中,驾驶员需要逐渐把方向盘转动一个角度,这一操作过程需要一定时间,亦即汽车在缓和曲线上行驶的时间不宜太短,否则驾驶员的操作过于紧张而不利于安全行车。

试验表明,驾驶员在缓和曲线上操纵方向盘的最合适时间为 $t=3\sim5$ s,我国采用 $t=3$ s,所以缓和曲线最小长度为

$$L_s = vt = \frac{V}{3.6}t = \frac{V}{1.2} \tag{1-22}$$

(三)满足超高渐变率的要求

由缓和曲线作用可知,当设缓和曲线时,公路的超高是在缓和曲线上完成渐变过程的,而且超高渐变一般是在缓和曲线全长范围内进行的。因此,缓和曲线长度不得小于超高缓和段长度,可按下式计算:

$$L_s = L_c = \frac{B\cdot\Delta i}{p} \tag{1-23}$$

式中　B——旋转轴至行车道外侧路面边缘的宽度,m;

Δi——超高坡度与旋转轴外侧路拱横坡度的代数差(%);

p——超高渐变率,即旋转轴与行车道外侧边缘线之间的相对坡度。

(四)满足视觉条件

按离心加速度变化率或超高渐变率所计算的缓和曲线长度,是随半径的增大而减小的,但从视觉连续性的角度却希望随着曲线半径的增大,缓和曲线应相应增大。特别是高等级公路,应注意选择适宜的缓和曲线长度,调整线形以适应地形与景观,使视觉舒顺。

根据德国的经验,使用回旋线作为缓和曲线时,回旋线参数 A 和所连接的圆曲线保持关系式

$$R/3 \leqslant A \leqslant R \quad 或 \quad A \leqslant R \leqslant 3A$$

便可获得视觉上协调而又平顺的线形。

对上式两端同时平方,得

$$R^2/9 \leqslant A^2 \leqslant R^2 \quad 或 \quad A^2 \leqslant R^2 \leqslant 9A^2$$

把 $RL_s = A^2$ 代入并化简，得

$$R/9 \leqslant L_s \leqslant R \quad 或 \quad L_s \leqslant R \leqslant 9L_s \tag{1-24}$$

式(1-24)即为满足视觉条件的缓和曲线长度计算公式。一般来说，按式(1-24)计算出的缓和曲线长度大于式(1-21)~式(1-23)的计算值。

《公路工程技术标准》(JTG B01—2014)根据汽车在缓和曲线上行驶3 s和控制离心加速度变化率的大小，按各等级公路的设计速度，经综合计算后取整(一般取至5的倍数)，规定了各级公路缓和曲线的最小长度值，见表1-3。

表1-3　回旋线最小长度

设计速度/(km/h)	120	100	80	60	40	30	20
回旋线最小长度/m	100	85	70	50	35	25	20

注：四级公路为超高、加宽过渡段的长度。

需要指出，《公路工程技术标准》(JTG B01—2014)中所规定的缓和曲线最小长度主要考虑了线形缓和与行车缓和的需要，设计时尚需根据设置超高和加宽缓和段的需要，按式(1-23)计算出超高缓和段长度 L_c，然后与表1-3中规定的缓和曲线最小长度进行比较，取二者中的最大值作为设计缓和曲线的长度。在条件允许时，应尽量采用较长的缓和曲线，以满足各方面的需要。回旋线长度应随圆曲线半径的增大而增长。

四、缓和曲线的省略

在直线和圆曲线间设置缓和曲线后，圆曲线将产生一个内移值 $p=\dfrac{L_s^2}{24R}$，当此内移值 p 与已考虑在车道中的富裕宽度相比很小时，则可将缓和曲线省略。

(一)直线与圆曲线间缓和曲线的省略

《公路路线设计规范》(JTG D20—2017)规定，当圆曲线半径大于或等于表1-2中不设超高的圆曲线最小半径时可不设缓和曲线；四级公路可将直线与圆曲线径相连接，在圆曲线两端的直线上设置超高缓和段、加宽缓和段。

(二)半径不同的圆曲线间缓和曲线的省略

(1)小圆半径大于不设超高的圆曲线最小半径时，可以省略缓和曲线。

(2)小圆半径大于表1-4中所列半径，且符合下列条件之一时，均可省略：

表1-4　复曲线中小圆临界曲线半径

设计速度/(km/h)	120	100	80	60	40	30
临界曲线半径/m	2 100	1 500	900	500	250	130

①小圆曲线按规定设置相当于最小回旋曲线长的回旋线时，其大圆与小圆的内移值之差不超过0.10 m。

②设计速度≥80 km/h 时，大圆半径与小圆半径之比小于 1.5。

③设计速度<80 km/h 时，大圆半径与小圆半径之比小于 2。

五、缓和曲线的直角坐标

（一）回旋线切线角

1. 缓和曲线上任意点的切线角 β_x

缓和曲线的切线角，是指缓和曲线上任一点的切线与该缓和曲线起点的切线所成夹角。如图 1-13 所示，设缓和曲线所在直角坐标系 XOY，O 为原点，在缓和曲线上任意一点 P 处取一微分弧段 dl，则：

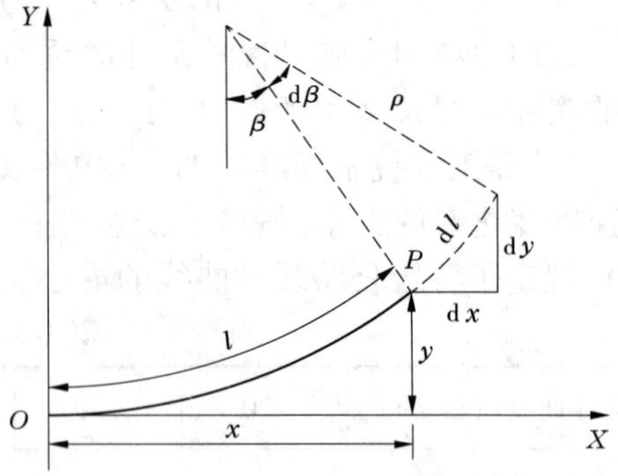

图 1-13

$$d\beta_x = \frac{dl}{\rho}$$

$$\beta_x = \int d\beta_x = \int \frac{dl}{\rho}$$

将 $\rho = A^2/l$ 代入并积分，得

$$\beta_x = \int \frac{l dl}{A^2} = \frac{l^2}{2A^2} = \frac{l^2}{2RL_s} \tag{1-25}$$

2. 缓和曲线的总切线角 β

在缓和曲线的终点处 $l=L_s$ 代入式（1-25），则得

$$\beta = \frac{L_s}{2R} \tag{1-26}$$

（二）缓和曲线的直角坐标

缓和曲线的直角坐标表达式，可近似为

$$\begin{cases} x = l - \dfrac{l^5}{40R^2 L_s^2} \\ y = \dfrac{l^3}{6RL_s} \end{cases} \tag{1-27}$$

当 $l=L_s$ 时，则缓和曲线终点的坐标可近似为

$$\begin{cases} x_h = L_s - \dfrac{L_s^3}{40R^2} \\ y_h = \dfrac{L_s^2}{6R} \end{cases} \tag{1-28}$$

注意：该坐标是以缓和曲线起点或终点为坐标原点，切线为 X 轴，过原点的半径为 Y 轴所形成的局部坐标系。

知识延伸

如何计算缓和曲线?

为了能在直线与圆曲线之间插入缓和曲线,必须将原有圆曲线向内移动一定的距离 p。圆曲线向内移动有两种方法:一种是圆心不变,使圆曲线半径减小,从而使圆曲线向内移动;另一种是半径不变,而圆心沿分角线方向内移,使圆曲线向内移动。由于后者是不平行移动,圆曲线上的各点的内移值不相等,测设工作麻烦,因此采用第一种方法。

采用圆心不动的平行移动方法,可以看成是平曲线在未设置缓和曲线时的圆曲线半径为 $R+p$,而该平曲线要插入缓和曲线,向内移动距离 p 后,圆曲线半径正好减小一个 p 值,即为 R,如图 1-14 所示。

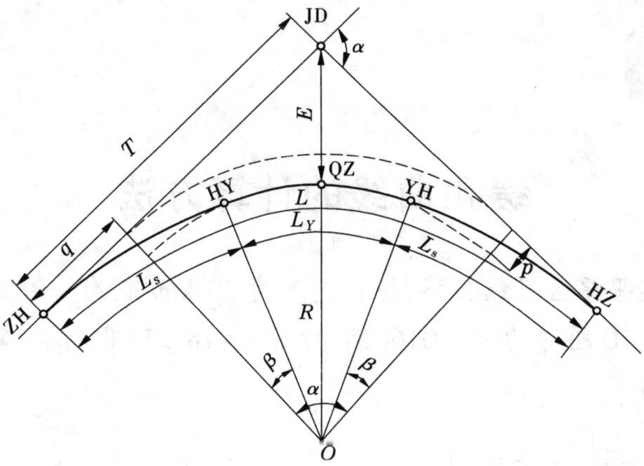

图 1-14

1. 主曲线的内移值 p 及切线增长值 q

由图 1-14 可知

$$p = y_h + R\cos\beta - R$$

$$q = x_h - R\sin\beta$$

将 $\sin\beta$、$\cos\beta$ 用函数幂级数展开,可得

$$p = \frac{L_s^2}{24R} \tag{1-29}$$

$$q = \frac{L_s}{2} - \frac{L_s^3}{240R^2} \tag{1-30}$$

2. 缓和曲线要素

《公路工程技术标准》(JTG B01—2014)规定:当平曲线半径小于不设超高的最小半径时,应设缓和曲线。

切线总长 $T = T' + q = (R+p)\cdot\tan\dfrac{\alpha}{2} + q$ (1-31)

曲线总长 $L = \dfrac{\pi}{180}R(\alpha - 2\beta) + 2L_s = \dfrac{\pi}{180}R\cdot\alpha + L_s$ (1-32)

外距 $E = E' + p = (R+p)\sec\dfrac{\alpha}{2} - R$ (1-33)

切曲差 $J = 2T - L$ (1-34)

在平曲线中设置了缓和曲线后，全部曲线有5个基本桩点需要定出(见图1-14)。

ZH ——第一缓和曲线起点(直缓)；

HY ——第一缓和曲线终点(缓圆)；

QZ ——圆曲线中点(曲中)；

YH ——第二缓和曲线终点(圆缓)；

HZ ——第二缓和曲线起点(缓直)。

习题分析

缓和曲线的计算方法

【例1】 已知某平原区三级公路，设计速度为30 km/h，有一弯道半径$R=300$ m，缓和曲线长60 m，交点JD桩号为K4+016.25，转角$\alpha=28°25'00''$，试计算该曲线上设置缓和曲线后的5个主点桩号。

解: $p = \dfrac{L_s^2}{24R} = \dfrac{60^2}{24\times300} = 0.5(\text{m})$

$q = \dfrac{L_s}{2} - \dfrac{L_s^3}{240R^2} = \dfrac{60}{2} - \dfrac{60^3}{240\times300^2} \approx 30(\text{m})$

切线总长 $T = (R+p)\cdot\tan\dfrac{\alpha}{2} + q$

$= (300+0.5)\times\tan\dfrac{28°25'00''}{2} + 30 = 106.08(\text{m})$

曲线总长 $L = \dfrac{\pi}{180}R\alpha + L_s = \dfrac{\pi}{180}\times300\times28°25'00'' + 60 = 208.79(\text{m})$

外距 $E = (R+p)\sec\dfrac{\alpha}{2} - R = (300+0.5)\times\sec\dfrac{28°25'00''}{2} - 300 = 9.98(\text{m})$

校正值 $J = 2T - L = 2\times106.08 - 208.79 = 3.37(\text{m})$

全部曲线的5个主点里程桩号为：

	JD		K4+016.25
−	T	−	106.08
	ZH		K3+910.17
+	L_s	+	60
	HY		K3+970.17
+	$(L-L_s)$	+	(208.79−60)
	HZ		K4+118.96
−	L_s	−	60
	YH		K4+058.96
−	$1/2(L-2L_s)$	−	1/2(208.79−2×60)
	QZ		K4+014.56
+	$D/2$	+	3.37/2
	JD		K4+016.25

说明计算无误。

【例 2】 已知 JD_1 桩号为 K2+650.5，JD_1 至 JD_2 的间距为 750.8 m，JD_1 处的切线长 $T_1=125.5$ m，曲线长 $L_1=198.6$ m；JD_2 处的切线长 $T_2=100.4$ m，曲线长 $L_2=249.5$ m。求：(1) JD_2 的桩号；(2) JD_2 处的直缓点 ZH_2 和缓直点 HZ_2 的桩号；(3) 两平曲线间所夹直线段的长度。

解：JD_2 的桩号为：

$$K2+650.5-125.5+198.6+750.8-125.5=K3+348.9$$

JD_2 处的直缓点 ZH_2 的桩号为：

$$K3+348.9-100.4=K3+248.5$$

JD_2 处的缓直点 HZ_2 的桩号为：

$$K3+248.5+249.5=K3+498$$

两平曲线间所夹直线段的长度为：

$$750.8-125.5-100.4=524.9(\text{m})$$

任务五　平面线形设计

一、平面线形设计的一般原则

(1) 平面线形应直捷、连续、顺适，并与地形地物相适应，与周围环境相协调。在地形平坦开阔的平原微丘区，路线直捷、舒顺，直线所占比例较大；而在地势起伏很大的山岭重丘区，路线多弯曲，因而曲线所占比例较大。路线要与地形相适应。直线、圆曲

码 1-4　平面线型设计

线、回旋线的选用与合理组合取决于地形、地物等具体条件，片面强调路线要以直线为主或以曲线为主都是错误的。

(2)保持平面线形的均衡与连贯。由于路段的高、低标准之间要有过渡，因此应结合地形变化，使路线的平面线形指标逐渐过渡，避免出现突变。对不同标准路段相互衔接的地点，应选择在交通量发生变化处。

(3)应避免连续急弯的线形。连续急弯的线形不仅会给驾驶员造成不便，也会给乘客的舒适带来不良的影响。因此，设计时，可在曲线之间插入足够长的直线或回旋线。插入回旋线时，不宜太长，应综合考虑路线排水的问题。

(4)平曲线应有足够的长度。汽车在短曲线上行驶时，如果平曲线长度过短，驾驶员需要急转方向盘，高速时比较危险。也会使离心力加速度变化率过大，使人感到不舒适。当道路转角很小时，司机易产生半径很小的错觉。因此，平曲线应有一定的长度。《公路路线设计规范》(JTG D20—2017)规定，各级公路设计平曲线长度应符合表1-5的规定。

表1-5 平曲线最小长度

设计速度/(km/h)		120	100	80	60	40	30	20
平曲线最小长度/m	一般值	600	500	400	300	200	150	100
	最小值	200	170	140	100	70	50	40

注：一般值为正常情况下的采用值，最小值为条件受限制时的采用值。

另外，路线转角的大小反映了路线的舒适程度，取较小转角为宜。但转角过小，即使设置了较大的半径也容易把曲线看成比实际的要短，造成急转弯的错觉。一般认为，偏角小于7°应归为小偏角曲线，应设置较长的平曲线长度。《公路路线设计规范》(JTG D20—2017)规定了公路转角等于或小于7°时的平曲线长度，如表1-6所示。

表1-6 公路转角等于或小于7°时的平曲线长度

设计速度/(km/h)		120	100	80	60	40	30	20
平曲线长度/m	一般值	1 400/Δ	1 200/Δ	1 000/Δ	700/Δ	500/Δ	350/Δ	280/Δ
	最小值	200	170	140	100	70	50	40

注：表中Δ为路线转角值(°)，当Δ < 2°时，按Δ = 2°计算。

二、平面线形组合类型

由公路平面线形的基本线形要素可以得到很多种平面线形的组合形式，主要有基本型、S形、卵形、凸形、复合型和C形等。下面对其构成及设计要求作扼要介绍。

(一)基本型曲线

如图1-15所示，当平曲线按直线—回旋线(A_1)—圆曲线—回旋线(A_2)—直线的顺序组合而成时，称为基本型。当两回旋曲线的参数值相等，即$A_1=A_2$时，称为对称基本型；当$A_1\neq A_2$时，称为非对称基本型；当$A_1=A_2=0$(不设缓和曲线)时，又称为简单型。若$A_1\neq A_2$，则A_1/A_2不应大于2.0。

基本型设计时，为使线形协调，A值的选择最好使回旋线、圆曲线、回旋线的长度之比

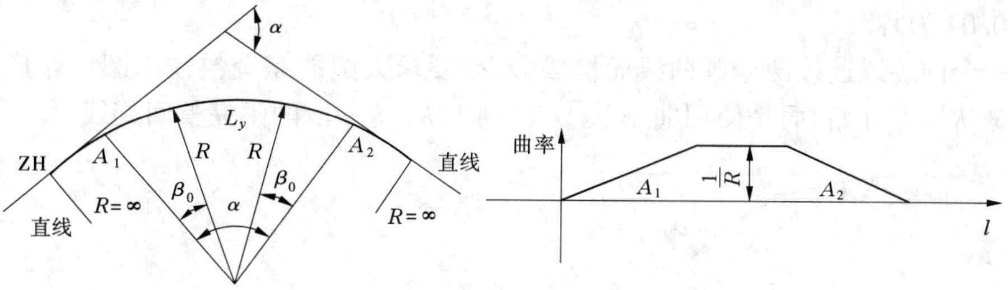

图 1-15　基本型曲线

等于 1∶1∶1 ~ 1∶2∶1 为宜,并注意满足设置基本型曲线的几何条件:

$$2\beta_0 \leqslant \alpha \tag{1-35}$$

式中　α——路线偏角;

β_0——缓和曲线角。

(二) S 形曲线

如图 1-16 所示,两个反向圆曲线用两段反向回旋线连接的组合形式,称为 S 形。从行驶力学和线形协调、超高缓和上考虑,S 形曲线相邻两个回旋线参数 A_1 和 A_2 值最好相等;若采用不同的参数,A_1 与 A_2 之比应小于 2.0,有条件时以小于 1.5 为宜(A_1、A_2 分别为大、小圆的缓和曲线参数)。

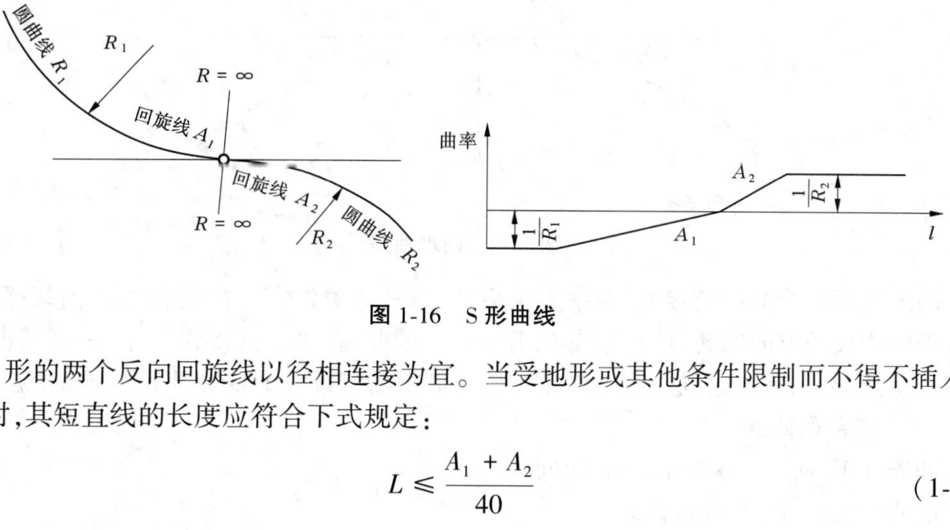

图 1-16　S 形曲线

S 形的两个反向回旋线以径相连接为宜。当受地形或其他条件限制而不得不插入短直线时,其短直线的长度应符合下式规定:

$$L \leqslant \frac{A_1 + A_2}{40} \tag{1-36}$$

两圆曲线半径之比也不宜过大,以 $R_2/R_1 = 1/3 \sim 1$ 为宜(R_1、R_2 分别为小圆半径和大圆半径)。

(三) 卵形曲线

如图 1-17 所示,两同向的平曲线,按直线—缓和曲线(A_1)—圆曲线(R_1)—缓和曲线(A)—圆曲线(R_2)—缓和曲线(A_2)—直线的顺序组合而成的线形,称为卵形。卵形曲线用一个回旋线连接两个圆曲线,其公用回旋线参数 A 最好在 $R_2/2 \leqslant A \leqslant R_2$ 范围内(R_2 为小圆半径),两圆曲线半径之比以满足 $R_2/R_1=0.2\sim0.8$ 为宜,两曲线间距 D 宜满足 $0.003\leqslant D/R_2\leqslant0.03$ 为宜。

用一个回旋线连接两个圆曲线而构成卵形,要求大圆能完全包住小圆。卵形的回旋曲线不是从原点开始,而是使用曲率从 $1/R_1$ 到 $1/R_2$ 这一段的不完整回旋线。

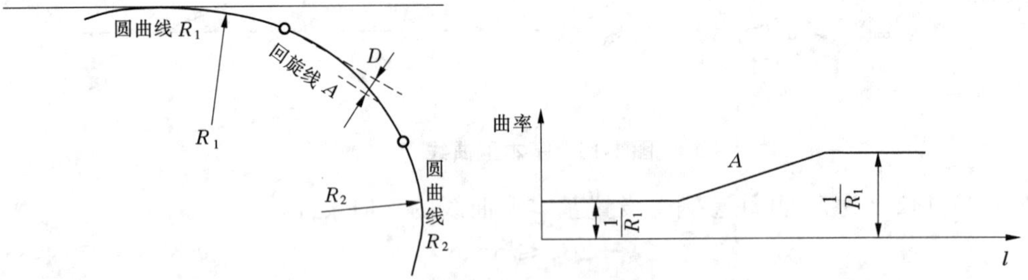

图 1-17　卵形曲线

(四)凸形曲线

如图 1-18 所示,两段同向缓和曲线之间不插入圆曲线而径相衔接的组合形式(圆曲线长度为零),称为凸形。凸形的回旋线最小参数及其连接点处的半径值,应分别符合容许最小回旋线参数(A 值)和圆曲线最小半径的规定。

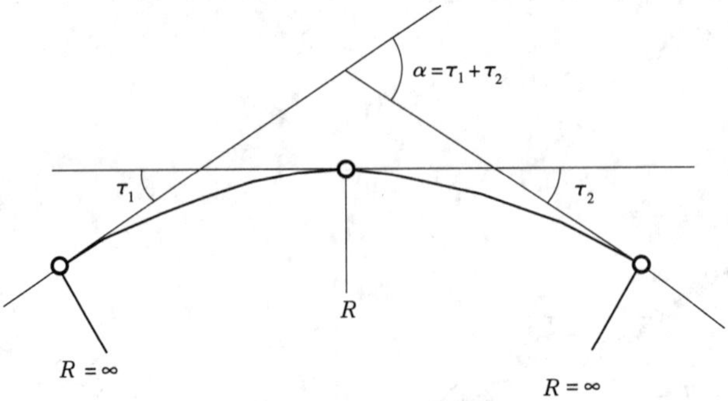

图 1-18　凸形曲线

凸形在两回旋曲线衔接处,曲率发生突变,这意味着汽车方向盘在刚转到某值时,马上就得向相反的方向回转,这对行车是不利的。因此,在平面线形设计中,一般情况下最好不采用凸形,只有在路线受到地形条件限制的山嘴或特殊困难情况下才可考虑使用。

(五)复合型曲线

如图 1-19 所示,将两个以上的同向回旋曲线在曲率相等处相互连接的线形,称为复合型。复合型的两个回旋曲线参数之比以小于 1:1.5 为宜。复合型中的回旋曲线在中途是变化的,所以驾驶人员中途要变更速度以适应变化后的回旋线,因而是行驶上所不希望的。除互通式立体交叉线形外,复合型仅在受地形或其他特殊原因限制时使用。

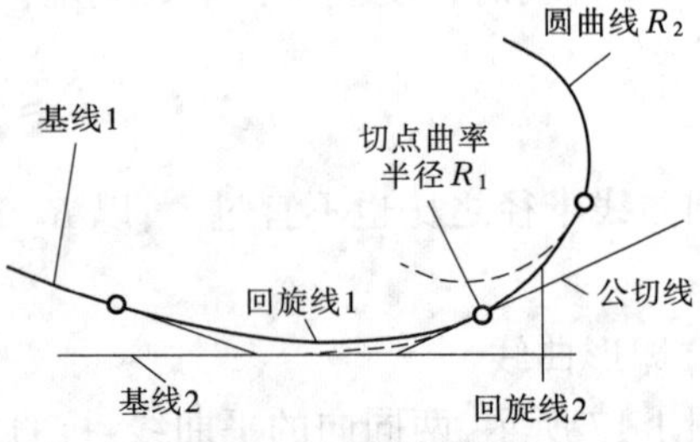

图 1-19　复合型曲线

（六）C 形曲线

如图 1-20 所示，两同向回旋曲线在曲率为零处径向连接（连接处曲率为 0，半径为∞）的组合线形称为 C 形。C 形曲线只有在特殊地形条件下方可采用，两个回旋曲线的参数可以相等，也可以不相等。

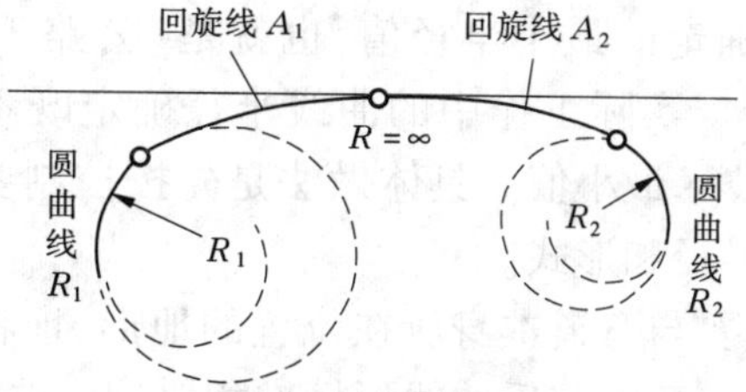

图 1-20　C 形曲线

（七）回头曲线

如图 1-21 所示，山区道路为克服高差，在同一坡面上转角接近或大于 180°，一般由主曲线和两段辅曲线组合而成的形式称回头曲线。

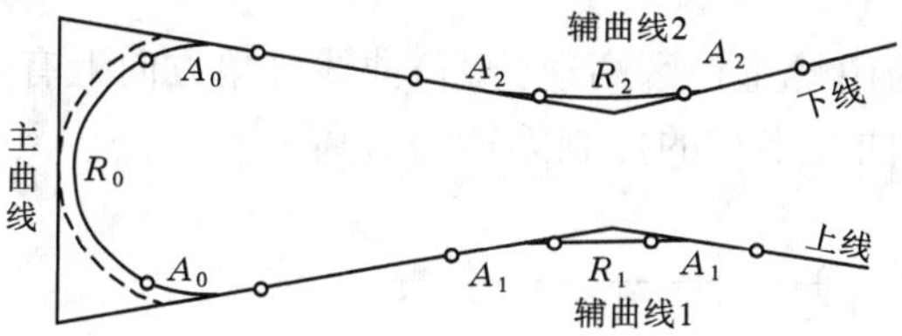

图 1-21　回头曲线

三、平面线形设计基本步骤

（1）根据道路的技术等级，从《公路工程技术标准》（JTG B01—2014）查出设计速度 V、最小半径（极限最小半径、不设超高的最小半径）、缓和曲线最小长度、直线最短长度等主要技术标准的规定值。

（2）根据地形、地物条件确定控制因素。

（3）以控制因素并考虑相邻路段的总体协调情况拟订平曲线形状和半径，包括缓和曲线长度等。

（4）以此半径计算本交点处的平曲线要素。根据选择并确定的曲线形式、半径及其采用的回旋线长度，结合路线转角和交点桩号等已知数据计算平曲线元素。待计算完曲线要素后进行主点桩号的推算。计算桩号时先排列桩号，从曲线起点开始，通常按整桩号法凑整桩号，之后每 20 m 或 50 m 一个整桩，注意占地、拆迁、地质、交叉、地形等加桩，计算曲线内加桩的坐标。

（5）根据计算结果，再结合地形条件和技术标准检查两者是否符合要求，否则再调整曲线。

(6)最终确定采用的曲线形状、要素并进行计算和布置。

四、平曲线形式及半径的选定

无论何种形式的曲线均要涉及曲线半径的选择。前面所述的半径计算公式是以汽车横向行驶稳定时在分析基础上得出的半径限值,即既要保证汽车转弯时行车的安全,又要保证行车有一定舒适性所确定的最小半径值,也就是《公路工程技术标准》(JTG B01—2014)规定的三个最小半径。实际工作中的曲线半径确定既不能直接用公式计算,亦不宜直接采用技术公路工程技术最小值。具体做法是先按控制要求试算出一个半径,然后对照标准确定曲线的最终半径和形式。

圆曲线半径的选定,除要与弯道本身所在位置的地形、地物条件相适应,使曲线沿理想的位置通过外,还要考虑与弯道前后的线形标准相协调。选定圆曲线半径时,除符合规定要求外,还应根据转角点的位置和地形、地物的走势,使选定的半径所产生的曲线与要求吻合。在条件不受限制时,若工程量增加不大,各级公路的圆曲线应尽量采用较大的半径。在一般情况下,宜选用大于《公路工程技术标准》(JTG B01—2014)所规定的一般最小半径,只有当受地形、地物或其他条件限制时,方可采用小于一般最小半径,不要轻易采用极限最小半径。若条件受限制,可用下列方法选定半径。

(一)外距控制试算半径

如图 1-22 所示,路线经过地区(该路为山岭重丘区高速公路)曲线分角方向上有一水井,实测得 JD 到水井的距离为 E_M,则试定曲线半径的控制因素为 $E_控$:

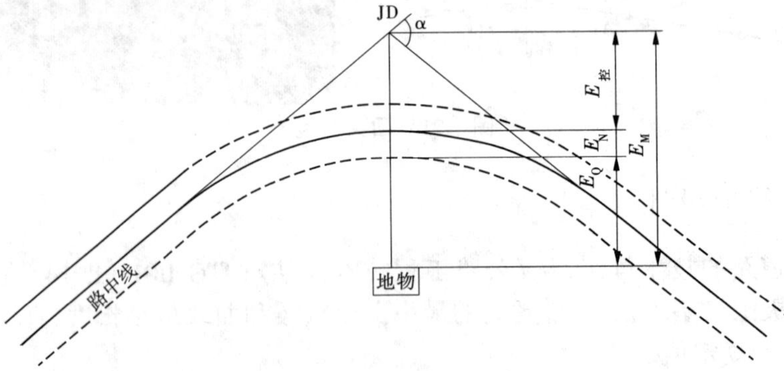

图 1-22 外距控制试算半径

$$E_{控} = E_M - E_N - E_Q \tag{1-37}$$

$$R_{试} = \frac{E_{控}}{\sec\dfrac{\alpha}{2} - 1} \tag{1-38}$$

式中 $E_控$——控制外距;

E_N——道路半个建筑限界;

E_M——控制地物沿分角方向距离;

E_Q——安全距离。

(二)切线控制试算半径

对同向或反向复曲线,通常对曲线形式的控制较严,现以两个相邻交点分别欲设单曲线为例。如图 1-23 所示,JD_1 与 JD_2 间用全站仪测得距离 T_{AB},各自的偏角分别为 α_1 和 α_2,已知 JD_1 处设曲线半径为 R_1,曲线形式为简单型曲线,缓和曲线长为 L_S,现确定 JD_2 处曲线半径。

JD_2 处曲线半径受 JD_1 处切线长、基线总长和中间直线段长度等限制无法取得太大而又受技术标准的限制不能太小。因此,JD_2 处可用的最大曲线半径 $R_{试}$ 为:

$$R_{试} = \frac{T_{AB} - 2V - T_1}{\tan(\alpha_2/2)} \tag{1-39}$$

$$T_1 = R_1 \tan\frac{\alpha_1}{2}$$

式中　V——设计速度。

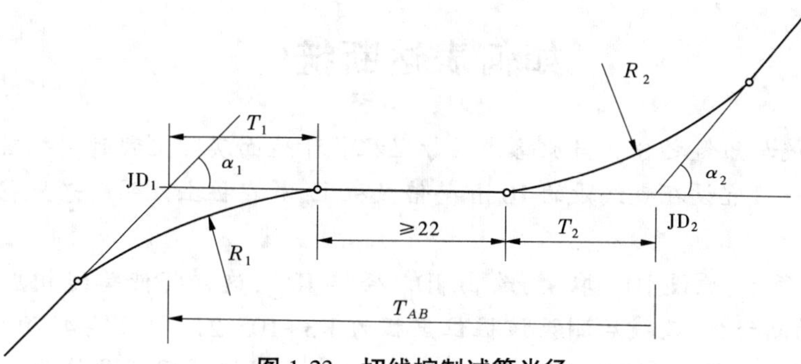

图 1-23　切线控制试算半径

任务六　平面设计成果

平面设计成果包括图纸和表格。其中主要的图纸有路线平面设计图、路线交叉设计图、道路平面布置图、纸上移线图等。主要的表格有直线、曲线及转角表,路线交点坐标表(或含在"直线、曲线及转角表"中),逐桩坐标表,路线固定表,总里程及断链桩号表等。各种图纸和表格的样式在交通运输部所颁布的"设计文件图表示例"中有介绍,这里仅就主要的表格"直线、曲线及转角表""逐桩坐标表"和主要的图纸"路线平面设计图"予以说明。

一、直线、曲线及转角表

直线、曲线及转角表全面地反映了路线的平面位置和路线平面线形的各项指标,它是道路设计的主要成果之一。只有在完成"直线、曲线及转角表"以后,才能据此计算"逐桩坐标表"和绘制"路线平面设计图",同时在作路线的纵断面设计、横断面设计和其他构造物设计时都要使用本表的数据。该表的格式参见表 1-7。本表对公路和城市道路都适用,其中"交点坐标"一栏视道路等级和测设情况取舍。

注意,在表格中有测量断链一栏。断链是如何产生的呢?在测量过程中,有时因局部改线或事后发现量距计算错误,以及在分段测量中由于假定起始里程而造成全线或全段里程不连续,以致影响路线实际长度时,统称为“断链”。断链的产生,将给测设工作带来许多麻烦,因此应尽量减少断链。对于测量工作中出现的错误,如能及时发现,工作量不大时则应及时返工更正,不作断链处理。但如发现较晚,实测里程已推进较远,此时若要到现场逐一核定桩号就相当麻烦,且影响后续作业组顺利工作,所以一般均按断链处理。所谓断链处理,就是为了避免牵动全线桩号,允许中间出现断链,桩号不连续,仅将局部改线或发生差错的桩号部分按实测结果进行现场返工更正,改用新桩号。然后就近与下段某一正确的老桩号联测,设断链桩具体说明新老桩号对比关系,这样就可以大大地缩小返工范围,使以后的各桩号里程不致因局部出现问题而变动。

知识延伸

如何表达断链?

断链有长链与短链之分。当原路线桩号里程长于地面实际里程时叫短链;反之,则叫长链。断链桩一般宜设在直线段的 10 m 整倍数桩上,并在桩上注明新老里程关系及长链或短链长度。

如图 1-24 所示,原设 JD_{12} 取消,改由 JD_{11} 径接 JD_{13},这样将使路线相应缩短。以老 K3+110 桩号为断链桩,改线后测至该桩位里程为 K3+105.21,即短链 4.79 m,反映在断链桩上应写明 K3+105.21=K3+110(短链 4.79 m)。一般习惯写法是等号前面的桩号为来向里程(新桩号),等号后面的桩号为去向里程(老桩号)。

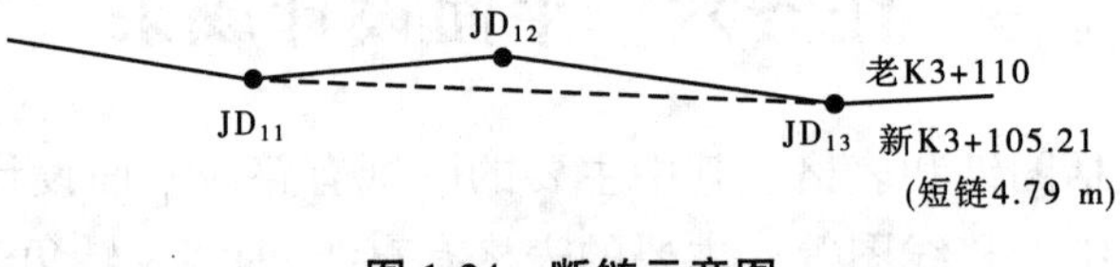

图 1-24 断链示意图

所有断链均应填写在“总里程及断链桩号表”上,根据断链记录按下式即可算出路线总里程:

$$路线总里程=末桩里程+\sum 长链-\sum 短链 \qquad (1-40)$$

断链的出现,将导致桩号里程与路线实际长度的不一致,必须通过换算才能得出确切距离。为此,在展绘路线、土石方计算间距,以及纵断面绘制与设计时都必须注意有无断链情况;若有则应考虑计入。

二、逐桩坐标表

高等级公路的线形指标高,表现在平面上是圆曲线半径较大,缓和曲线较长,在测设和放样时须采用坐标法,方能保证其测量精度。因此,计算逐桩指标非常必要。

（一）中桩坐标的计算步骤

"逐桩坐标"即各个中桩的坐标，其计算和测量的方法是按"从整体到局部"的原则进行的，其步骤如下。

1. 计算导线点坐标

采用两阶段勘测设计的公路或一阶段设计但遇地形困难的路段，一般都要先作平面控制测量，而路线的平面控制测量多采用导线测量的方法，在有条件时可优先采用全球定位系统（简称 GPS）测量的方法。导线测量的方法，有经纬仪法、光电测距仪法和全站型电子速测仪法。其中，全站仪可以直接读取导线点的坐标，其他方法可以在测得各边边长及其夹角后，用坐标增量法逐点推算其坐标。用 GPS 定位技术观测，则可在测站之间不通视的情况下，高精度、高效率地获得测点的三维坐标，这是今后公路勘测中作控制测量的发展方向。

2. 计算交点坐标

当导线点的精度满足要求并经平差后，即可展绘在图纸上测绘地形图（纸上定线），或以导线点为依据在现场直接测得路线各交点的坐标（直接定线）。纸上定线的交点坐标可以在图纸上量取，而直接定线的交点坐标若是用全站仪测量，则也可以很方便地获得。

3. 计算中桩坐标

可先计算直线和曲线主点坐标，然后计算缓和曲线、圆曲线上每个中桩的坐标。

（二）中桩坐标的计算公式

1. 直线上中桩坐标计算

如图 1-25 所示，设交点坐标为 JD（X_J，Y_J），交点相邻直线的方位角分别为 A_1 和 A_2，则：

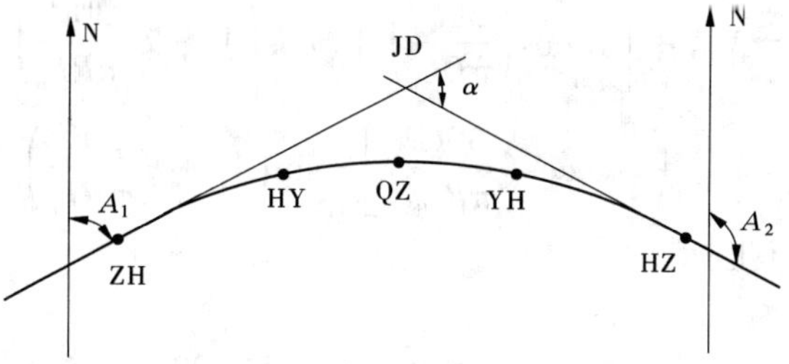

图 1-25　直线中桩坐标计算

ZH（或 ZY）点坐标：

$$\begin{cases}X_{ZH}=X_J+T\cos(A_1+180°)\\Y_{ZH}=Y_J+T\sin(A_1+180°)\end{cases}\tag{1-41}$$

HZ（或 YZ）点坐标：

$$\begin{cases}X_{HZ}=X_J+T\cos A_2\\Y_{HZ}=Y_J+T\sin A_2\end{cases}\tag{1-42}$$

设直线上加桩里程为 L，ZH、HZ 表示曲线起、终点里程，则：

前直线上任意点坐标（$L\leqslant ZH$）

$$\begin{cases} X = X_J + (T + ZH - L) \cdot \cos(A_1 + 180°) \\ Y = Y_J + (T + ZH - L) \cdot \sin(A_1 + 180°) \end{cases} \tag{1-43}$$

后直线上任意点坐标(L>HZ)

$$\begin{cases} X = X_J + (T + L - HZ) \cdot \cos A_2 \\ Y = Y_J + (T + L - HZ) \cdot \sin A_2 \end{cases} \tag{1-44}$$

2. 单曲线内中桩坐标计算

1)不设缓和曲线的单曲线

曲线起终点坐标按式(1-41)与式(1-42)计算,设其坐标分别为 ZY(X_{ZY},Y_{ZY}),YZ(X_{YZ},Y_{YZ}),则圆曲线上坐标为:

$$\begin{cases} X = X_{ZY} + 2R\sin(\frac{90l}{\pi R}) \cdot \cos(A_1 + \xi \frac{90l}{\pi R}) \\ Y = Y_{ZY} + 2R\sin(\frac{90l}{\pi R}) \cdot \sin(A_1 + \xi \frac{90l}{\pi R}) \end{cases} \tag{1-45}$$

式中 l——圆曲线内任意点至 ZY 点的曲线长;

R——圆曲线半径;

ξ——转角符号,右偏为“+”,左偏为“-”。

2)设缓和曲线的单曲线

曲线上任意点的切线横距:

$$x = l - \frac{l^5}{40R^2L_h^2} + \frac{l^9}{3\,456R^4L_h^4} - \frac{l^{13}}{599\,040R^6L_h^6} + \cdots \tag{1-46}$$

式中 l——缓和曲线上任意点至 ZH(或 HZ)点的曲线长;

L_h——缓和曲线长度。

(1)第一缓和曲线(ZH—HY)任意点坐标:

$$\begin{cases} X = X_{ZH} + \left[x/\cos\left(\frac{30l^2}{\pi RL_h}\right)\right] \cdot \cos\left(A_1 + \xi \frac{30l^2}{\pi RL_h}\right) \\ Y = Y_{ZH} + \left[x/\cos(\frac{30l^2}{\pi RL_h})\right] \cdot \sin\left(A_1 + \xi \frac{30l^2}{\pi RL_h}\right) \end{cases} \tag{1-47}$$

(2)圆曲线内任意点坐标:

①由 HY—YH 时

$$\begin{cases} X = X_{HY} + 2R\sin\left(\frac{90l}{\pi R}\right) \cdot \cos\left[A_1 + \xi \frac{90(l + L_h)}{\pi R}\right] \\ Y = Y_{HY} + 2R\sin\left(\frac{90l}{\pi R}\right) \cdot \sin\left[A_1 + \xi \frac{90(l + L_h)}{\pi R}\right] \end{cases} \tag{1-48}$$

式中 l——圆曲线内任意点至 HY 点的曲线长。

②由 YH—HY 时

$$\begin{cases} X = X_{YH} + 2R\sin\left(\frac{90l}{\pi R}\right) \cdot \cos\left[A_2 + 180° - \xi \frac{90(l + L_h)}{\pi R}\right] \\ Y = Y_{YH} + 2R\sin(\frac{90l}{\pi R}) \cdot \sin\left[A_2 + 180° - \xi \frac{90(l + L_h)}{\pi R}\right] \end{cases} \tag{1-49}$$

式中　l——圆曲线内任意点至YH点的曲线长。

(3)第二缓和曲线(HZ—YH)内任意点坐标：

$$\begin{cases} X = X_{HZ} + x/\cos\left(\dfrac{30l^2}{\pi RL_h}\right)\cdot\cos\left(A_2 + 180° - \xi\dfrac{30l^2}{\pi RL_h}\right) \\ Y = Y_{HZ} + x/\cos\left(\dfrac{30l^2}{\pi RL_h}\right)\cdot\sin\left(A_2 + 180° - \xi\dfrac{30l^2}{\pi RL_h}\right) \end{cases} \tag{1-50}$$

式中　l——第二缓和曲线上任意点至HZ点的曲线长。

3.复曲线坐标计算

1)复曲线中间缓和曲线 L_F 与任意点坐标

复曲线中间有设缓和曲线和不设缓和曲线两种情况，设缓和曲线时即构成卵形曲线。该缓和曲线仍然采用回旋线，但它的曲率不是从零开始的，而是截取曲率由 $\dfrac{1}{R_1}\sim\dfrac{1}{R_2}$ 这一段作为缓和曲线。

如图1-26所示，缓和曲线 AB 的长度为 L_F，A、B 点的曲率半径分别为 R_1、R_2，M 为缓和曲线 AB 上曲率为零的点，AB 段内任意点的坐标从 M 点推算。

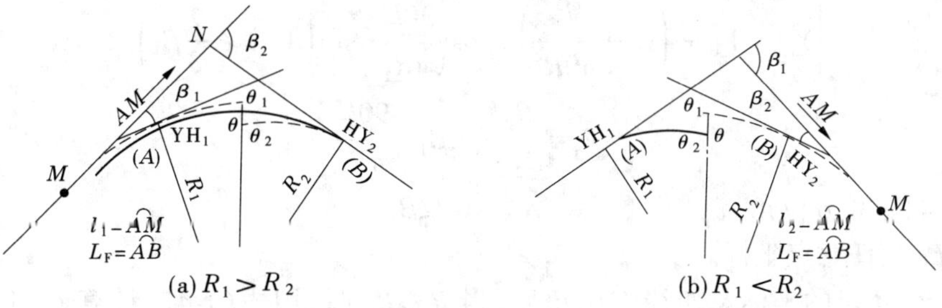

图1-26　复曲线坐标计算示意图

根据回旋线几何关系：

因
$$L_F = \sqrt{\frac{24R_1R_2P_F}{R_1 - R_2}}$$

而
$$P_F = p_2 - p_1 = \frac{L_{h2}^2}{24R_2} - \frac{L_{h1}^2}{24R_1}$$

故
$$L_F = \sqrt{\frac{|R_2L_{h1}^2 - R_1L_{h2}^2|}{|R_1 - R_2|}} \tag{1-51}$$

式中　L_{h1}、L_{h2}——第一、第二回旋线长度；

R_1、R_2——大圆、小圆半径。

(1)当 $R_1 > R_2$ 时。

如图 1-26(a)所示，设 A 点(YH_1)的坐标为(X_A, Y_A)，切线方位角 A_A 用下式计算：

$$A_A = A_1 + \xi\left[\frac{90(L_{h1} + 2l)}{\pi R_1}\right] \tag{1-52}$$

式中 l——半径为 R_1 平曲线 HY_1 至 YH_1 点的曲线长。

M 点的坐标(X_M, Y_M)为

$$\begin{cases} X_M = X_A + \left(l_1 - \dfrac{l_1^3}{40R_1^2}\right)/\cos\left(\dfrac{30l_1}{\pi R_1}\right)\cdot\cos\left(A_A + 180° - \xi\dfrac{2}{3}\beta_1\right) \\ Y_M = Y_A + \left(l_1 - \dfrac{l_1^3}{40R_1^2}\right)/\cos\left(\dfrac{30l_1}{\pi R_1}\right)\cdot\sin\left(A_A + 180° - \xi\dfrac{2}{3}\beta_1\right) \end{cases} \tag{1-53}$$

式中
$$l_1 = \frac{R_2 L_F}{R_1 - R_2}, \beta_1 = \frac{90l_1}{\pi R_1}$$

M 点的切线方位角 $A_M = A_A - \xi\beta_1$

(2)当 $R_1 < R_2$ 时。

如图 1-26(b)所示，M 点的坐标(X_M, Y_M)为

$$\begin{cases} X_M = X_A + \left(l_2 - \dfrac{l_2^3}{40R_1^2}\right)/\cos\left(\dfrac{30l_2}{\pi R_1}\right)\cdot\cos\left(A_A + \xi\dfrac{2}{3}\beta_1\right) \\ Y_M = Y_A + \left(l_2 - \dfrac{l_2^3}{40R_1^2}\right)/\cos\left(\dfrac{30l_2}{\pi R_1}\cdot\sin\left(A_A + \xi\dfrac{2}{3}\beta_1\right) \end{cases} \tag{1-54}$$

式中
$$l_1 = \frac{R_2 L_F}{R_2 - R_1}, \beta_1 = \frac{90l_2}{\pi R_1}$$

M 点的切线方位角 $A_M = A_A + \xi\beta_1$

(3)L_F 内任意点坐标。

计算出 M 点的坐标及切线方位角后，当 $R_1 > R_2$ 时，用式(1-47)计算 L_F 上任意点坐标；当 $R_1 < R_2$ 时，用式(1-50)计算。应注意的是，式中的 l 应为中间缓和曲线上计算点至 M 点的曲线长，A_1、A_2 相应换成 A_M。

2)复曲线内 L_F 段以外的任意点坐标

复曲线内除 L_F 段外其他部位上任意点坐标计算公式同式(1-46)~式(1-50)。

三、路线平面设计图

路线平面设计图是道路设计文件的重要组成部分。该图全面、清晰地反映了道路平面位置和经过地区的地形、地物等，它是设计人员设计意图的重要体现。平面设计图对提供有关部门审批、专家评议、日后指导施工、恢复定线等方面都有重要作用。

(一)公路路线平面图的比例尺和测绘范围

公路路线平面图是指包括道路中线在内的有一定宽度的带状地形图。若为供工程可行性研究、初步设计阶段的方案研究与比选，可采用 1:50 000 或 1:10 000 的比例尺测绘(或向国家测绘部门和其他工程单位搜集)，但作为初步设计、施工图设计的设计文件组

成部分应采用更大的比例尺。一般常用的是 1:2 000,在平原微丘区可用 1:5 000。在地形特别复杂地段的路线初步设计、施工图设计可用 1:500 或 1:1 000。若为纸上移线,则比例尺将更大。

路线带状地形图的测绘宽度,一般为中线两侧各 100~200 m。对 1:5 000 的地形图,测绘宽度每侧应不小于 250 m。若有比较线,应将比较线包括进去。

(二)公路路线平面图的内容及绘制方法

1. 导线及道路中线的展绘

在展绘导线或中线以前,需按图幅的合理布局,绘出坐标方格网,坐标网格尺寸采用 5 cm 或 10 cm,要求图廓网格的对角线长度和导线点间长度误差均不大于 0.5 mm。然后按导线点(或交点,下同)坐标 X、Y 精确地点绘在相应位置上。每张导线图展绘完毕后,用三棱尺逐点复核各点间距,再用半圆仪校核每个角度是否与计算相符。复核无误后,再按"逐桩坐标表"所提供的数据,展绘曲线,并注明各曲线主要点以及公里桩、百米桩、断链桩位置。对导线点、交点逐个编号,注明路线在本张图中的起点和终点里程等。

路线一律按前进方向从左至右画,在每张图的拼接处画出接图线。在图的右上角注明共×张、第×张。在图纸的空白处注明曲线元素及主要点里程。

2. 控制点的展绘

各种比例尺的地形图均应展绘和测出各等级三角点、导线点、图根点、水准点等,并按规定的符号表示。

3. 各种构造物的测绘

各类建筑物、构筑物及其主要附属设施应按《工程测量标准》(GB 50026—2020)的规定测绘和表示。各种线状地物,如管线、高低压电线等应实测其支架或电杆的位置。对穿越路线的高压线应实测其悬垂线距地面的高度并注明伏安。地下管线应详细测定其位置。道路及其附属物应按实际形状测绘。公路交叉口应注明每条公路的走向。铁路应注明轨面高程,公路应注记路面类型,涵洞应注明洞底标高。

4. 水系及其附属物的测绘

水系及其附属物的测绘包括海洋的海岸线位置,水渠顶边及底边高程,堤坝顶部及坡脚的高程,水井井台高程,水塘顶边及塘底的高程,河流、水沟等应注明水流流向。

5. 地形、地貌、植被、不良地质地带等

地形、地貌、植被、不良地质地带等均应详细测绘并用等高线和国家测绘局制定的"地形图式"符号及数字注明。

工程实例

公路平面设计成果

某公路某段直线、曲线及转角表见表 1-7,某公路某段逐桩坐标表见表 1-8。

表 1-7　某公路某段直线、曲线及转角表

交点号	交点坐标		交点桩号	转角值	曲线要素值					
	X	Y			半径/m	缓和曲线长度/m	切线长度/m	曲线长度/m	外距/m	校正值/m
1	2	3	4	5	6	7	8	9	10	11
起点	41 808.204	90 033.595	K0+000.000							
2	41 317.589	90 464.099	K0+652.716	右 35°35′25″	800.00	0	256.777	496.934	40.199	16.620
3	40 796.308	90 515.912	K1+159.946	左 57°32′52″	250.00	50.000	162.511	301.100	35.692	23.922
4	40 441.519	91 219.007	K1+923.562	左 34°32′06″	150.00	40.000	66.753	130.412	7.545	3.094
5	40 520.204	91 796.474	K2+503.273	右 78°53′21″	200.00	45.000	187.380	320.375	59.533	54.385
6	40 221.113	91 898.700	K2+764.966	左 51°40′28″	224.13	40.000	128.667	242.140	25.224	15.194
7	40 047.399	92 390.466	K3+271.318	左 34°55′51″	150.00	40.000	67.323	131.449	7.715	3.197
8	40 190.108	92 905.941	K3+802.980	右 22°25′25″	600.00	0	118.932	234.820	11.674	3.044
终点	40 120.034	93 480.920	K4+379.175							

交点号	曲线位置					直线长度及方向			测量断链		说明
	第一缓和曲线起点	第一缓和曲线终点或圆曲线起点	曲线中点	第二缓和曲线或圆曲线终点	第二缓和曲线起点	直线长度/m	交点间距/m	计算方位角或计算方向角	桩号	增减长度/m	
1	12	13	14	15	16	17	18	19	20	21	22
起点								138°44′00″			
2		K0+395.939	K0+644.406	K0+892.873		395.939	652.716	174°19′25″			
3	K0+997.435	K1+047.435	K1+147.985	K1+248.535	K1+298.535	104.562	523.850	116°46′33″			
4	K1+856.809	K1+896.809	K1+922.015	K1+947.221	K1+987.221	558.274	787.538	82°14′27″			
5	K2+315.893	K2+360.893	K2+476.081	K2+591.268	K2+636.268	328.672	582.805	161°07′48″			
6	K2+636.299	K2+676.299	K2+757.369	K2+838.439	K2+878.439	0.030	316.078	109°27′20″			
7	K3+203.995	K3+243.995	K3+269.720	K3+295.444	K3+335.444	325.556	521.546	74°31′29″			
8		K3+684.048	K3+801.458	K3+918.868		348.604	534.859	96°56′54″			
终点						460.307	579.239				

表 1-8 某公路某段逐桩坐标表

桩号	坐标/m		方向角	桩号	坐标/m		方向角
	X	Y			X	Y	
K1+500.00	40 632.336	90 840.861	116°46′33.0″	K2+140.00	40 471.158	91 436.529	82°14′27.0″
K1+540.00	40 614.316	90 876.572	116°46′33.0″	K2+160.00	40 473.858	91 456.346	82°14′27.0″
K1+570.00	40 600.801	90 903.355	116°46′33.0″	K2+180.00	40 476.558	91 476.163	82°14′27.0″
K1+600.00	40 587.286	90 930.139	116°46′33.0″	K2+200.00	40 479.258	91 495.980	82°14′27.0″
K1+630.33	40 573.623	90 957.216	116°46′33.0″	K2+220.00	40 481.959	91 515.797	82°14′27.0″
K1+669.00	40 556.202	90 991.740	116°46′33.0″	K2+240.00	40 484.659	91 535.613	82°14′27.0″
K1+680.00	40 551.246	91 001.561	116°46′33.0″	K2+260.00	40 487.359	91 555.430	82°14′27.0″
K1+700.00	40 542.236	91 019.416	116°46′33.0″	K2+280.00	40 490.059	91 575.247	82°14′27.0″
K1+720.00	40 533.226	91 037.272	116°46′33.0″	K2+300.00	40 492.759	91 595.064	82°14′27.0″
K1+750.00	40 519.711	91 064.055	116°46′33.0″	ZH+315.89	40 494.905	91 610.809	82°14′27.0″
K1+780.00	40 506.196	91 090.838	116°46′33.0″	K2+340.00	40 497.902	91 634.730	84°05′26.5″
K1+800.00	40 497.186	91 108.694	116°46′33.0″	HY+360.89	40 499.302	91 655.568	88°41′08.7″
K1+820.00	40 488.176	91 126.549	116°46′33.0″	K2+380.00	40 498.828	91 674.665	94°09′37.3″
K1+840.00	40 479.166	91 144.405	116°46′33.0″	K2+400.00	40 496.383	91 694.506	99°53′23.8″
ZH+856.31	40 471.593	91 159.412	116°46′33.0″	K2+420.00	40 491.969	91 714.005	105°37′10.3″
K1+870.00	40 465.708	91 171.216	115°56′42.1″	K2+440.00	40 485.631	91 732.965	111°20′56.7″
HY+896.81	40 455.191	91 195.860	109°08′09.7″	K2+460.00	40 477.431	91 751.198	117°04′43.2″
K1+900.00	40 454.177	91 198.885	107°55′03.1″	QZ+476.08	40 469.544	91 765.206	121°41′06.9″
QZ+922.01	40 448.963	91 220.253	99°30′30.3″	K2+500.00	40 455.794	91 784.761	128°32′16.2″
K1+940.00	40 447.061	91 238.126	92°38′19.1″	K2+520.00	40 442.573	91 799.757	134°16′02.6″
YH+947.00	40 446.902	91 245.344	89°52′50.9″	K2+540.00	40 427.920	91 813.357	139°59′49.1″
K1+960.00	40 447.413	91 258.112	85°46′43.6″	K2+560.00	40 411.983	91 825.427	145°43′35.6″
K1+980.00	40 449.567	91 277.993	82°29′23.3″	K2+580.00	40 394.921	91 835.845	151°27′22.1″
HZ+987.22	40 450.531	91 285.148	82°14′27.0″	YH+591.27	40 384.875	91 840.947	154°41′05.3″
K2+000.00	40 452.257	91 297.811	82°14′27.0″	K2+600.00	40 376.910	91 844.518	156°56′35.0″
K2+010.00	40 453.607	91 307.719	82°14′27.0″	K2+620.00	40 358.262	91 851.740	160°17′15.4″
K2+030.00	40 456.307	91 327.536	82°14′27.0″	GQ+636.27	40 342.893	91 857.077	161°07′48.0″
K2+050.00	40 459.007	91 347.353	82°14′27.0″	K2+650.00	40 329.916	91 861.563	160°31′48.6″
K2+070.00	40 461.707	91 367.170	82°14′27.0″	K2+670.00	40 311.219	91 868.655	157°30′02.7″
K2+100.00	40 465.757	91 396.895	82°14′27.0″	K2+700.00	40 284.324	91 881.898	149°57′30.4″
K2+120.00	40 468.458	91 416.712	82°14′27.0″				

思政小课堂

中国高速公路发展史

高速公路被誉为一个国家走向现代化的桥梁，是发展现代交通业的必经之路，而中国在这条路上，则迈出了非同寻常的一个个令人赞叹的脚步。

(1)1988 年，我国第一条高速公路——沪嘉高速公路建成。上海至嘉定高速公路是我国第一条按高速公路工程技术标准设计施工的高等级公路工程，全长 18.5 km，全路设计行车时速 120 km，双向 4 车道，中央分隔带宽 3 m，全封闭，全立交，沿线建有大型互通式立交桥 3 座，设有完整的交通标志标线和交通监控系统。沪嘉高速公路的建成，结束了我国大陆没有高速公路的历史，对其他地区高速公路的建设起到推动示范作用。

(2)1989 年 7 月，第一次全国高等级公路建设现场会在沈阳召开，这次会议是专题研究高等级公路建设的第一次会议，提出了今后建设高等级公路的 10 条政策措施。

(3)1990 年 9 月，沈大高速公路通车。沈阳至大连高速公路全长 375 km，连接沈阳、辽阳、鞍山、营口、大连 5 个城市，是当时公路建设项目中由我国自行设计、自行施工、规模最大、标准最高的工程，开创了我国建设长距离高速公路的先河，为 20 世纪 90 年代大规模的高速公路建设积累了经验

(4)山东会议。1993 年 6 月，交通部在山东召开了全国公路建设工作会议，明确了建设两纵两横三个重要路段的国道主干线任务。从 1993 年至 1997 年的 5 年中，全国高速公路建设速度加快，共建成高速公路 4 119 km，京津塘、济青、京石、首都机场、太旧、郑开等一大批高速公路相继建成通车

(5)1993 年，京津塘高速公路通车，这是我国第一条经国务院批准利用世界银行贷款建设的跨省市的高速公路工程，全长 142 km，时速 120 km，设置监控、通信、收费、照明等服务设施。通过这条路的修建，我国制定了第一个高速公路工程技术标准。

(6)1993 年底，济青高速公路通车，西起济南，东至青岛，全长 318 km，双向四车道，设计时速 110 km。

(7)1995 年 12 月，成渝高速公路通车，全长 340 km。

(8)1996 年 9 月，沪宁高速公路通车。公路全长 275 km，双向 4 车道，设计时速 120 km，在中国高速公路发展史上具有里程碑的意义，极大地推动了中国高速公路的发展。

(9)福州会议。1997 年下半年，党中央、国务院做出了实施积极财政政策加快基础设施建设扩大内需的决策，决定在 1998 年加快公路建设，交通部在福州召开了全国加快公路建设工作会议，会议对加快高速公路建设做出了部署，提出到 2000 年，两纵两横 3 条重要路段中的北京至沈阳、北京至上海和西南出海通道要全线贯通，高速公路超过 8 000 km。1998 年一年，全国公路建设完成投资 2 168 亿元，建成高速公路 1 663 km。

(10)1998 年，全国高速公路总里程达到 8 733 km，居世界第四位。

(11)1999 年，全国高速公路总里程突破 1 万 km，接近世界第三水平。

(12)2000 年,京沈高速公路通车。

(13)2000 年 12 月 18 日,京沪高速公路通车。

(14)2000 年底,全国高速公路总里程达到 1.6 万 km,居世界第三位。

每一次新的突破,都是鼓舞人心的振奋。块块里程碑记载了中国高速公路人为之奋斗的每一个瞬间。

中国第一条公路——长潭公路

1913 年,湖南人修建了中国第一条公路——长潭公路,使长沙、湘潭这两个当时湖南最大的城市之间除有水路交通的便利外,又有了陆路交通的便利,它是中国第一条标准汽车公路,在我国公路史上占有重要地位,还标志着湖南现代公路运输的开端。

辛亥革命后,南北军阀在县域混战多年,竞相搜刮民财,农田水利失修,粮食歉收,人民处于水深火热中,但工业交通事业有所发展,架通长潭电话线,开工修筑长潭公路。

长潭公路全长 50 km,总计全路完成基土石 56.6 万 m^3,铺砂 3.482 5 万 m^3,修成大小桥梁 31 座,涵洞 86 座,东岸码头 1 处,驳岸 5 处,总耗资 90 万银元。这条公路在未修建完成就已饱经风霜,从开工到竣工,经过四兴三辍,历时 9 年。1913 年春,都督谭延以军事运输为目的设立了湖南军路局,主持修建长沙至湘潭的公路,开中国按汽车通行标准修筑公路的先河,当年就在原驿道上改建成长沙至大托铺一段。同年,继任督军汤芗铭下令停修。次年谭延第二次督湘,促成复工,至 1917 年 1 月建成大托铺至易家湾路段;9 月傅良佐督湘,因军阀混战再次停修。1918 年恢复修建,因经费困难,进度缓慢。1919 年 4 月张敬尧上台,撤销军路局,改设路政科,6 月从湖田处拨部分经费修建朝阳桥、暮云桥,不久又因经费拮据停工。1920 年 6 月,谭延第三次督湘,才又继续修筑,至 1921 年 11 月终于全线竣工通车。

世界上海拔最高的公路之一——青藏公路

世界的第三极西藏是一个神奇而美丽的地方。然而,因为地势险峻,高山大川阻隔了它与外界的联系。1950 年初,中国人民解放军挺进西藏,这支英雄的军队遵照党中央的号召和毛泽东主席一面进军、一面修路的指示,和藏族同胞一起发扬艰苦奋斗的精神,历经艰险、排除万难,在世界屋脊上修通了全长 4 360 余 km 的川藏和青藏两条公路,使得西藏人民用现代化交通运输取代了千百年来人背畜驮的极其落后的交通方式,开创了西藏交通事业发展的新篇章。

青藏公路是西藏与祖国内地联系的重要通道,承担着西藏 85%以上进藏物资和 90%以上出藏物资运输任务,在西藏经济发展和社会稳定中发挥着重要作用,被誉为西藏的生命线。

青藏公路全长 1 160 km,为国家二级公路干线,路基宽 10 m,坡度小于 7%,最小半径 125 m,最大行车速度 60 km/h,全线平均海拔在 4 000 m 以上,虽然线路的海拔高,但登上昆仑山后高原面系古老的湖盆地貌类型,起伏平缓,共修建涵洞 474 座,桥梁 60 多座,总长 1 347 m,初期修建改建公路和设备购置总投资 4 050 万元,每千米平均造价 2.52 万元。

公路青海西宁至格尔木段,翻越日月山、橡皮山、旺尕秀山、脱土山等高山,跨越大水河、香日德河、盖克光河、巴西河、青水河、洪水河等河流，计长 782 km，从青海省第二大城市格尔木市出发，翻越四座大山——昆仑山(4 700 m)、风火山(4 800 m)、唐古拉山(垭口海拔 5 150 m)、念青唐古拉山；跨过三条大河——通天河、沱沱河和楚玛尔河，平均海拔 4 500 m，其中西藏境内 544 km 穿过藏北羌塘草原，在西藏自治区首府拉萨市与川藏公路汇合。

青藏公路改建工程于 1975 年开工，是世界上尚无先例的高寒冻土区铺设黑色路面工程，共投资 7.6 亿元，是中国公路史上规模最大的工程。1985 年 8 月青藏公路全线黑色路面铺筑工程基本竣工，大大提高了运输效率，经济效益明显提高，每年可节约运输成本 5 000 万元，行车密度明显提高，最高车流量每昼夜达 3 000 多辆，行车时速由每小时 20 km 提高到 60 km，但还需要对早期铺建的沥青路面沿线未适应重型车辆的临时性桥涵多年冻土带热融沉陷及路基翻浆路段进行改建和彻底整治。

我国第一条长距离高速公路——沈大高速公路

1990 年 9 月，沈大高速公路通车。沈阳至大连高速公路全长 375 km，是国家“七五”重点建设项目，1984 年 6 月开工，1990 年 9 月建成通车，在 6 年零 2 个月时间里，辽宁省举全省之力，艰苦奋战，建成沈大高速公路，连接沈阳、辽阳、鞍山、营口、大连 5 个城市，是当时我国公路建设项目中规模最大、标准最高的艰巨工程，全部工程由我国自行设计、自行施工，开创了我国建设长距离高速公路的先河，为 20 世纪 90 年代我国大规模的高速公路建设积累了经验。

我国第一条全部以高速公路标准贯通的国道主干线——京珠国道主干线

国家规划的五纵七横国道主干线中的重要一纵京珠国道主干线，是全国第一条全部以高速公路标准贯通的国道主干线。京珠国道主干线全长 2 291 km，于 1986 年开工建设，始于北京，经过河北、河南、湖北、湖南，止于广东的珠海市，贯穿五省一市。京珠国道主干线纵贯南北，是连接华北、华中、华南的交通大动脉，在国家公路网中具有十分重要的地位和作用。它的全线贯通，对发挥高速公路的规模效益，缓解交通运输紧张状况，完善国家综合运输体系具有重要意义；对改善沿线投资环境，加强地区间经济交流与合作，促进社会经济的全面发展，发挥了重要作用。

我国第一条利用世界银行贷款修建和管理的高速公路——京津塘高速公路

京津塘高速公路西起北京市朝阳区十八里店，途经河北廊坊市，东到天津市塘沽区河北路，全长 142.69 km。这条高速公路已成为改善京津冀地区投资环境、扩大对外开放、发展外向型经济的必要基础设施。早在 20 世纪 70 年代初期，我国就开始论证修建高速公路的可行性问题，提出了建设京津塘高速公路的设想。经过充分调研考察，1977 年 8 月，京津塘高速公路开始了前期工作。1983 年，交通部在北京召开了交通运输发展座谈会等一系列会议，进一步提高了人们对建设高速公路的认识。随后，修建京津塘高速公路的问题再一次被提了出来。1984 年 5 月，国务院批准了加快京津塘高速公路建设的报告。1988 年开工、1993 年 9 月建成通车的京津塘高速公路，是我国第一次运用世界银行贷款而修建的高速公路。为了适应世界银行贷款的要求，首次成立了作为独立法人的京

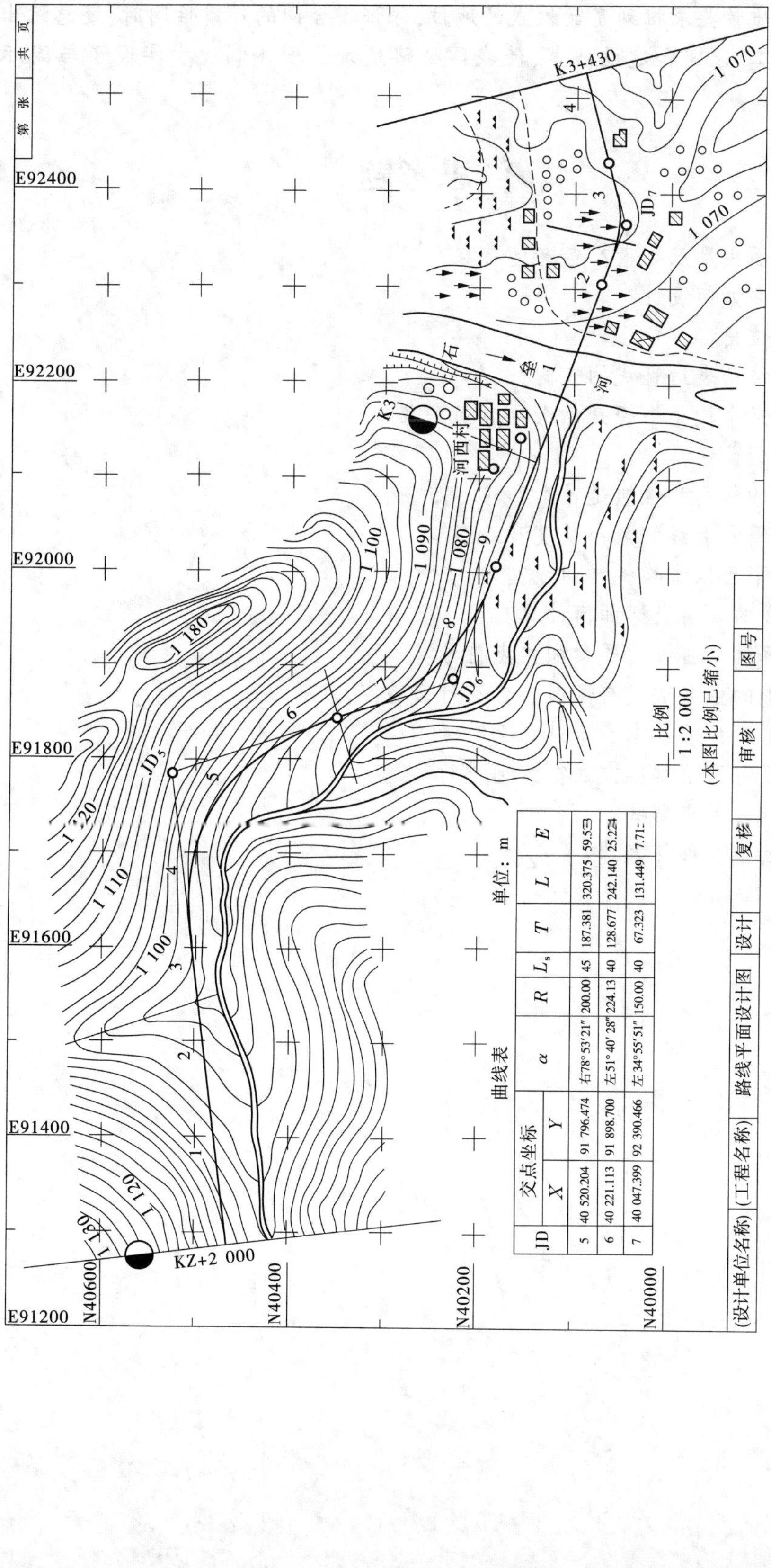

曲线表　　单位：m

JD	交点坐标		α	R	L_s	T	L	E
	X	Y						
5	40 520.204	91 796.474	右78°53′21″	200.00	45	187.381	320.375	59.53
6	40 221.113	91 898.700	左51°40′28″	224.13	40	128.677	242.140	25.224
7	40 047.399	92 390.466	左34°55′51″	150.00	40	67.323	131.449	7.71

图 1-27　公路路线平面图

津塘高速公路联合公司，这种新体制的形成，给我国公路建设带来了一系列根本性的变革。京津塘高速公路也是我国第一次按照国际惯例菲迪克条款而建的高速公路，把高速公路技术标准和质量要求推到了最权威的地位，保证了合同的严肃性同时，还总结出一整套勘察、设计、施工、监理和建设技术，使我国公路建设管理体制逐步实现了与国际惯例接轨。

思考题

1. 什么是平面线形三要素？各有何特点？
2. 直线的长度如何设计？
3. 什么是方位角？
4. 如何用方位角表达直线的方向？
5. 圆曲线的三个最小半径是什么？有何意义？
6. 如何计算圆曲线？
7. 缓和曲线的作用和性质是什么？
8. 如何确定缓和曲线的最小长度？
9. 哪些情况下可以省略缓和曲线？
10. 缓和曲线的直角坐标如何计算？
11. 如何计算缓和曲线的要素和主点桩号？
12. 平面线形的主要形式有哪些？各有什么特点？
13. 平面线形设计的基本步骤是什么？
14. 试算半径可采用哪些方法？如何进行？
15. 平面设计成果有哪些？
16. 什么是断链？如何表达？

项目二 纵断面设计

知识目标

掌握纵坡和竖曲线的设计方法,理解纵断面的设计方法和步骤。

能力目标

能够设计纵断面线形,编制纵断面设计文件。

思政目标

了解工匠精神内涵,培养工匠精神。

任务一 认识纵断面

一、纵断面和纵断面图

沿道路中线垂直剖切然后展开的立面投影,称为纵断面。它是道路设计的重要技术图表之一,它主要反映路线起伏、纵坡与原地面的切割等情况,把道路的纵断面图与平面图、横断面图结合起来,就能够完整地表达出道路的空间位置和立体线形,见图 2-1。

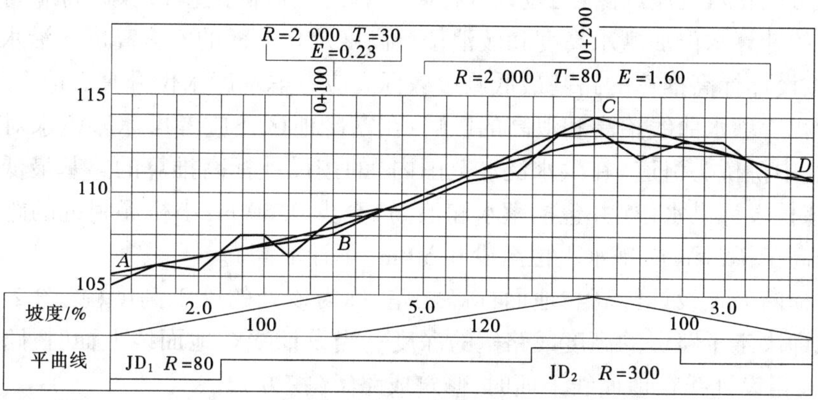

图 2-1 路线纵断面简图

道路的纵断面线形应根据道路的性质、任务、等级和地形、地物、地质、水文等因素，考虑路基稳定、排水及工程量等的要求，对纵坡的大小、长短、前后纵坡情况、竖曲线半径大小以及与平面线形的组合关系等进行组合设计。

二、纵断面图基本要素

如图 2-1 所示，在路线纵断面图中有两条主要的线：一条是地面线，它是根据路中线上各桩点实测的地面高程点绘出的一条不规则的折线，反映出路中线处天然地面的起伏变化情况。路中线的原地面标高，称为地面高程，地面高程的连线称为地面线（又称黑线）。另一条是设计线，它是经过技术、经济以及美学上的比较后，由设计人员定出来的，主要反映公路建成后纵面坡度的变化情况。路线纵断面设计线上各点的高程称为设计标高。对纵断面上的设计标高，即路基的设计标高，有如下规定：

（1）新建公路的路基设计标高，高速公路、一级公路采用中央分隔带的外侧边缘高程，二、三、四级公路采用路基边缘高程。在设置超高加宽的路段，是指超高加宽前该处原路基边缘的高程（见图 2-2）。

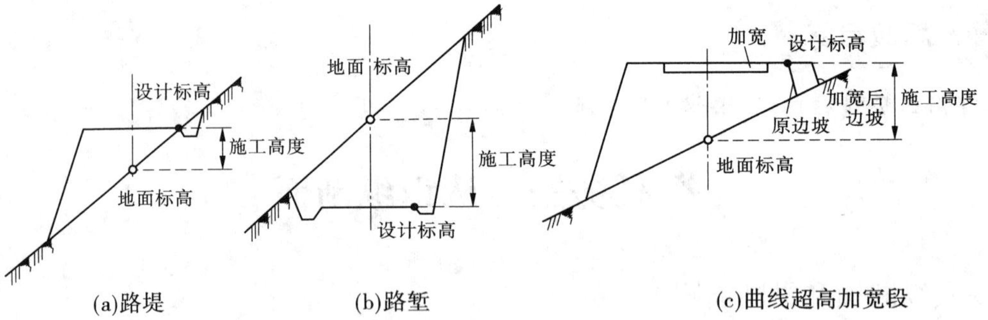

图 2-2　路基的地面标高与设计标高

（2）改建公路的路基设计标高，宜按新建公路的规定执行，也可视具体情况采用中央分隔带或行车道中线高程。

沿河及可能受水浸淹的路段，按设计标高推算的最低侧路基边缘标高应高出规定洪水频率对应的计算水位加壅水高度和波浪侵袭高度及 0.5 m 的安全高度。沿水库上游岸边的路段，按设计标高推算的路基最低侧边缘标高应考虑水库水位升高后地下水位壅升，以及水库淤积后壅水曲线抬高和浪高的影响；在寒冷地区还应考虑冰塞壅水对水位增高的影响。大、中桥桥头引道（在洪水泛滥范围内）的按设计标高推算的路基最低侧边缘标高，应高于该桥设计洪水位（并包括壅水和浪高）至少 0.50 m；小桥涵附近的路基最低侧边缘标高应高于桥（涵）前壅水水位至少 0.50 m（不计浪高）。

在任一横断面上设计标高与地面标高之差，称为该处的施工高度（见图 2-2）。施工高度的高低即决定了路堤的高度或路堑的深度。当设计线在地面线上面时，路基修筑成路堤（填方）；当设计线在地面线下面时，修筑成路堑（挖方）。

路线纵断面设计线是由均匀坡度线（直线）和竖曲线（圆曲线或二次抛物线）组成的。坡度线和竖曲线共同成为纵断面线形的两个基本线形要素。

路线纵向坡度简称纵坡，用符号 i 表示。

$$i=\frac{H_2-H_1}{L}\times 100\% \tag{2-1}$$

式中　i——纵坡（%）；

H_1、H_2——路线按前进方向为顺序的坡度线两端点的标高，m；

L——两端点之间的水平距离，简称坡长，m。

坡度线有上坡和下坡，一般上坡坡度为正，下坡坡度为负。

在两个直坡段的转折处，即变坡点处，为保证行车安全、舒适以及视距的需要而设置的一段曲线，叫作竖曲线。竖曲线是在坡度转换处设置的过渡性曲线，有凸形和凹形两种，其大小以半径和水平长度表示。

相邻两直坡段的交角 ω 叫作坡度角，如图 2-3 所示。坡度角 ω 的大小近似地等于相邻两纵坡段坡度的代数差，即

$$\omega=i_2-i_1 \tag{2-2}$$

式中　i_2、i_1——相邻坡度线的坡度值，上坡为正，下坡为负。

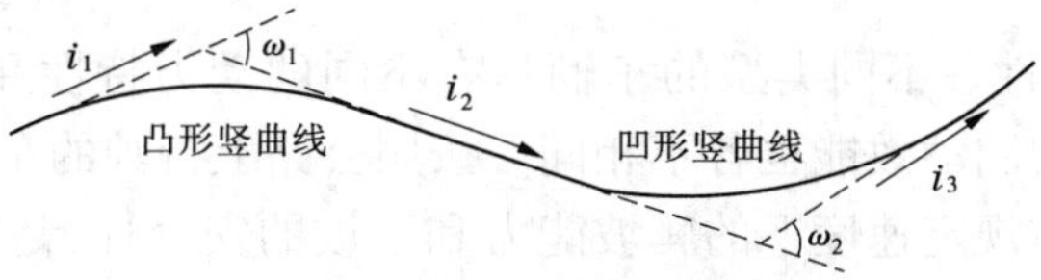

图 2-3　竖曲线示意图

当变坡点在竖曲线的上方，即 ω 为负时，其相应的竖曲线称为凸形竖曲线，反之则称为凹形竖曲线。

任务二　纵坡设计

一、纵坡设计的一般要求

为使纵坡设计达到经济合理的目的，设计时必须全面掌握勘测资料，结合选（定）线的意图进行综合分析、比较，并满足以下一些要求：

（1）纵坡设计必须满足《公路工程技术标准》（JTG B01—2014）中有关纵坡的各项规定，做到坡度平坦、起伏缓和，纵断面线形与平面设计相协调。

码 2-1　纵坡设计

（2）纵坡应均匀平顺，起伏不宜过大和过于频繁，应尽量避免采用极限纵坡值；缓和坡段最好配合地形很自然地设置，不宜连续采用极限长度的陡坡夹最短坡长的缓坡，应争取较均匀的纵坡。垭口处的纵坡应尽量放缓一些。连续升坡或降坡路段，应避免设置反坡段。

（3）纵坡设计时，对沿线的自然条件，如地形、土壤地质、水文、气候等，应作综合考虑，根据不同的具体情况加以处理，以保证公路的畅通和稳定。

(4)纵坡设计在一般情况下应考虑填挖平衡,尽量利用挖方运作就近路段的填方,以减少废方和借方量,节省土石方及其他工程数量,降低工程造价。

(5)地下水位较高的平原微丘区和潮湿地带的路段,应满足最小填土高度的要求,以保证路基稳定。低矮路基必须具有最小填土高度的保证。

(6)纵坡设计应尽可能照顾当地民间运输工具、农用机械、农田水利等方面的要求。一个好的设计还必须尽量照顾到人的视觉和心理上的要求,使驾驶者有足够的安全感、舒适感和视觉上的美感。

二、最大纵坡与最小纵坡

(一)最大纵坡

最大纵坡是指在设计纵坡时,各级公路允许采用的最大坡度值,它是路线设计中一项重要的控制指标。特别是在山区,纵坡的大小直接影响着路线的长短、使用品质的好坏、工程量的大小以及运输成本的高低。因此,决定公路的最大纵坡时必须慎重。

《公路工程技术标准》(JTG B01—2014)在制定最大纵坡时,主要根据以下三个方面来决定:

(1)汽车的动力特性。不同类型的车辆具有不同的动力特性和制动性能,其上坡时的爬坡能力和下坡时的制动效能也各不相同。按照公路上行驶的车辆类型及其所具有的动力特性来确定汽车在规定速度下的爬坡能力和下坡的安全性,是确定道路最大纵坡的常用方法。

通过对汽车在坡道上行驶情况的调查发现,汽车上坡时因克服升坡阻力,需要增大牵引力,车速会降低。一方面,若陡坡过长,汽车水箱可能出现"开锅"、气阻的情况,严重时还可能使发动机熄火,使驾驶条件恶化;另一方面,车辆沿陡坡下行,刹车次数明显增多,制动器易发热而失效,加之司机下坡行驶时心理紧张,很容易引发事故。

(2)公路等级。不同的公路等级对应于不同的设计速度,从汽车的动力特性曲线可知,汽车的爬坡能力与行驶速度成反比。公路等级越高,行车密度越大,要求的行车速度也越快,相应地其纵坡也需越小。因而不同等级、性质的公路,其最大纵坡的限制值也不一样。在确定最大纵坡时,必须把保证各等级的公路具有规定的行车速度作为前提。

(3)自然条件。公路所经地区的地形起伏情况、海拔、气温、降雨、冰雪等自然因素对汽车的行驶条件和爬坡能力都会产生影响。处于长期冰冻地区的公路就须避免采用大坡,以防止行车滑溜等不安全因素的产生。

《公路工程技术标准》(JTG B01—2014)规定了公路最大纵坡值,如表2-1所列。

设计速度为120 km/h、100 km/h、80 km/h的高速公路,受地形条件或其他特殊情况限制时,经技术经济论证,最大纵坡可增加1%。公路改扩建中,设计速度为40 km/h、30 km/h、20 km/h的高速公路利用原有公路的路段,经技术经济论证,最大纵坡可增加1%。四级公路位于海拔2 000 m以上的积雪冰冻地区路段,最大纵坡不应大于8%。

小桥与涵洞的纵坡应随路线纵坡设计,大、中桥的纵坡不宜大于4%,桥头引道的纵坡不宜大于5%,引道紧接桥头部分的线形应与桥上线形相配合。位于市镇附近非汽车交通较多地段、桥上及桥头引道的纵坡均不得大于3%。易结冰积雪的桥梁,桥上纵坡宜适当减小。

表 2-1　公路最大纵坡

设计速度/(km/h)	120	100	80	60	40	30	20
最大纵坡/%	3	4	5	6	7	8	9

隧道内的纵坡不应大于3%,并不小于0.3%,但独立的明洞和长度短于50 m的隧道不受此限制。紧接洞口的路线纵坡应与隧道内纵坡相同。高速公路、一级公路的中短隧道,当条件受限时,经技术经济论证后最大纵坡可适当加大,但不宜大于4%。

位于城镇附近且非汽车交通比例较大路段,可根据具体情况将纵坡适当放缓。

(二)高原纵坡折减

在海拔很高的高原地区,汽车发动机的功率因空气稀薄而减小,相应地降低了汽车的爬坡能力。此外,在高原地区,汽车水箱中的水容易“开锅”而破坏冷却系统。因此,《公路路线设计规范》(JTG D20—2017)规定,设计速度小于或等于80 km/h位于海拔3 000 m以上的高原地区的公路,最大纵坡值应按表2-2的规定予以折减;最大纵坡折减后,如小于4%,则仍用4%。

表 2-2　高原纵坡折减值

海拔/m	>3 000~4 000	>4 000~5 000	>5 000
折减值/%	1	2	3

(三)最小纵坡

为保证挖方路段、设置边沟的低填方路段和横向排水不畅路段的排水,以防止积水渗入路基而影响其稳定性,应采用不小于0.3%的纵坡(一般情况下采用不小于0.5%为宜)。当必须设计小于0.3%的纵坡或采用平坡(0%)时,边沟应作纵向排水设计。当然,像干旱地区,以及横向排水良好、不产生路面积水的路段,也可不受此最小纵坡的限制。

三、坡长限制

坡长是指纵面线形上两个变坡点之间的长度。坡长限制包括两方面的内容:一是对一般纵坡的最小坡长予以限制,二是对较陡纵坡的最大坡长予以限制。

(一)最小坡长

之所以要对最小坡长加以限制,从行车来看,主要是由于纵坡上若变坡点过多,会使纵面线形起伏,导致车辆行驶颠簸频繁,车速愈高则愈显得突出,影响了行车的舒适和安全。为了提高行车的平顺性,一般要求纵坡上的转折点宜少。

从线形的几何构成来看,相邻变坡点之间的距离也不宜过短。最短应不小于相邻竖曲线的切线长,以便插入适当的竖曲线来缓和纵坡的突变,同时也便于平纵面线形的合理组合与布置。

此外,为保证行车安全,还必须使两个凸形变坡点之间的距离满足行车视距的要求。如相邻两纵坡之间的坡度相差较大,为便于汽车运行时换挡操作,其坡长则更不宜太短。

最小坡长通常以汽车按设计速度行驶 9~15 s 的行程作为规定值。在设计速度较大的高等级公路上，因车速较快，9 s 的行程已能满足行车操作和布设几何线形的需要；而在设计速度较低的一般公路上，行程时间应取长些，方能更好地满足行车和布设线形的需要。《公路工程技术标准》(JTG B01—2014)据此给出了各级公路的最小坡长限制值，如表 2-3 所示。

表 2-3　公路最小坡长

设计速度/(km/h)	120	100	80	60	40	30	20
最小坡长/m	300	250	200	150	120	100	60

(二)最大坡长

当路线为连续陡坡时，汽车上坡时为发挥更大的牵引力，多用低速挡(如一、二挡)。如坡长过长，长时间使用低速挡会使发动机发热过分而使效率降低、水箱沸腾、行驶无力。而下坡时，则因坡度过陡、坡段过长而刹车频繁，影响行车安全。因此，为保证行车安全，对较陡纵坡的坡长应加以限制，如表 2-4 所示。对高速公路，即使纵坡为 2%，其坡长也不宜过长。

表 2-4　不同纵坡最大坡长　　单位：m

纵坡坡度/%	设计速度/(km/h)						
	120	100	80	60	40	30	20
3	900	1 000	1 100	1 200	—	—	—
4	700	800	900	1 000	1 100	1 100	1 200
5	—	600	700	800	900	900	1 000
6	—	—	500	600	700	700	800
7	—	—	—	—	500	500	600
8	—	—	—	—	300	300	400
9	—	—	—	—	—	200	300
10	—	—	—	—	—	—	200

二、三、四级公路当连续纵坡大于 5%时，应在不大于表 2-4 所规定的长度处设缓和坡段。其目的是减轻上坡时汽车的机件磨损、降低下坡的制动器过高的温度并恢复汽车的速度。缓和坡段的纵坡不应大于 3%，长度不应小于最小坡长的要求。

在实际纵坡设计中，当大于 5%的坡长还未达到其规定的限制坡长时，可变化坡度(应为连续上坡或连续下坡)，但其长度应按坡长限制的规定进行折算。例如：某山岭区三级公路第一坡段的纵坡为 8.0%，长度为 120 m，即占坡长限制值的 2/5；若相邻坡段的纵坡为 7.0%，则其坡长不应超过 500×3/5 = 300(m)。也就是说 8.0%的纵坡设计 120 m 以后，还可紧接着设计坡度为 7.0%、坡长为 300 m 的纵坡，此时坡长限制正好用完。

四、平均纵坡

平均纵坡指在一定长度路段内，路线在纵向所克服的高差值与该路段的距离之比，用百分率(%)表示。它是衡量纵面线形设计好坏的一个重要指标。

$$i_{平均} = \frac{H}{L} \tag{2-3}$$

式中 H——相对高差，m；

L——路线长度，m。

在路线纵坡设计时，往往会有这样的情况：当地形困难，高差很大时，设计者可能不断交替地运用最大纵坡(并达到限制坡长)和缓和坡段(往往接近最短坡长)。这样做看似符合纵坡设计的有关标准，但是纵面线形很不好，不能保证使用质量，汽车在这样的坡段上行驶，上坡会长时间地使用二排挡，造成发动机长时间发热，导致车辆水箱沸腾；下坡则频繁刹车，司机驾驶紧张，也易引起不良后果。因此，有必要从行车顺利和安全的角度来控制纵坡的平均值。这样既可保证路线的平均纵坡不致过陡，也可以避免局部地段使用过大的平均纵坡。

为保证纵坡均衡匀顺，确保行车安全和舒适，《公路工程技术标准》(JTG B01—2014)规定：二级及二级以下公路的越岭路线连续上坡或下坡路段，相对高差为 200~500 m 时，平均纵坡不应大于 5.5%；相对高差大于 500 m 时，平均纵坡不应大于 5%。任意连续 3 km 路段的平均纵坡不应大于 5.5%。

五、合成坡度

合成坡度是指由路线纵坡与弯道超高横坡或路拱横坡组合而成的坡度，其方向即流水线方向。如图 2-4 所示，它的计算公式是：

$$i_{合} = \sqrt{i_{纵}^2 + i_{横}^2} \tag{2-4}$$

式中 $i_{合}$——合成坡度(%)；

$i_{横}$——超高横坡或路拱横坡(%)；

$i_{纵}$——路线纵坡(%)。

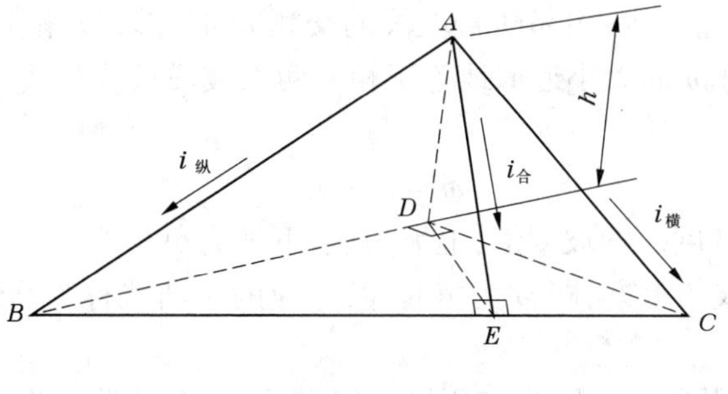

图 2-4 合成坡度

由于合成坡度是由纵向坡度与横向坡度组合而成的，其坡度值比原路线纵坡大，汽车在设有超高的坡道上行驶时，不仅要受坡度阻力的影响，而且要受离心力的影响。尤其是当纵坡大而平曲线半径小时（相应的，合成坡度大），往往由于合成坡度的影响而使汽车重心发生偏移，给汽车行驶带来危险。所以，当弯道与坡度组合时，为了防止汽车向合成坡度方向倾斜、滑移，应将超高横坡与纵坡的组合控制在适当的范围以内。

实践证明，合成坡度对于控制急弯和陡坡相互重叠是非常必要的，在条件许可时，以采用较小的合成坡度为宜。

《公路路线设计规范》（JTG D20—2017）规定：在设有超高的平曲线上，超高与纵坡的合成坡度值不得超过表 2-5 的规定，在积雪或冰冻地区，自然横坡较陡峻的傍山路段和非汽车交通量较大的路段，合成坡度值不应大于 8%。在超高过渡的变化处，合成坡度不应设计为 0%。为保证路面排水，各级公路的最小合成坡度不宜小于 0.5%；当合成坡度小于 0.5%时，应采取综合排水措施，以保证路面排水畅通。

表 2-5　公路最大合成坡度

公路等级	高速公路、一级公路			
设计速度/(km/h)	120	100	80	60
合成坡度/%	10.0	10.0	10.5	10.5

公路等级	二级公路、三级公路、四级公路				
设计速度/(km/h)	80	60	40	30	20
合成坡度/%	9.0	9.5	10.0	10.0	10.0

第三节　竖曲线设计

一、竖曲线的特点及几何要素

码 2-2　竖曲线设计

纵断面图上的设计线是由直坡段和竖曲线组成的。在两个直坡段的转折处（变坡点处），为保证行车安全、舒适以及视距的需要而设置的一段曲线，叫作竖曲线；相邻两直坡段的交角 ω 叫作坡度角，如图 2-3 所示。坡度角 ω 的大小近似地等于相邻两纵坡段坡度的代数差，即

$$\omega = i_2 - i_1$$

式中　i_2、i_1——相交坡度线的坡度值，上坡为正，下坡为负。

当变坡点在竖曲线的上方，即 ω 为负时，其相应的竖曲线称为凸形竖曲线，反之则称为凹形竖曲线。

竖曲线的线形有用圆曲线的，也有用抛物线形的。《公路路线设计规范》（JTG D20—2017）规定：公路纵坡变更处应设置竖曲线，竖曲线宜采用抛物线。

由于路线纵坡度的值很小(最大不超过0.09),而高程变化值与水平距离之比相差甚大,因而在实际生产中均假定竖曲线的切线长度与弧长(曲线长度)等于其在水平面上的投影长度,切线支距是竖直的高程差,在纵断面设计时,竖曲线的几何要素(见图2-5)计算公式如下:

$$\left.\begin{aligned}&\omega=i_2-i_1\\&L=R\omega\\&T=\frac{L}{2}=\frac{1}{2}R\omega\\&E=\frac{1}{4}T\omega=\frac{T^2}{2R}\\&y=\frac{x^2}{2R}\end{aligned}\right\}\qquad(2\text{-}5)$$

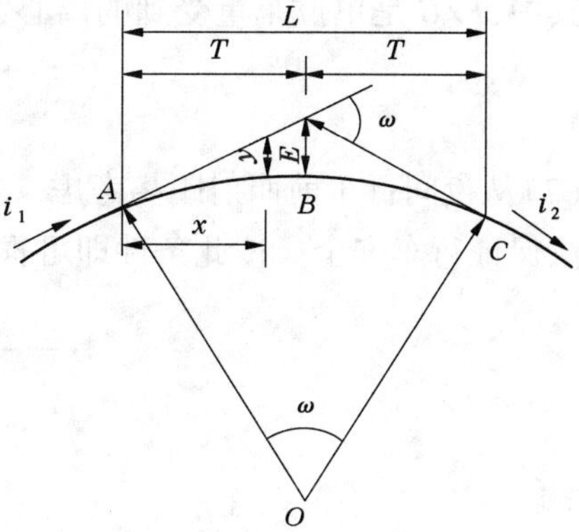

图 2-5

式中　ω——坡度角;

R——二次抛物线的参数,一般称作竖曲线半径,m;

T——竖曲线的切线长,m;

L——竖曲线长度,m;

E——竖曲线变坡点处的切线支距(纵距),m;

x——竖曲线上任意一点距竖曲线起点或终点的水平距离,m;

y——竖曲线上任意一点距切线的纵距,m。

二、竖曲线最小半径与最小长度

进行竖曲线设计,首先要确定其半径。竖曲线半径的选择原则与平曲线相似,从满足行车的要求而言,总是希望半径越大越好,只有在地形困难的路段,不得已时才采用最小半径。

竖曲线半径分为极限最小半径和一般最小半径。所谓极限最小半径,是指汽车在纵坡变更处行驶时,为了缓和冲击和保证视距所需的最小半径的计算值,该值只有在受地形等特殊情况约束时方可采用。为了行车的安全和舒适,一般应采用极限最小半径的1.5~2.0倍的数值,即一般最小半径值。

(一)凹形竖曲线极限最小半径

凹形竖曲线极限最小半径主要从限制离心力、夜间行车前灯照射的影响以及在跨线桥下的视距三个方面计算分析确定。

(1)从限制离心力不致过大考虑。汽车行驶在竖曲线上,由于离心力的作用,要产生失重(凸形竖曲线)或增重(凹形竖曲线)。失重直接影响乘客的舒适感,增重则不仅影响乘客的舒适感,还对汽车的悬挂系统产生超载的影响。竖曲线半径的大小直接影响离心力的大小,因此必须首先从控制离心力不致过大来限制竖曲线的极限最小半径。

汽车在竖曲线上产生的离心力为:

$$F=\frac{Gv^2}{gR}=\frac{GV^2}{127R}$$

则
$$R=\frac{V^2}{127(F/G)} \tag{2-6}$$

其中,F/G 是单位车重受到的离心力,限制 $F/G=0.028$,代入式(2-6)得:

$$R=\frac{V^2}{3.6} \tag{2-7}$$

(2)从夜间行车前照射距离考虑。如图 2-6 所示,若照射距离小于要求的视距长度,则无法保证行车安全。按此条件即可推导出此时凹形竖曲线的最小半径的计算公式。

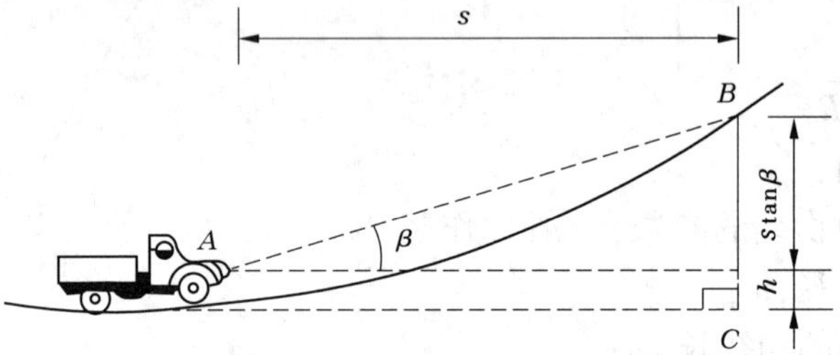

图 2-6　夜间行车前灯照射距离

设汽车前灯高度为 h,汽车前灯照射角为 β,由竖曲线计算公式得:

$$BC\approx\frac{s^2}{2R} \tag{2-8}$$

由图 2-6 可知:
$$BC=h+s\tan\beta \tag{2-9}$$

式(2-8)、式(2-9)联解得:

$$R=\frac{s^2}{2(h+s\tan\beta)} \tag{2-10}$$

式中　s——前灯照射距离,m,按行车视距长度取值;

h——前灯高度,m,取 $h=0.75$ m;

β——前灯向上的照射角,取 $\beta=1°$。

将 s、h、β 取值代入式(2-5)得:

$$R_{\min}=\frac{s^2}{1.5+0.0349s} \tag{2-11}$$

(3)从保证跨线桥下视距考虑。为保证汽车穿过跨线桥时有足够的视距,也应对凹形竖曲线最小半径加以限制。

综合以上三种情况,《公路路线设计规范》(JTG D20—2017)以限制凹形竖曲线离心力条件为依据,制定出凹形竖曲线极限最小半径的规定值,如表 2-6 所示。

(二)凸形竖曲线极限最小半径

主要从限制失重不致过大和保证纵面行车视距两个方面计算分析确定。

表 2-6　竖曲线最小半径与最小长度

设计速度/(km/h)		120	100	80	60	40	30	20
凸形竖曲线半径/m	一般值	17 000	10 000	4 500	2 000	700	400	200
	极限值	11 000	6 500	3 000	1 400	450	250	100
凹形竖曲线半径/m	一般值	6 000	4 500	3 000	1 500	700	400	200
	极限值	4 000	3 000	2 000	1 000	450	250	100
竖曲线长度/m	一般值	250	210	170	120	90	60	50
	极限值	100	85	70	50	35	25	20

(1)从失重不致过大考虑。与凹形竖曲线的限制条件和计算公式相同,即

$$R=\frac{V^2}{127(F/G)}$$

(2)从保证纵面行车视距考虑。凸形竖曲线半径过小,路面上凸直接影响行车视距,按规定的视距控制即可推导出计算极限最小半径的公式。分以下两种情况:

①$s\leqslant L$,如图 2-7 所示。

$$h_w=\frac{l_w^2}{2R} \tag{2-12}$$

$$h_m=\frac{l_m^2}{2R} \tag{2-13}$$

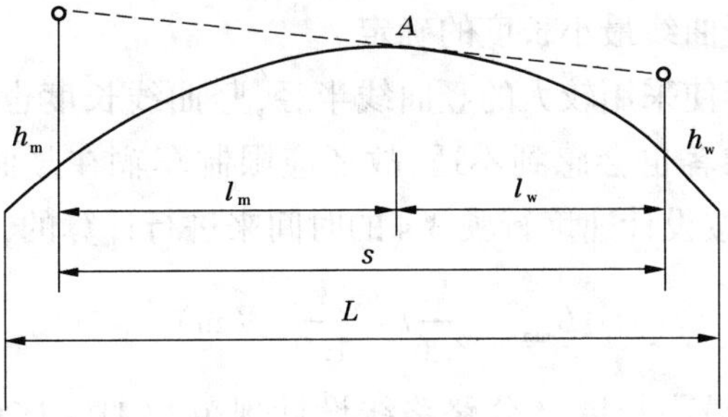

图 2-7　凸形竖曲线视距($s<L$)

由几何条件　　　　　　　　$s=l_w+l_m$

将式(2-12)、式(2-13)代入得:

$$s=\sqrt{2R}(\sqrt{h_w}+\sqrt{h_m}) \tag{2-14}$$

式中　h_w——物高,m,取 h_w=0.10 m;

h_m——目高,m,取 h_m=1.20 m;

l_w——竖曲线顶点 A 距物点的距离，m；

l_m——竖曲线顶点 A 距目点的距离，m；

s——要求的行车视距，按停车视距考虑，m；

L——竖曲线长度，m。

将 h_w、h_m 的值代入式(2-14)并整理得：

$$R_{min} = \frac{s^2}{3.98} \tag{2-15}$$

②$s>L$。

经推导：

$$R_{min} = \frac{2s}{\omega} - \frac{3.98}{\omega^2} \tag{2-16}$$

式中 s——要求的视距长度，m；

ω—— 纵断面变坡处的坡度角。

经比较，式(2-15)的计算结果比式(2-16)要小，故采用式(2-16)作为标准的制定依据。

《公路路线设计规范》(JTG D20—2017)规定的各级公路的凸形竖曲线的极限最小半径见表 2-6。

(三)竖曲线最小长度

表示竖曲线大小的方法，一是用竖曲线的半径来表示，二是用竖曲线的长度来表示，两者可用竖曲线的几何要素计算公式 $L = R\omega$ 进行互换。因此，讨论竖曲线的最小半径问题也就等于讨论了竖曲线的最小长度问题。

前面介绍过的限制竖曲线最小半径的两个主要因素，即限制离心力不过大和满足视距的要求，同样要制约竖曲线最小长度的确定。

当坡度角很小时，即使采用较大的竖曲线半径，竖曲线长度也很短，这样容易使司机产生变坡很急的错觉，乘客也会感到不适，故还应限制车辆在竖曲线上行经的时间不过短。这个限制是以汽车按设计速度行驶 3 s 的时间来进行计算的，即

$$L_{min} = \frac{V}{3.6}t = \frac{V}{1.2} \quad (m) \tag{2-17}$$

据此确定的竖曲线最小长度，《公路路线设计规范》(JTG D20—2017)规定如表 2-6 所列。

三、竖曲线设计与计算

(一)一般要求

竖曲线是否平顺，在视觉上往往是构成纵面线形优劣的主要因素。纵面线形不好的主要原因，往往是由于设置过多的竖曲线或竖曲线半径太小。竖曲线设计一般应满足以下要求：

(1)满足《公路工程技术标准》(JTG B01—2014)规定的竖曲线最小半径和最小长度要求,在可能情况下,应选用较大的竖曲线半径。

(2)相邻竖曲线之间应保证一定的直坡段,避免重叠,同向竖曲线间应避免出现“断背曲线”,反向曲线间最好设置不小于按设计速度行驶 3 s 的行程长度,以使汽车从失重(或增重)过渡到增重(或失重)有一个缓和段。

(3)竖曲线设置应满足排水需要,可能时应尽量考虑竖曲线与平曲线组合设计,以便在纵面排水不畅的地方(如竖曲线顶或底部),能够通过横向(超高)排水来弥补。

(4)在夜间行车交通量较大的路段,考虑到灯光照射方向的改变会使前灯照射的范围受到限制,在选择半径时应适当加大,以使其有较长的照射距离,保证行车安全。

(二)竖曲线设计与计算

1. 半径选择

纵坡设计完成后,在各变坡点处需设置合适的竖曲线。竖曲线设计主要是按照《公路工程技术标准》(JTG B01—2014)和《公路路线设计规范》(JTG D20—2017)的要求,选择恰当的竖曲线半径(或竖曲线长度)。通常,竖曲线半径的选择可采用外距(E)、切线长(T)等控制条件来计算确定(通常取整到 50 m)。

(1)按竖曲线外距 E 控制选择半径:

$$R = \frac{8E}{\omega^2} \quad (\text{m}) \tag{2-18}$$

(2)按切线长 T 控制选择半径:

$$R = \frac{2T}{\omega} \quad (\text{m}) \tag{2-19}$$

2. 竖曲线几何要素计算

竖曲线的几何要素有坡度差 ω、竖曲线长 L、切线长 T 和纵距 E 等,其计算公式见式(2-5)。

3. 竖曲线上任意点的纵距 y 计算

$$y = \frac{x^2}{2R} \tag{2-20}$$

式中　x——任意点里程桩号减去竖曲线起点或终点桩号。

4. 竖曲线上各主要桩点的里程计算

$$竖曲线起点的里程桩号 = 变坡点桩号 - T \tag{2-21}$$

$$竖曲线终点的里程桩号 = 变坡点桩号 + T \tag{2-22}$$

5. 竖曲线上各桩点的设计标高计算

$$设计标高 = 切线高程 \pm y \tag{2-23}$$

式中,凸形竖曲线取负,凹形竖曲线取正。

习题分析

如何计算竖曲线？

【例 1】 某公路，有一变坡点桩号为 K10+028.28，变坡点高程为 200 m，两相邻坡道的纵坡为 $i_1=0.04$，$i_2=-0.025$，竖曲线半径 $R=1\ 000$ m，求：(1) 竖曲线各基本要素；(2) 竖曲线起终点桩号及设计标高；(3) K10+020、K10+028.28、K10+050 各桩号的设计标高。

解：

(1) 竖曲线要素计算。

$$\omega = i_2 - i_1 = -0.025 - 0.04 = -0.065 < 0$$

为凸形竖曲线。

$$L = R\omega = 1\ 000 \times 0.065 = 65(\mathrm{m})$$

$$T = L/2 = 32.5\ \mathrm{m}$$

$$E = \frac{1}{4}T\omega = \frac{1}{4} \times 32.5 \times 0.065 = 0.53(\mathrm{m})$$

(2) 起点桩号：　K10+028.28−32.5=K9+995.78

终点桩号：　K10+028.28+32.5=K10+060.78

起点设计高程：　$200.00 - T \cdot i_1 = 200.00 - 32.5 \times 0.04 = 198.7(\mathrm{m})$

终点设计高程：　$200.00 - T \cdot i_2 = 200.00 - 32.5 \times 0.025 = 199.188(\mathrm{m})$

(3) K10+020 桩号：

至起点距离　$x = (\mathrm{K10+020}) - (\mathrm{K9+995.78}) = 24.22(\mathrm{m})$

$$y = \frac{x^2}{2R} = \frac{24.22^2}{2 \times 1\ 000} = 0.293(\mathrm{m})$$

切线标高=起点标高+$x \cdot i_1$=198.7+24.22×0.04=199.669(m)

设计标高=199.669−0.293=199.376(m)

K10+028.28 桩号：

设计标高=200−0.53=199.47(m)

K10+050 桩号：

至终点距离　$x = (\mathrm{K10+060.78}) - (\mathrm{K10+050}) = 10.78(\mathrm{m})$

$$y = \frac{x^2}{2R} = \frac{10.78^2}{2 \times 1\ 000} = 0.058(\mathrm{m})$$

切线标高 = 终点标高 + $x \cdot i_1$ = 199.188 + 10.78 × 0.025 = 199.458(m)

设计标高 = 199.458 − 0.058 = 199.4(m)

任务四 道路平、纵线形组合设计

一、平、纵线形组合设计的一般要求

码 2-3 平纵组合设计

道路线形设计是从道路选线、定线开始，最终以平、纵、横断面所组成的立体线形反映于驾驶员的视觉上。平、纵线形组合是指在满足汽车运动学和动力学要求的前提下，研究如何满足视觉和心理方面的连续、舒适及与周围环境相协调的要求，并有良好的排水条件。尽管平、纵线形设计均是按前述标准进行的，但若平、纵线组合不好，不仅有碍于其优点的发挥，而且会加剧两方面存在的缺点，造成行车上的危险，也就不可能获得最优的立体线形、平纵线形的合理组合。

平、纵线形组合设计的总要求：对于设计速度大于或等于 60 km/h 的道路，应注重平、纵线形的合理组合，尽量做到线形连续、指标均衡、视觉良好、景观协调、安全舒适。设计速度愈高，线形设计可考虑的因素愈应周全。对于设计速度等于或小于 40 km/h 的道路，可参照执行。首先应在保证行车安全的前提下，正确地运用线形要素指标，在条件允许的情况下力求做到各种线形要素的合理组合，并尽量避免和减轻不利的组合。

平、纵线形组合设计，是在平面和纵面线形初步确定的基础上，采用公路透视图法或模型法进行视觉分析，研究如何满足驾驶员视觉和心理方面的要求，并以立体线形连续、行车舒适，与周围环境协调和排水良好等为目的，再对平、纵面线形进行修改和优化的过程。

平面线形与纵面线形的组合设计是线形设计的最后阶段，是保证公路成为连续、圆滑、顺适、美观的空间立体线形的重要过程，也是真正实现安全、迅速和舒适营运的重要保障。

平、纵面线形的组合，应综合考虑汽车行驶的安全性和舒适性，工程造价、营运的经济性，以及驾驶员视觉心理的需要，并与公路周围的环境相协调。设计时，平面线形和纵面线形的组合一般应满足以下原则：

(1)应在视觉上能自然地引导驾驶员的视线，并保持视觉的连续性。

(2)平、纵面线形的技术指标应大小均衡，避免出现平面高标准、纵断面低标准，或与此相反的情况，使线形在视觉上、心理上保持协调。

(3)选择组合得当的合成坡度，以利于路面排水和行车安全。设计时要注意纵坡不应小于 0.3%，同时应避免形成合成坡度过大的线形。因为若合成坡度过小，路面排水迟缓和滞水，妨碍汽车高速行驶；若合成坡度过大，则妨碍行车安全并容易发生事故，特别是在积雪严寒冰冻地区危险性更大。

(4)平、纵面线形组合注意与周围环境相配合，充分利用公路周围的地貌、地形、天然树林、建筑物等，尽量保持自然景观的连续，以消除景观单调感，使公路与大自然融为一体，起到观赏悦目的作用，减轻驾驶的疲劳感。适宜的景观设计还能起到引导视线的作用。

二、平、纵线形组合的形式

通过分解立体线形要素,可得出平、纵面线形有以下六种组合形式,如图 2-8 所示。

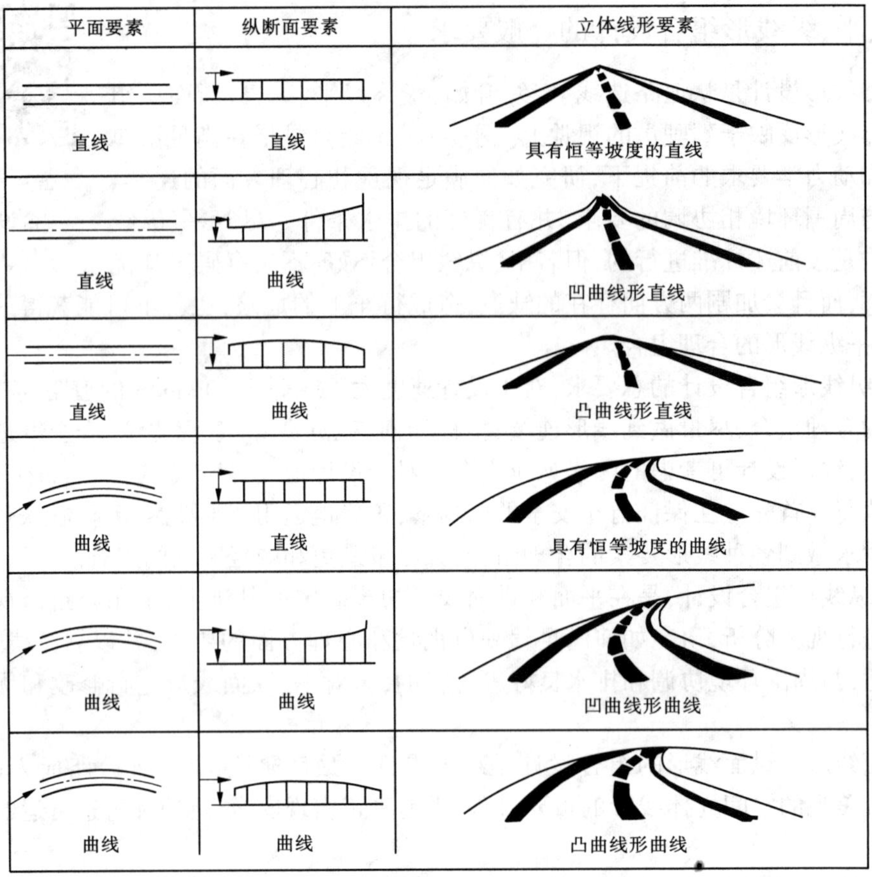

图 2-8　空间线形要素

(1)平面上为直线,纵面上也是直线——构成具有恒等坡度的直线。

(2)平面上为直线,纵面上是凹形竖曲线——构成凹下去的直线。

(3)平面上为直线,纵面上是凸形竖曲线——构成凸起的直线。

(4)平面上为曲线,纵面上为直线——构成具有恒等坡度的平曲线。

(5)平面上为曲线,纵面上为凹形竖曲线——构成凹下去的平曲线。

(6)平面上为曲线,纵面上为凸形竖曲线——构成凸起的平曲线。

上述(1)~(3)型是在垂直平面内的线形类,(4)~(6)型是立体曲线。从视觉、心理分析来看,它们各有优势和不足:

(1)型组合往往线形单调、枯燥,行车过程中视景缺乏变化,容易使司机产生疲劳和频繁超车。设计时应采用画行车道线、标志、绿化,注意与路侧设施配合等方法来调节单调的视觉,增进视线诱导。

(2)型组合具有较好的视距条件,能给司机以动的视觉效果,行车条件较好。设计时要注意避免采用较短的凹形竖曲线，尤其在两个凹形竖曲线间注意不要插入短的直坡段；在长直线的末端不宜插入小半径的凹形竖曲线。

(3)型组合视距条件差，线形单调，应注意避免，无法避免时应采用较大的竖曲线半径；若与(2)型组合，应注意克服“驼峰”“暗凹”“浪形”等不良视觉现象出现。

(4)型组合，一般来说只要平曲线半径选择适当，纵坡不太陡，即可获得较好的视觉和心理感受，设计时须注意检查合成坡度是否超限。

(5)、(6)型组合设计是一种常见且比较复杂的组合形式。如果平纵面线形几何要素的大小适宜，位置适当，平纵面均衡协调，可以获得视觉舒顺、视线引导良好的立体线形；相反，则会出现一些不良的后果，设计时应引起特别重视。

三、平、纵线形组合的设计要点

为使线形组合设计达到以上要求，并得到较好的效果，除可采用透视图法检查外，根据经验还应做到以下几点：

(1)平、纵线形组合设计原则为宜相互对应且平曲线宜比竖曲线长。竖曲线宜包含在平曲线之内，且平曲线应稍长于竖曲线，如图 2-9 所示。这种设计通常称为平竖曲线的对应。当平竖曲线半径较小时，其相互对应程度应较严格；随平竖曲线半径的同时增大，其对应程度可适当放宽；当平竖曲线半径均较大时可不严格对应。

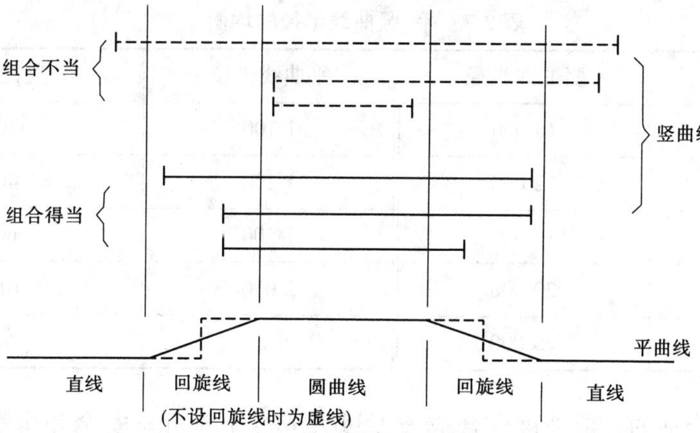

图 2-9 平曲线与竖曲线的组合

这种布置其优点是：当车辆驶入凸形竖曲线的顶点之前，即能清楚地看到平曲线的始端，辨明弯道的走向，不致因判断错误而发生事故。若平、竖曲线的半径都很大，则平、竖曲线的位置可不受上述限制；若做不到竖曲线与平曲线较好地配合，且两者的半径都小于某限度时，宁可把平、竖曲线拉开相当距离，使平曲线位于直坡段上或竖曲线位于直线上。

(2)要保持平曲线与竖曲线大小的均衡。长的平曲线内不宜包含多个短的竖曲线；短的平曲线不宜与短的竖曲线组合。

平曲线与竖曲线的大小如果不均衡，会给人不愉快的感觉，失去了视觉上的均衡性。平曲线和竖曲线其中一方大而平缓，那么另一方就不要形成多而小。一个长的平曲线内有两个以上竖曲线，或一个大的竖曲线含有两个以上平曲线，看上去非常别扭，如图 2-10

所示。

(a)平曲线内含有多个竖曲线

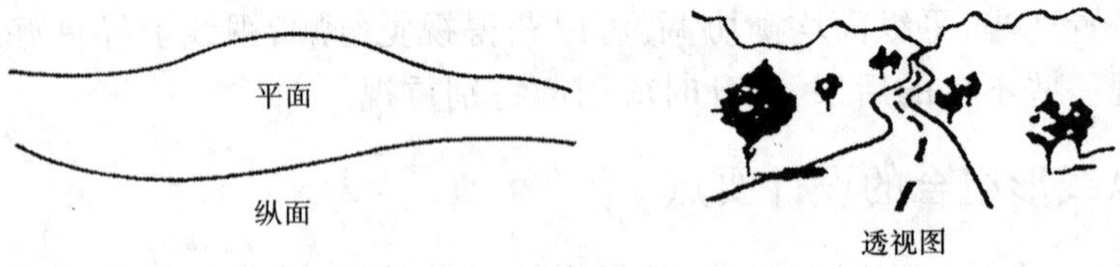

(b)连续的短平曲线

图 2-10　平竖指标不均衡示意图

根据经验,平曲线半径如果不大于 1 000 m,竖曲线的半径为平曲线的 10~20 倍,便可达到线形的均衡性。表 2-7 为德国的经验值,可供设计时参考。

表 2-7　平、竖曲线半径的均衡　　单位:m

平曲线半径	竖曲线半径	平曲线半径	竖曲线半径
500	10 000	1 100	30 000
700	12 000	1 200	40 000
800	16 000	1 500	60 000
900	20 000	2 000	100 000
1 000	25 000		

(3)要选择合适的合成坡度。合成坡度过大或过小对行车安全和排水都是不利的,有条件时,一般最大合成坡度不宜大于 8%,最小合成坡度不宜小于 0.5%,应避免急弯与陡坡相重合的线形。

四、平、纵线形注意避免的组合形式

(1)避免竖曲线的顶部或底部插入小半径的平曲线。

(2)小半径圆曲线起、讫点,不宜设在或接近竖曲线的顶部或底部。

(3)凸形竖曲线的顶部或凹形竖曲线的底部,不宜同反向平曲线的拐点重合。

(4)避免出现驼峰、暗凹、跳跃、断背、折曲等使驾驶员视线中断的线形。

(5)长直线不宜与坡陡或半径小且长度短的竖曲线组合。

(6)长的竖曲线内不宜设置半径小的平曲线。

(7)避免急弯与陡坡的不利组合。

(8)避免小半径竖曲线与缓和曲线重合。

任务五　纵断面设计

一、纵断面线形设计要点

码 2-4　纵断面设计方法

(一)一般规定

(1)纵断面线形应平顺、圆滑、视觉连续,并与地形相适应,与周围环境相协调。

(2)纵坡设计应考虑填挖平衡,并利用挖方就近作为填方,以减轻对自然地面横坡与环境的影响。

(3)相邻纵坡的代数差小时,应采用大的竖曲线半径。

(4)连续设置长、陡纵坡的路段,除上坡方向宜满足通行能力的要求外,还应考虑下坡方向的行驶安全,并应结合前后路段各技术指标设置情况,采用运行速度对连续上坡方向的通行能力与下坡方向的行车安全进行检验。

(5)路线交叉处前后的纵坡应平缓。

(6)位于积雪或冰冻地区的公路(冬季交通可中断的路段除外),应避免采用陡坡。

(二)纵坡值的运用

(1)纵断面线形设计时,宜充分结合沿线地形等条件,采用较为平缓的纵坡,但最小纵坡不宜小于0.3%。对于采用平坡(0%)或小于0.3%的纵坡路段,应作专门的排水设计。

(2)纵坡设计时,宜兼顾平面线形和指标,综合确定坡度的大小、坡长和坡度区间的起、讫点位置。

(3)各级公路应避免采用最大纵坡值和不同纵坡最大坡长值,只有在为争取高度利用有利地形,或避开工程艰巨地段等不得已时,方可采用。

(三)纵坡设计要求

(1)平原地形的纵坡应均匀、平缓。

(2)丘陵地区的纵坡应避免过分迁就地形而起伏过大。

(3)越岭线的纵坡应力求均匀,不应采用最大值或接近最大值的坡度,更不宜连续采用不同纵坡最大坡长值的陡坡夹短距离缓坡的纵坡线形。

(4)山脊线和山腰线除结合地形不得已时采用较大的纵坡外,在可能条件下应采用平缓的纵坡。

(四)竖曲线设计要求

(1)设计速度大于或等于60 km/h的公路,竖曲线设计宜采用长的竖曲线和长直线坡段的组合。有条件时,宜采用大于或等于表2-8所列的视觉所需要的竖曲线半径值。

表 2-8 视觉所需要的最小竖曲线半径值

设计速度/(km/h)	竖曲线半径/m	
	凸形	凹形
120	20 000	12 000
100	16 000	10 000
80	12 000	8 000
60	9 000	6 000

(2)竖曲线应选用较大的半径。当条件受限制时,宜采用大于或接近于竖曲线最小半径的“一般值”;地形条件特殊困难而不得已时,方可采用竖曲线最小半径的“极限值”。

(3)同向竖曲线间,特别是同向凹形竖曲线之间,如直线坡段接近或达到最小坡长,宜合并设置为单曲线或复曲线,避免出现断背曲线。相邻反向竖曲线间,为使增重到失重有一个逐渐过渡的过程,中间最好插入一段直线段,长度至少为 3 s 的行程。

(4)双车道公路在有超车需求的路段,应考虑超车视距要求,采用较大的(凸形)竖曲线半径。

二、纵断面设计的方法和步骤

路线纵断面设计主要是指纵坡设计和竖曲线设计。由于公路路线是一条空间带状曲线,路线的平面、纵断面和横断面相互影响,因而在纵断面设计之前的选(定)线阶段,设计人员实际上已对纵坡设计的部分内容进行过考虑,在室内进行纵断面设计时,设计人员一般要根据实地选(定)线时的意图,以及桥涵、地质等方面对路线纵断面设计的要求,综合考虑工程技术与工程经济因素,定出路线的纵坡,再选择合适的竖曲线半径,最后才计算出各桩号的设计标高和填挖值。

因为纵断面设计线是由坡度线和竖曲线构成的,因此在设计纵断面设计线时,首先应确定设计坡度线,包括变坡点的位置(里程桩号)、变坡点的高程以及变坡点相邻两侧的纵坡大小。确定纵断面设计坡度线的过程称为拉坡。拉坡是关键的步骤,它涉及行车的安全、经济、舒适、迅速和美观,同时还影响到将来横断面的设计以及整个道路线形协调的问题,因此要综合考虑各种因素才能确定。一般至少要考虑符合技术标准、安全舒适、工程经济、自然条件、平纵组合、高程配合、景观协调和环境保护八个方面的原则,每个方面中又根据情况着重考虑多方面的问题。此处不再赘述。

纵断面设计其方法和步骤可归纳为以下几点。

(一)拉坡前的准备工作

内业设计人员在熟悉有关设计标准的基础上,首先在纵断面图上点绘出每个中桩的位置、平曲线示意图(弯道起、讫点位置和平曲线半径等),写出每个中桩的地面标高,并绘出地面线。

(二)标注控制点位置

所谓控制点,是指影响路线纵坡设计的高程控制点,如路线起、讫点的接线标高,越岭垭口、大中桥涵、地质不良地段的最小填土高度和最大挖方深度，沿溪线的洪水位，隧道进、出口，路线交叉点，重要城镇通过点，以及其他路线高程必须通过的控制点位等，都应作为纵断面设计的控制依据。

此外，对于山区公路，还有根据路基填挖平衡要求来选择控制路中心处填挖值的高程点，称之为经济控制点，如图 2-11 所示。其含义是：如果纵坡设计线刚好通过该点，则在相应的横断面上将形成填挖面积大致相等的纵坡设计，此时最为经济。

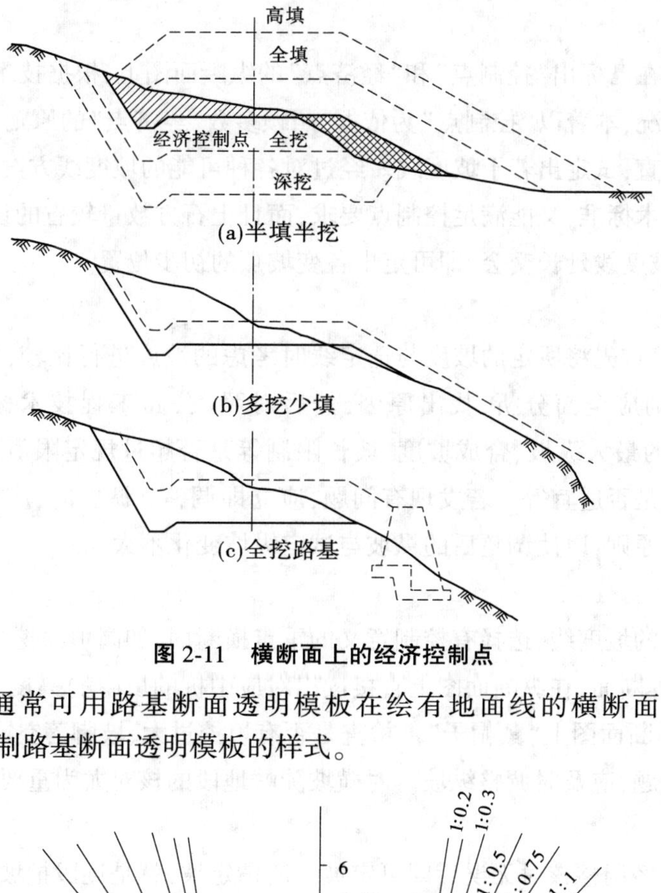

图 2-11 横断面上的经济控制点

经济控制点通常可用路基断面透明模板在绘有地面线的横断面图上确定出来。图 2-12 是这种自制路基断面透明模板的样式。

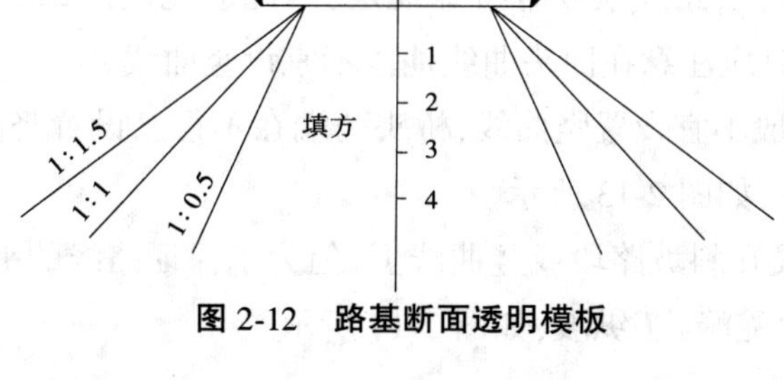

图 2-12 路基断面透明模板

“模板”可用透明描图纸或透明胶片制成。其上按横断面测图的比例绘出路基宽度 B（挖方地段还要包括两侧边沟所占宽度）和各种不同坡度的边坡线。使用时将“模板”扣在有关中桩的横断面上，使两者的中线重合，然后上下移动“模板”，直到能使填、挖面积大致相等，则停止移动。此时“模板”上的路基顶面与该中桩的地面高之间的差值就是经济填、挖值，再将此差值的大小按比例点绘到纵断面图的相应中桩位置上，即为该断面经济控制点的位置。

（三）试坡

试坡主要是在已标出“控制点”和“经济点”的纵断面图上，根据技术标准、选线意图，结合地面起伏情况，本着以“控制点”为依据，照顾多数“经济点”的原则，在这些点位间进行穿插和裁弯取直，试定出若干坡度线。经过对各种可能的坡度线方案进行反复比较，最后选出既符合技术标准，又能满足控制点要求，而且土石方数量较省的设计线作为初定坡度线，再将前后坡度线延长交会，即可定出各变坡点的初步位置。

（四）调整

试定纵坡后，首先将所定的坡度与选定线时考虑的坡度进行比较，两者应基本符合。若有较大差异，则应全面分析，找出原因，然后对照《公路工程技术标准》（JTG B01—2014）检查设计的最大纵坡、合成坡度、坡长限制等是否超过规定限值，以及平面线形与纵面线形的配合是否适宜等。若发现有问题，应立即调整。调整时，应以少脱离控制点、少变动填挖值为原则，以使调整后的纵坡与试定纵坡变化不太大。

（五）核对

根据调整后的坡度线，选择有控制意义的重点横断面，如高填深挖、陡峭山坡路基、挡土墙、重要桥涵等断面，在纵断面图上直接读出对应中桩的填（挖）高度，然后按该填（挖）值用“模板”在横断面图上“戴帽子”。检查是否有填挖过大、坡脚落空或挡土墙工程过大等情况。若有问题，应及时调整纵坡。对横坡陡峻地段的核对尤为重要。

（六）定坡

纵坡设计在经调整核对无误后即可定坡。所谓定坡，就是逐段把坡度线的坡度值、变坡点位置（桩号）和高程确定下来。变坡点一般要调整到 10 m 整桩位上，变坡点的高程则是根据坡度、坡长依次计算确定的。

设计纵坡时，还应注意以下几点：

（1）在回头曲线路段，路线纵坡有特殊规定，因此应先定出回头曲线部分的纵坡，然后再从两端接坡。同时应注意在回头曲线地段不宜设竖曲线。

（2）大、中桥上一般不宜设置竖曲线，桥头两端在不得已设置竖曲线时，其起、讫点应设在距桥头 10 m 以外，如图 2-13 所示。

（3）小桥涵允许设在斜坡路段或竖曲线上，但为了保证路线的平顺性，应尽量避免在小桥涵处出现急变的“驼峰式”纵坡，如图 2-14 所示。

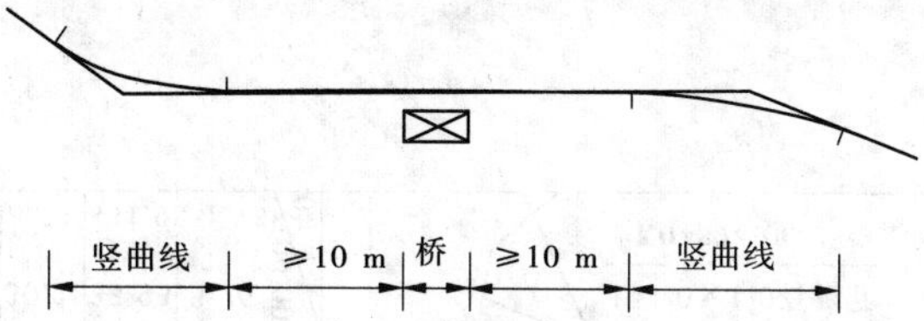

图 2-13 桥上纵坡设置要求

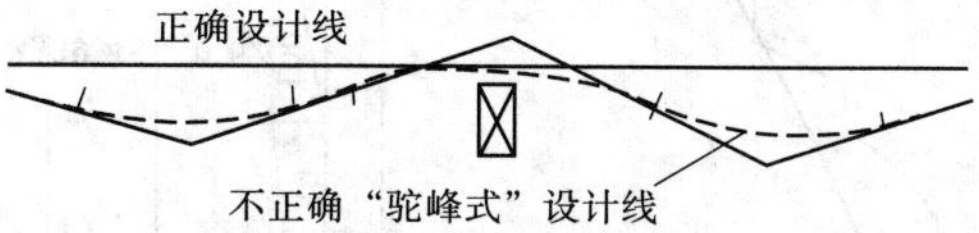

图 2-14 “驼峰式”纵坡

(4)纵坡设计应注意交叉口处的纵坡衔接。公路与公路平面交叉,一般宜设在水平坡段,水平坡度最小长度应不小于《公路工程技术标准》(JTG B01—2014)的规定,紧接水平坡段的纵坡应不大于3%,山区工程艰巨地段应不大于5%。

(七)竖曲线设计

坡度线确定后,可按竖曲线的设计方法在变坡点处确定竖曲线半径,计算曲线要素。

(八)高程计算

坡度线上的高程按下式计算:

$$\text{坡线高程}=\text{变坡点高程}\pm x\cdot i \tag{2-24}$$

竖曲线上的高程计算参考竖曲线设计方法。

三、纵断面设计成果

路线纵断面设计图是公路设计的重要文件之一,它反映路线所经范围的中心地面起伏情况与设计纵坡之间的关系。将纵断面线形与平面线形组合起来,就能反映出公路线形在空间的位置。纵断面图可以看成由两部分组成:图的上半部主要用来绘制地面线和纵坡设计线,下半部主要用来填写有关数据。

路线纵断面图采用直角坐标,以横坐标表示水平距离,纵坐标表示垂直高程。为了明显地表明地形起伏,通常纵坐标的比例尺比横坐标的大10倍。常用的比例尺有横坐标采用1:2 000或1:5 000,纵坐标采用1:200或1:500等。

按设计要求,路线纵断面图的上半部应示出高程、地面线、设计线、竖曲线及其要素,桥涵的位置、结构类型和孔径,水准点的编号、位置和高程,与公路或铁路交叉的桩号和路名,断链桩的位置、桩号和长、短链关系,以及跨越河流的洪水位,影响路基高度的沿线河流洪水位,地下水位等。纵断面图的下半部应标出地质土壤、坡度与坡长、设计标高、地面标高、里程桩号、直线及平曲线等栏目,如图2-15所示。

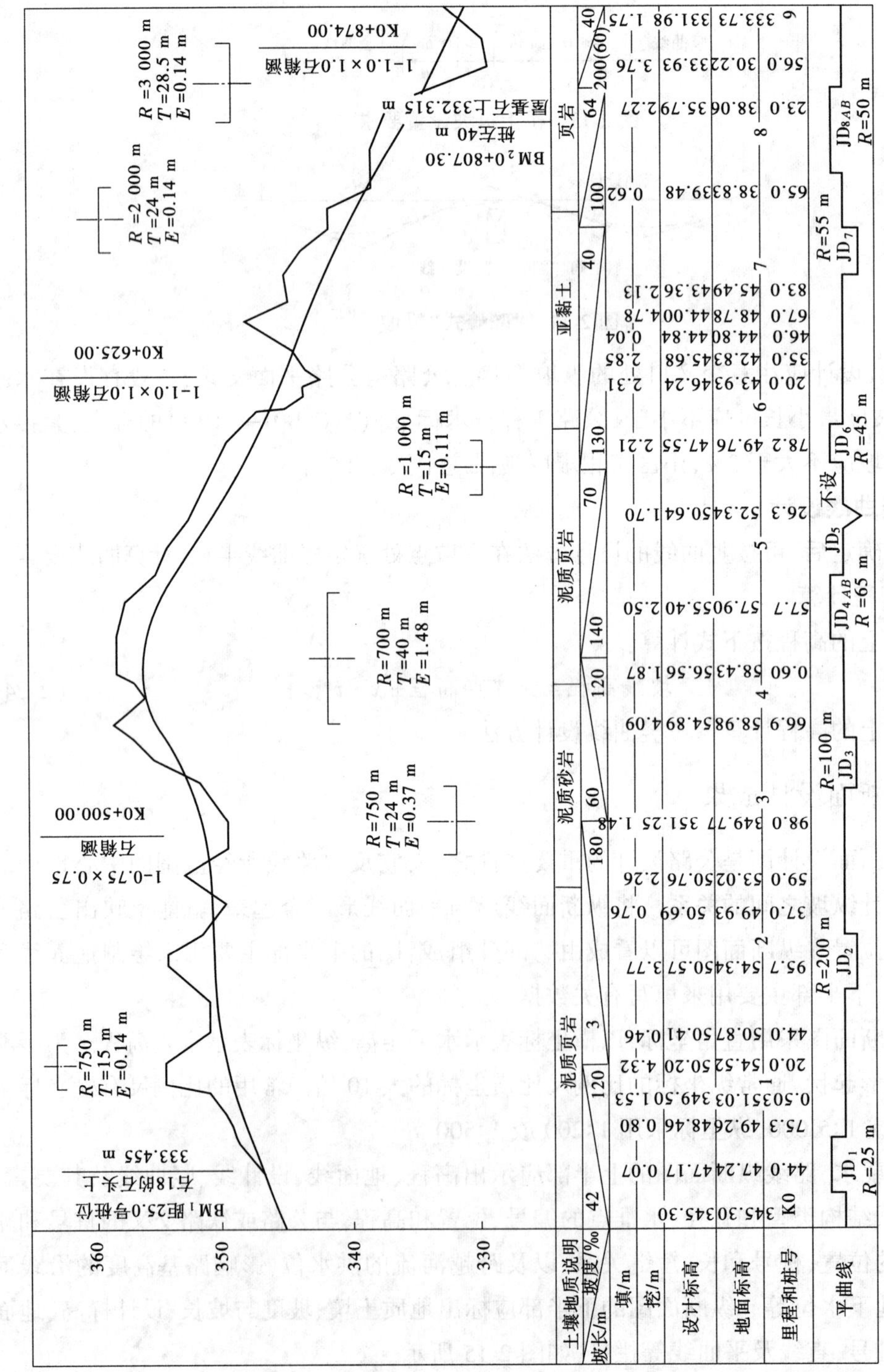

图 2-15　公路路线纵断面图

思政小课堂

什么是工匠精神?

一、敬业

敬业是从业者基于对职业的敬畏和热爱而产生的一种全身心投入的认认真真、尽职尽责的职业精神状态。中华民族历来有"敬业乐群""忠于职守"的传统,敬业是中国人的传统美德,也是当今社会主义核心价值观的基本要求之一。

早在春秋时期,孔子就主张人在一生中始终要"执事敬""事思敬""修己以敬"。"执事敬",是指行事要严肃认真不怠慢;"事思敬",是指临事要专心致志不懈怠;"修己以敬",是指加强自身修养保持恭敬谦逊的态度。

二、精益

精益就是精益求精,是从业者对每件产品、每道工序都凝心聚力、精益求精、追求极致的职业品质。所谓精益求精,是指已经做得很好了,还要求做得更好,"即使做一颗螺丝钉也要做到最好"。正如老子所说,"天下大事,必作于细"。能基业长青的企业,无不是精益求精才获得成功的。

三、专注

专注就是内心笃定而着眼于细节的耐心、执着、坚持的精神,这是一切"大国工匠"所必须具备的精神特质。从中外实践经验来看,工匠精神都意味着一种执着,即一种几十年如一日的坚持与韧性。

"术业有专攻",一旦选定行业,就一门心思扎根下去,心无旁骛,在一个细分产品上不断积累优势,在各自领域成为"领头羊"。在中国早就有"艺痴者技必良"的说法,如《庄子》中记载的游刃有余的"庖丁解牛"、《核舟记》中记载的奇巧人王叔远等。

四、创新

"工匠精神"还包括着追求突破、追求革新的创新内蕴。古往今来,热衷于创新和发明的工匠们一直是世界科技进步的重要推动力量。新中国成立初期,我国涌现出一大批优秀的工匠,如倪志福、郝建秀等,他们为社会主义建设事业做出了突出贡献。

改革开放以来,"汉字激光照排系统之父"王选,"中国第一、全球第二的充电电池制造商"王传福,从事高铁研制生产的铁路工人和从事特高压、智能电网研究运行的电力工人等都是"工匠精神"的优秀传承者,他们让中国创新重新影响了世界。

"工匠精神"是一种职业精神,它是职业道德、职业能力、职业品质的体现,是从业者的一种职业价值取向和行为表现。"工匠精神"的基本内涵包括敬业、精益、专注、创新等方面的内容。工匠们喜欢不断雕琢自己的产品,不断改善自己的工艺,享受着产品在双手中升华的过程。工匠们对细节有很高要求,追求完美和极致,对精品有着执着的坚持和追求,把品质从0提高到1,其利虽微,却长久造福于世。

工匠精神是社会文明进步的重要尺度,是中国制造前行的精神源泉,是企业竞争发展的品牌资本,是员工个人成长的道德指引。“工匠精神”就是追求卓越的创造精神、精益求精的品质精神、用户至上的服务精神。

2016年3月5日,时任国务院总理李克强作政府工作报告时说,鼓励企业开展个性化定制、柔性化生产,培育精益求精的工匠精神,增品种、提品质、创品牌。“工匠精神”出现在政府工作报告中,让人耳目一新,有媒体将其列入“十大新词”予以解读。

古语云:“玉不琢,不成器。”工匠精神不仅体现了对产品精心打造、精工制作的理念和追求,更是要不断吸收最前沿的技术,创造出新成果。

工匠精神落在个人层面,就是一种认真精神、敬业精神。其核心是:不仅仅把工作当作赚钱养家糊口的工具,而是树立起对职业敬畏、对工作执着、对产品负责的态度,极度注重细节,不断追求完美和极致,给客户无可挑剔的体验。

将一丝不苟、精益求精的工匠精神融入每一个环节,做出打动人心的一流产品。与工匠精神相对的,则是“差不多精神”——满足于90%,差不多就行了,而不追求100%。我国制造业存在大而不强、产品档次整体不高、自主创新能力较弱等现象,多少与工匠精神稀缺、“差不多精神”显现有关。

工匠精神落在企业家层面,可以认为是企业家精神。表现在以下几个方面:

第一,创新是企业家精神的内核。企业家通过从产品创新到技术创新、市场创新、组织形式创新等全面创新,从创新中寻找新的商业机会,在获得创新红利之后,继续投入、促进创新,形成良性循环。

第二,敬业是企业家精神的动力。有了敬业精神,企业家才会有将全身心投入到企业中的不竭动力,才能够把创新当作自己的使命,才能使产品、企业拥有竞争力。

第三,执着是企业家精神的底色。在经济处于低谷时,其他人也许选择退出,唯有企业家不会退出。改革开放40多年来,我国涌现出大批有胆有识、有工匠精神的企业家,但也有一些企业家缺乏企业家精神。企业家精神的下滑,才是经济发展的隐忧所在。

思考题

1. 什么是纵断面?纵断面图的基本要素是什么?
2. 如何确定路基设计标高?
3. 对坡度和坡长设计有何要求?
4. 如何定义合成坡度?
5. 如何计算竖曲线要素?
6. 竖曲线的最小半径如何确定?如何设计竖曲线?
7. 平、纵组合设计基本原则是什么?
8. 纵断面设计的步骤是什么?

项目三　横断面设计

知识目标

掌握横断面的基本组成、视距设计方法、超高加宽设计方法和横断面设计步骤，掌握土石方计算与调配方法。

能力目标

能够进行横断面设计，编制横断面设计文件。

思政目标

了解体现工匠精神的杰出人物事迹，培养工匠精神。

任务一　认识横断面

道路横断面是中线上各点的法向切面，其范围包括路面、路基（边坡）、路肩、中央分隔带、人行道以及在用地范围内设置的标志、照明灯柱、防护栅和专门设计的取土坑、弃土堆、边沟、植树等的整个断面。

道路横断面设计，应根据其交通性质、交通量（包括人流量）、行车速度，结合地形、气候、土壤等条件进行道路横断面结构组成的布置，以确定其横向几何尺寸，并进行必要的结构设计以保证它们的强度和稳定性。

码 3-1　横断面组成及认识

一、公路路基横断面的组成

公路路基顶面两路肩外侧边缘之间的部分称为路幅。等级高、交通量大的公路（如高速公路、一级公路），通常是将上、下行车辆分开。分隔的方式有两种：一种是用分隔带分隔，另一种是将上、下行车道放在不同的平面上加以分隔。前者称作整体式断面，后者称作分离式断面。

高速公路、一级公路的路基标准横断面分为整体式路基和分离式路基两类。整体式路基的标准横断面应由车道、中间带（中央分隔带、左侧路缘带）、路肩（右侧硬路肩、土路肩）等部分组成。分离式路基的标准横断面应由车道、路肩（右侧硬路肩、左侧硬路肩、土路肩）等部分组成。

双向十车道及以上车道数的高速公路宜采用内、外幅路基分离的复合式路基横断面形式。内幅宜以过境交通或小型车辆交通为主，外幅以通行区域交通或大型货运车辆为主，且内、外幅两侧均应设置路肩和隔离防护设施。二、三、四级公路应采用整体式路基断面形式。二级公路路基的标准横断面应由车道、路肩（右侧硬路肩、土路肩）等部分组成。三、四级公路路基的标准横断面应由车道、路肩等部分组成。

在穿越城镇路段，路基标准横断面应包括根据需要设置的侧分隔带、非机动车道和人行道等部分。

公路路基横断面形式应根据公路功能、交通量和地形等条件确定。

(1)车道：专为纵向排列、安全舒适的通行车辆为目的而设置的公路带状部分。

(2)路肩：位于行车道外缘至路基边缘，具有一定宽度的带状结构部分。

(3)边坡：为保证路基稳定，在路基两侧做成的具有一定坡度的坡面。

(4)边沟：为汇集和排除路面、路肩及边坡的流水，在路基两侧设置的纵向水沟。

(5)中间带：高速公路及一级公路用于分隔对向车辆的路幅组成部分，通常设于车道中间。

各级公路横断面组成如图 3-1 所示。图 3-2 为路基横断面的主要构成。

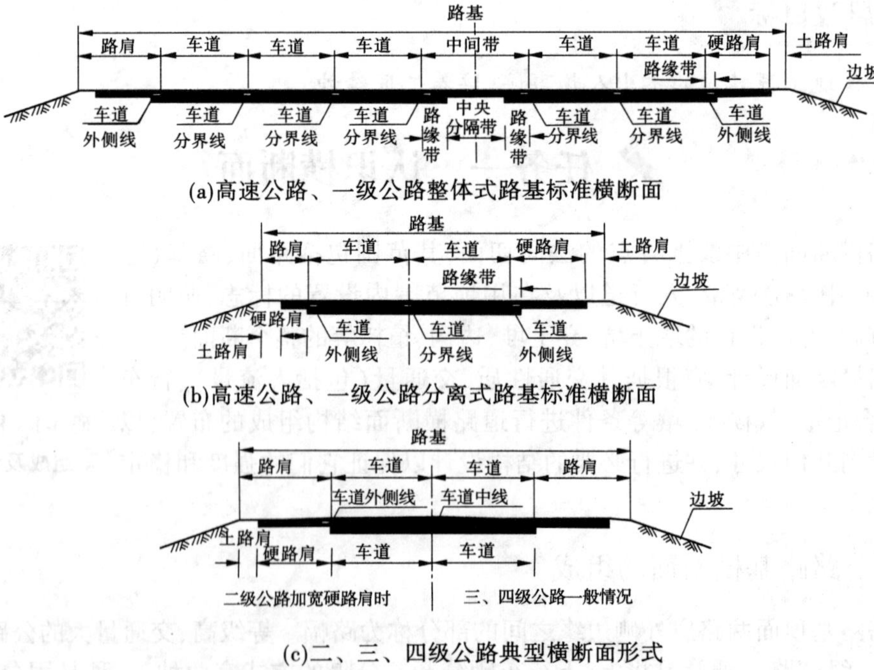

图 3-1 各级公路标准横断面

(6)护坡道：当路堤较高时，为保证边坡稳定，在取土坑与坡脚之间，沿原地面纵向保留的有一定宽度的平台。

(7)碎落台：在路堑边坡坡脚与边沟外侧边缘之间或边坡上，为防止碎落物落入边沟而设置的有一定宽度的纵向平台。

(8)截水沟:为拦截山坡上流向路基的水,在路堑坡顶以外设置的水沟。

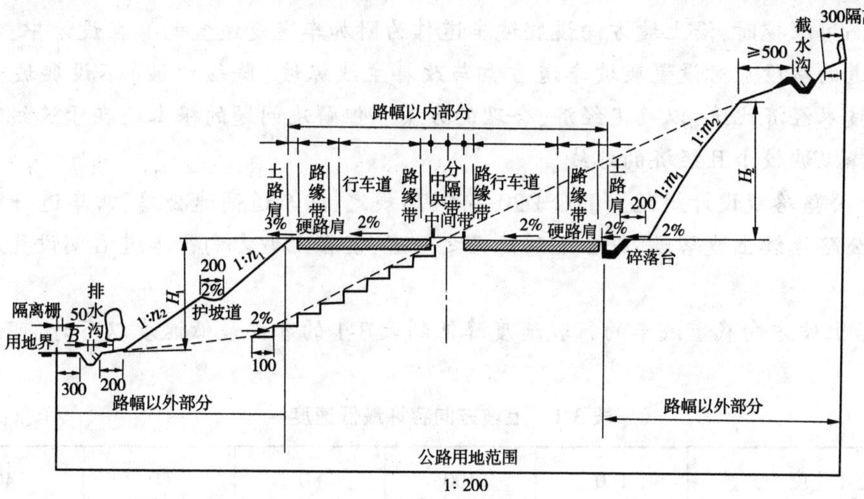

图 3-2　路基横断面的主要构成　(单位:mm)

(9)爬坡车道:设置在高速公路、一级公路、二级公路的连续上坡路段,供慢速上坡车辆行驶用的车道。

(10)加减速车道:在高速公路、一级公路的互通式立体交叉、服务区等与主线相衔接处设置的,供车辆驶入(离)高速车流之前(后)加速(减速)用的车道。

(11)错车道:在四级公路单车道道路上,当采用4.5 m的单车道路基时,在适当的可通视的一定距离内,供车辆交错避让用的一段加宽车道。

(12)紧急停车带:高速公路和作为干线的一级公路右侧硬路肩宽度小于2.50 m时,应设置紧急停车带,供车辆临时停靠。

紧急停车带宽度应为3.50 m,有效长度不应小于40 m,间距不宜大于500 m,前后设置100 m和150 m左右的过渡段。

(13)避险车道:在连续长陡下坡路段,为确保行车安全,在适当地点设置的供制动失效车辆驶离车道、强制减速、自救的专用车道。

避险车道应结合交通安全评价,论证是否需要设置以及设置的位置。设置位置应与主线保持适度的驶离角度,并应修建在主线车辆不能安全转弯的主线弯道之前以及坡底人口密集区之前。避险车道宽度不应小于4.5 m。

知识延伸

什么是爬坡车道?

为了在长陡路段上将大型车、慢速车从主线车流中分离出去,从而提高主线车辆的行驶自由程度,以增加该路段的通行能力而设置的附加车道,称为爬坡车道。

高速公路、一级公路纵坡大于4%的路段，当载重车混入率较大时，为了使小汽车尽量取得所要达到的车速，不影响通行能力，或为了不违反坡长限制规定，路线要做大的迂回或必须高填深挖时，沿上坡方向设爬坡车道作为附加车道是适宜的。在设计中，对需设置爬坡车道的路段应对设置爬坡车道方案与改善主线纵坡（降缓纵坡）不设爬坡车道的方案进行技术经济比选，以确定经济、合理的方案。但解决问题的根本还在于选线时综合研究以选择纵坡较小且经济的路线。

我国《公路路线设计规范》（JTG D20—2017）规定，四车道高速公路、四车道一级公路以及二级公路连续上坡路段，符合下列情况之一者，宜在上坡方向行车道右侧设置爬坡车道：

（1）沿上坡方向载重汽车的行驶速度降低到表3-1的容许最低速度以下时，可设置爬坡车道。

表3-1　上坡方向容许最低速度　　单位：km/h

设计速度	120	100	80	60	40
容许最低速度	60	55	50	40	25

（2）单一坡长超过最大坡长的规定，且上坡路段的设计通行能力小于设计小时交通量时，应设置爬坡车道。

（3）经设置爬坡车道与改善主线纵坡不设爬坡车道技术经济比较论证，设置爬坡车道的效益费用比、行车安全性较优时。

隧道、大桥、高架构造物及深挖方路段，当因设置爬坡车道使工程费用增加很大时，爬坡车道可以不设；对双向六车道以上的高速公路可不另设爬坡车道，将外侧车道作为爬坡车道使用。爬坡车道的曲线加宽与行车道曲线加宽相同。长而连续的爬坡车道，其右侧应按规定设置紧急停车带。

高速公路、一级公路以及二级公路在连续上坡路段设置爬坡车道时，其宽度不应小于3.50 m，且不大于4.0 m。高速公路、一级公路的爬坡车道应紧靠车道的外侧设置，可利用硬路肩宽度，爬坡车道的外侧应设置路缘带和土路肩。二级公路的爬坡车道应紧靠车道的外侧设置，可利用硬路肩宽度。当需保留原来供非汽车交通行驶的硬路肩时，该部分应移至爬坡车道的外侧。爬坡车道的横断面布置见图3-3。

爬坡车道的超高值规定见表3-2。超高坡度的旋转轴为爬坡车道内侧边缘线。爬坡车道的起点，应设于陡坡路段上载重汽车运行速度降低至表3-1中“容许最低速度”处。爬坡车道的终点，应设于载重汽车爬经陡坡路段后恢复至“容许最低速度”处，或陡坡路段后延伸的附加长度的端部。该陡坡路段后延伸的附加长度规定如表3-3所示。由于爬坡车道的速度比主线低，故超高横坡比主线可相应小一些。爬坡车道超高的旋转轴应为爬坡车道内侧边缘，其超高坡度应符合表3-2的规定。相邻两爬坡车道相距较近时，宜将两爬坡车道直接相连。爬坡车道起点和终点处应设置分流、汇流渐变段，其长度规定如表3-4所示。

（a）爬坡车道位置

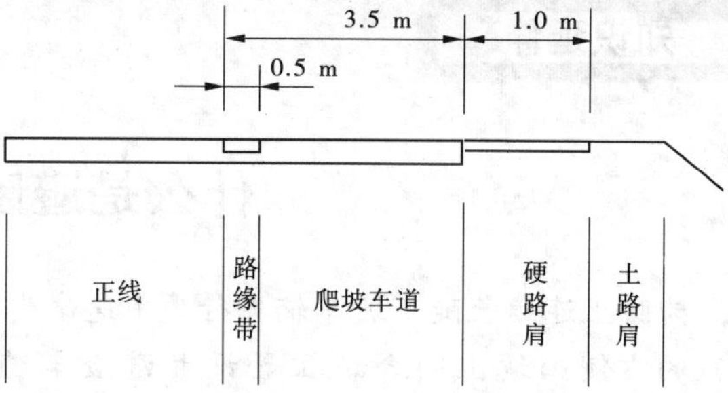

(b)爬坡车道横断面示意图

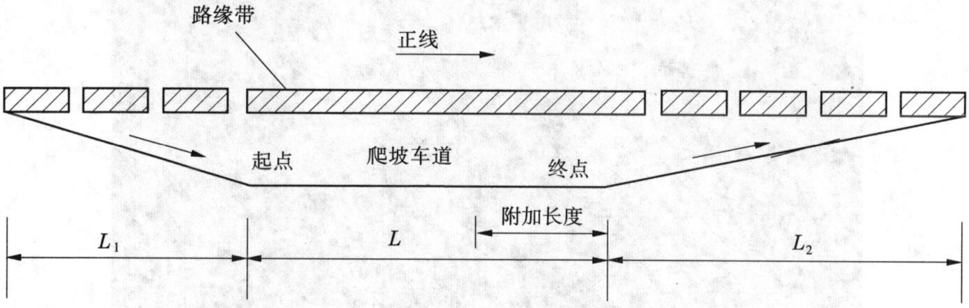

(c)爬坡车道平面布置

图 3-3 爬坡车道

表 3-2 爬坡车道的超高横坡度 %

主线的超高坡度	10	9	8	7	6	5	4	3	2
爬坡车道超高坡度	5		4					3	2

表 3-3 陡坡路段后延伸的附加长度

附加段的纵坡/%	下坡	平坡	上坡			
			0.5	1.0	1.5	2.0
附加长度/m	100	150	200	250	300	350

表 3-4 爬坡车道分流、汇流渐变段长度 单位:m

公路等级	分流渐变段长度	汇流渐变段长度
高速公路、一级公路	100	150~200
二级公路	50	90

知识延伸

什么是避险车道？

为防止连续长陡下坡车辆在行驶中速度失控而造成事故，应考虑在山岭区长陡下坡路段的右侧山坡上的合适位置设置避险车道。避险车道为大上坡断头路，其位置如图 3-4 所示。避险车道应布置在直线上，为使车辆高速进入，入口前应保证足够的视距。避险车道坡床上摊铺松散材料，并可采用沙袋或废轮胎堆砌成强制消能装置。

(a)避险车道位置

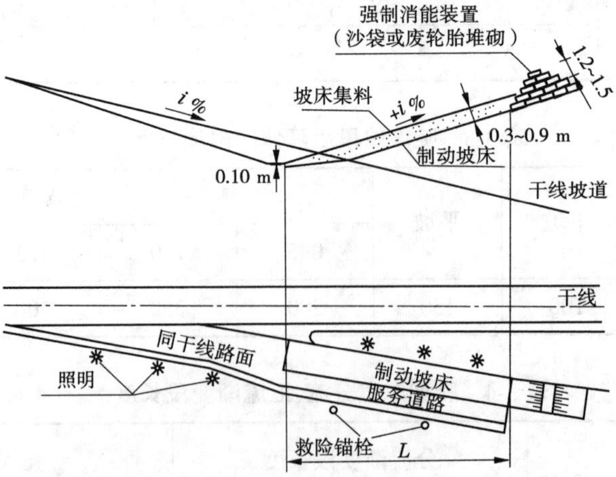

(b)避险车道布置方式

图 3-4　避险车道

知识延伸

什么是货车下坡专用车道?

当高速公路和一级公路的连续纵坡路段的平均纵坡坡度或坡长超过表3-5的规定时,可视为连续长陡纵坡。对连续长陡纵坡路段的通行能力应进行验算分析,进行交通安全性评价,并依据分析和评价结论,优化几何线形设计、完善交通工程和安全设施,提出路段速度控制和通行管理方案。(必要时,应在连续长陡纵坡的起点或中部位置设置货车强制停车区。强制停车区宜与服务区等合并设置。)

表3-5 连续长陡纵坡界定指标

平均坡度/%	2.5	3.0	3.5	4.0	4.5	5.0	5.5	6.0
连续坡长/km	20.0	14.8	9.3	6.8	5.4	4.4	3.8	3.3
相对高差/m	500	450	330	270	240	220	210	200

双向四车道和六车道高速公路、一级公路的连续长陡下坡路段,符合下列情况时,应在行车道外侧平行设置专供大型货车慢速下坡的专用车道:

(1)连续纵坡路段的坡度或坡长超过表3-5时。

(2)双向四车道且货车比例较高时(超过40%)。

(3)路段交通安全性评价认为需要设置时。

货车下坡专用车道的宽度、纵坡、超高等指标均等同于正常行车道。货车下坡专用车道的起点应设置在连续长陡下坡路段的起点位置,终点应设置在连续下坡终点位置之后。起点和终点处应设置分流、汇流渐变段,渐变段长度不应小于150 m。

二、车道

公路的最基本元素是车道。车道宽度直接影响道路的通行能力、行车速度、行车安全、工程造价等。车道宽度必须有能满足对向车辆错车、超车或并列行驶以及车辆与路肩之间所必需的余宽。

路面宽度主要取决于车道数和每一车道的宽度,而车道数则依远景年的设计小时交通量和一条车道的设计通行能力而定。即

$$车道数=\frac{远景年单向设计小时交通量}{每一车道的设计通行能力}\times 2 \tag{3-1}$$

《公路工程技术标准》(JTG B01—2014)规定的各级公路车道数如表3-6所示。高速和一级公路各路段车道数应根据设计交通量、设计通行能力确定,当车道数增加时应按双数、双侧两侧对称增加。

表 3-6 车道数

公路等级	高速公路、一级公路	二级公路	三级公路	四级公路
车道数	≥4	2	2	2 或 1

车道是指专为纵向排列、安全顺适地通行车辆为目的而设置的公路带状部分。所谓车道宽度，是为了保障车辆安全、顺适通行而研究确定的车道几何宽度(值)。

车道宽度是根据设计车辆的最大宽度，加上错车、超车所必需的余宽确定的。车道宽度应该满足设计车辆正常安全行驶的需要。对于双车道公路，车道宽度应满足错车、超车行驶所必需的余宽。对于四车道及以上公路，车道宽度应满足车辆并列行驶所需的宽度。

《公路工程技术标准》(JTG B01—2014)规定的不同设计速度下车道宽度列于表 3-7。

表 3-7 车道宽度

设计速度/(km/h)	120	100	80	60	40	30	20
车道宽度/m	3.75	3.75	3.75	3.50	3.50	3.25	3.00(单车道时为 3.50)

八车道及以上公路在内侧车道(内侧第 1、2 车道)，当设置左侧硬路肩时，内侧车道宽度可采用 3.50 m。以通行中小型客运车辆为主且设计速度为 80 km/h 及以上的公路，经论证车道宽度可采用 3.50 m。四级公路采用单车道时，车道宽度应采用 3.50 m。设置慢车道的二级公路，慢车道宽度应采用 3.50 m。需要设置非机动车道和人行道的公路，非机动车道和人行道的宽度宜视实际情况确定。

三、路肩

各级公路都要设置路肩。路肩的作用如下：

(1)由于路肩紧靠在路面的两侧设置，具有保护及支撑路面结构的作用。

(2)供发生故障的车辆临时停放之用，有利于防止交通事故和避免交通紊乱。

(3)作为侧向余宽的一部分，能增进驾驶的安全和舒适感，这对保证设计速度是必要的，尤其在挖方路段，还可以增加弯道视距，减少行车事故。

(4)提供道路养护作业、埋设地下管线的场地。对未设人行道的道路，可供行人及非机动车等使用。

(5)精心养护的路肩，能增加公路的美观。

根据上述路肩的功能，从构造上又可分为硬路肩、土路肩。硬路肩是指进行了铺装的路肩，它可以承受汽车荷载的作用力，在混合交通的公路上便于非机动车、行人通行。在填方路段，为使路肩能汇集路面积水，在路肩边缘应设置路缘石。土路肩是指不加铺装的土质路肩，它起保护路面和路基的作用，并提供侧向余宽。

各级公路的路肩宽度应符合表 3-8 的规定。

表 3-8　路肩宽度

<table>
<tr><td colspan="2">公路等级(功能)</td><td colspan="3">高速公路</td><td colspan="2">一级公路(干线功能)</td></tr>
<tr><td colspan="2">设计速度/(km/h)</td><td>120</td><td>100</td><td>80</td><td>100</td><td>80</td></tr>
<tr><td rowspan="2">右侧硬路肩宽度/m</td><td>一般值</td><td>3.00
(2.50)</td><td>3.00
(2.50)</td><td>3.00
(2.50)</td><td>3.00
(2.50)</td><td>3.00
(2.50)</td></tr>
<tr><td>最小值</td><td>1.50</td><td>1.50</td><td>1.50</td><td>1.50</td><td>1.50</td></tr>
<tr><td rowspan="2">土路肩宽度/m</td><td>一般值</td><td>0.75</td><td>0.75</td><td>0.75</td><td>0.75</td><td>0.75</td></tr>
<tr><td>最小值</td><td>0.75</td><td>0.75</td><td>0.75</td><td>0.75</td><td>0.75</td></tr>
<tr><td colspan="2">公路等级(功能)</td><td colspan="2">一级公路(集散功能)和
二级公路</td><td colspan="3">三级公路、四级公路</td></tr>
<tr><td colspan="2">设计速度/(km/h)</td><td>80</td><td>60</td><td>40</td><td>30</td><td>20</td></tr>
<tr><td rowspan="2">右侧硬路肩宽度/m</td><td>一般值</td><td>1.50</td><td>0.75</td><td rowspan="2">—</td><td rowspan="2">—</td><td rowspan="2">—</td></tr>
<tr><td>最小值</td><td>0.75</td><td>0.25</td></tr>
<tr><td rowspan="2">土路肩宽度/m</td><td>一般值</td><td>0.75</td><td>0.75</td><td rowspan="2">0.75</td><td rowspan="2">0.50</td><td rowspan="2">0.25(双车道)
0.50(单车道)</td></tr>
<tr><td>最小值</td><td>0.25</td><td>0.25</td></tr>
</table>

注:1. 正常情况下,应采用“一般值”;在设爬坡车道、变速车道及超车道路段,受地形、地物等条件限制路段及多车道公路特大桥,可论证采用“最小值”。

2. 高速公路和作为干线的一级公路以通行小客车为主时,右侧硬路肩宽度可采用括号内数值。

3. 高速公路局部设计速度采用 60 km/h 的路段,右侧硬路肩宽度不应小于 1.5 m。

高速公路、一级公路应在右侧硬路肩宽度内设右侧路缘带,其宽度为 0.50 m。二级公路的硬路肩可供非汽车交通使用。非汽车交通量较大的路段,亦可采用全铺的方式,以充分利用。二级公路、三级公路、四级公路在路肩上设置的标志、防护设施等不得侵入公路建筑界限,否则应加宽路肩。

高速公路、一级公路采用分离式断面时,应设置左侧硬路肩,其宽度不应小于表 3-9 的规定值。左侧硬路肩宽度包括左侧路缘带宽度。高速公路整体式路基双向八车道及以上的路段,宜设置左侧硬路肩,其宽度不应小于 2.50 m。左侧硬路肩宽度内含左侧路缘带宽度。

表 3-9　分离式断面高速公路和一级公路左侧路肩宽度

设计速度/(km/h)	120	100	80	60
左侧硬路肩宽度/m	1.25	1.00	0.75	0.75
左侧土路肩宽度/m	0.75	0.75	0.75	0.50

为便于排水,路肩也需要设置一定的横坡度。《公路路线设计规范》(JTG D20—2017)对路肩横坡的设置有如下规定:

直线路段的硬路肩应设置向外倾斜的横坡,其坡度值应与车道横坡值相同。路线纵坡平缓，且设置拦水带时，其横坡值宜采用3%～4%。

曲线路段内、外侧硬路肩横坡的横坡值及其方向：当曲线超高小于或等于5%时，其横坡值和方向应与相邻车道相同；当曲线超高大于5%时，其横坡值应不大于5%，且方向相同。

硬路肩的横坡应随邻近车道的横坡一同过渡，其过渡段的纵向渐变率应控制在小于1/150至1/330之间。

位于直线路段或曲线路段内侧，且车道或硬路肩的横坡值大于或等于3%时，土路肩的横坡应与车道或硬路肩横坡值相同；小于3%时，土路肩的横坡应比车道或硬路肩的横坡值大1%或2%。位于曲线路段外侧的土路肩横坡，应采用3%或4%的反向横坡值。

大中桥梁、隧道区段的硬路肩横坡值，应与车道相同。

四、中间带

中间带设在两个不同行驶方向车道之间，主要作用是分隔对向车流，防止对向车流互撞，减少事故，保证车速，并可作为设置沿线设施如交通标志、护栏、防眩网和绿化之用。

高速公路、一级公路整体式断面必须设置中间带，中间带由两条左侧路缘带及中央分隔带组成。左侧路缘带宽度不应小于表3-10的规定。中央分隔带由防护设施和两侧对应的余宽C组成。左侧路缘带和余宽C提供了安全行车所必需的侧向余宽，并能引导驾驶员的视线。侧向余宽是公路通行车辆在高速行车时，行车道两侧需要预留的一定的富裕宽度，即车道边线到障碍物之间的距离，如图3-5所示。

表3-10　左侧路缘带宽度

设计速度/(km/h)		120	100	80	60
左侧路缘带宽度/m	一般值	0.75	0.75	0.50	0.50
	最小值	0.50	0.50	0.50	0.50

注：1. “一般值”为正常情况下的采用值。

2. 当设计速度为120 km/h、100 km/h时，受地形、地物限制的路段或多车道公路内侧仅限小型车辆通行的路段，可论证采用“最小值”。

中央分隔带的宽度应从对向隔离、安全防护的主要功能出发，综合考虑中央分隔带护栏的防护形式和防护能力确定。高速公路和作为干线的一级公路，中央分隔带宽度应根据公路项目中央分隔带功能确定，应着重考虑护栏的防护功能需要，选择可有效防止车辆失控冲过中央分隔带的护栏形式及对应的中央分隔带宽度。作为集散的一级公路，中央分隔带宽度应根据中间隔离设施的宽度确定。这里的中间物理隔离措施是指可不具备安全防护功能、仅具有物理隔离功能的护栏等措施。

高速公路、一级公路的一般路基路段和中、小型桥梁构造物路段，通常应尽量避免因采用不同的中央分隔带宽度引起公路线形和车辆行驶轨迹的频繁变化。对于路基与整体式结构的桥梁路段，在采用不同的中央分隔带（宽度）前后，均应设置必要的过渡段，以保持行车轨迹的连续性。

互通式立体交叉、隧道、特大桥、服务区等构造物前后，以及整体式路基、分离式路基

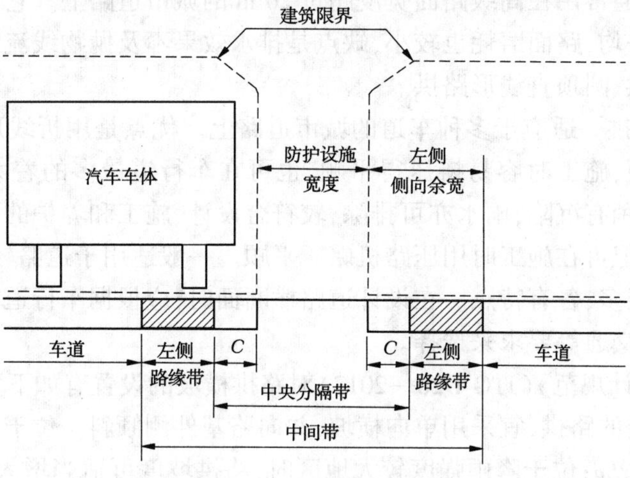

图 3-5　中间带示意图

的分离(汇合)处，应设置中央分隔带开口，其设置应符合下列规定：

(1)中央分隔带开口间距应视需要而定，最小间距应不小于 2 km。

(2)中央分隔带开口长度不宜大于 40 m；八车道及以上车道数的高速公路开口长度可适当增长，但不应大于 50 m。中央分隔带开口处应设置活动护栏。

(3)中央分隔带开口应设置在通视良好的路段，开口设于曲线路段时，该圆曲线的超高值不宜大于 3%。

(4)当中央分隔带宽度小于 3.0 m 时，其开口端部的形式可采用半圆形；当中央分隔带宽度大于或等于 3.0 m 时，宜采用弹头形。

《公路路线设计规范》(JTG D20—2017)对中央分隔带的设置还有如下规定：

(1)中央分隔带形式。中央分隔带宽度大于或等于 3.0 m 时宜用凹形；中央分隔带宽度小于 3.0 m 时可采用凸形；对于存在风沙和风雪影响的路段，宜采用齐平式。

(2)中央分隔带缘石。中央分隔带宽度大于或等于 3.0 m，或存在风沙和风雪影响的路段，宜采用平齐式；中央分隔带宽度小于 3.0 m 时，可采用平齐式或斜式。高速公路、一级公路中央分隔带不得采用栏式缘石。

(3)中央分隔带表面处理。中央分隔带宽度大于或等于 3.0 m 时宜植草皮；中央分隔带宽度小于 3.0 m 时可栽灌木或铺面封闭。

五、路拱

为了迅速排除路面上的雨水，路面表面做成中间高两边低的拱形，称为路拱。

路拱的基本形式有抛物线形、直线形和折线形三种。

(1)抛物线形路拱。抛物线形路拱比较圆顺，造型美观，没有路中尖峰，路面中间部分坡度较小，两旁坡度较大，有利于雨水的排除。但抛物线形路拱车行道中间部分横坡过于平缓，行车易集中，使中央部分路面易损坏，并且车行道上各部分横坡度不同，施工较难。为改进这些缺点，就有其他各种形式的抛物线形路拱。

(2)直线形路拱。这种形式的路拱两旁是倾斜直线，在车行道的中心线附近加设竖曲线或缓和曲线，通常用在高级路面宽度超过 20 m 的城市道路上。它的优点是汽车轮胎和路面接触较为平均，路面磨耗也较小，缺点是排水效果不及抛物线流畅。它的主要形式有倾斜直线形路拱、圆顶直线形路拱。

(3)折线形路拱。适应于多种车道的城市道路上。优点是用折线形的直线段比用圆顶形的直线段为短，施工时容易摊压得平顺，也可在车行道最多的着力点处选择为转折点，如行车后路面稍有沉陷，雨水亦可排除，较符合设计、施工和养护的要求。缺点是在转折处有尖峰凸出，但可在施工时用压路机碾压平顺。一般适用于道路较宽的黑色路面上。

路拱的形式很多，各有特点。在设计道路横断面时，应根据车行道宽度、横坡度、路面结构类型、排水和交通等要求来选择。

《公路路线设计规范》(JTG D20—2017)对路拱横坡的设置有如下要求：高速公路、一级公路整体式路基的路拱，宜采用单向横坡，并向路基外侧倾斜。位于中等强度降雨地区时，路拱坡度宜为 2%；位于降雨强度较大地区时，路拱坡度可适当增大。高速公路、一级公路分离式路基的路拱，宜采用单向横坡，并向路基外侧倾斜，也可采用双向路拱坡度。积雪、冰冻地区，宜采用双向路拱坡度。双向六车道及以上公路，当超高过渡段的路拱坡度过于平缓时，可设置两个路拱，必要时应通过路面排水分析，消除可能的路面积水问题。二级公路、三级公路、四级公路的路拱应采用双向路拱坡度，由路中央向两侧倾斜。路拱坡度应根据路面类型和当地自然条件确定，但不应小于 1.5%。

路拱横坡的确定，应以有利于路面排水顺畅和保证行车安全、平稳为原则。公路路拱横坡度如表 3-11 所示。

表 3-11　公路路拱横坡度

路面类型	路拱横坡度/%
水泥混凝土路面、沥青混凝土路面	1.0~2.0
其他黑色路面、整齐石块	1.5~2.5
半整齐石块、不整齐石块	2.0~3.0
碎石、砾石等粒料路面	2.5~3.5
低级路面	3.0~4.0

在具体选用时，应注意在干旱和有积雪、浮冰地区采用低值，多雨地区采用高值。当道路纵坡较大，或路面较宽，或行车速度较高，或交通量和车辆载重量较大，或常有拖挂车行驶时，应采用低值，反之则采用高值。

路肩的横向坡度一般应较路面横向坡度大 1%~2%。

六、路基宽度

公路路基横断面中各组成部分宽度应以满足行车安全要求为前提，根据设计交通量、项目路网功能、各部分所承担功能以及沿线地形等建设和通行条件综合确定。

公路路基宽度为车道宽度与路肩宽度等各组成部分宽度之和。当设有中间带、加(减)速车道、爬坡车道、紧急停车带、错车道等时，应包括这些部分的宽度。

任务二　加宽设计

一、平曲线加宽原因

通过对行车状态的观测与行车轨迹理论分析得知，汽车在弯道行驶时，需要比直线段上更大的行车道宽度。这是因为车辆在曲线上行驶时，每一个车轮都以不同的半径绕圆心运动，汽车前后轮的轨迹不重合，而汽车在直线段上行驶时，前后轮的行驶轨迹是一致的。因此，汽车在曲线上行驶所占路面宽度就比在直线上的大，其增宽值即图 3-6 中的 e_1。另外，由于曲线行车受横向力系数 μ 的影响，汽车会出现不同程度的摆动（摆动大小与实际行驶速度有关）。因此，为保证行车安全，曲线段的路面应做适当的加宽。

码 3-2　加宽设计

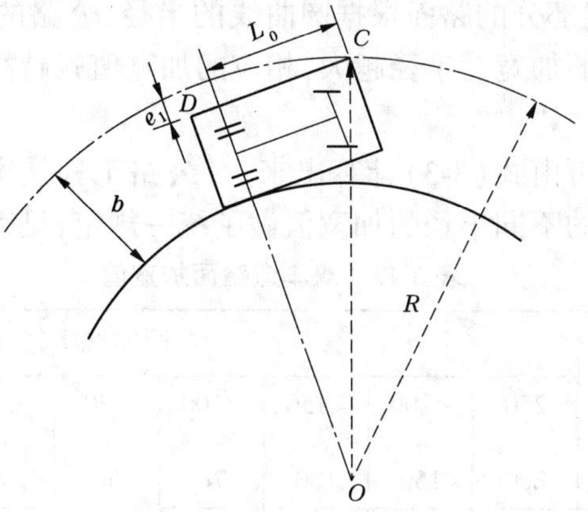

图 3-6　路面的加宽

二、加宽值的计算

当汽车进入圆曲线后，汽车前轮的转向角是保持不变的，因此汽车的行驶轨迹也是圆曲线，并且各部分的轨迹都与公路中心线平行（均为同心圆）。

在图 3-6 中，R 为平曲线半径，L_0 为汽车后轴至车身前边缘的长度（等于汽车轴距加前悬），B 为车辆宽度，b 为一辆车实际占路面宽度，e_1 为一个车道的加宽值。

由直角三角形 COD 得出下列关系：

$$L_0^2 + (R - e_1)^2 = R^2$$

展开得

$$e_1 = R - \sqrt{R^2 - L_0^2}$$

如果为双车道公路，则每个车道都应加宽，因而全部路面的加宽值 e 约为：

$$e = 2e_1 = 2(R - \sqrt{R^2 - L_0^2})$$

而

$$R^2 - L_0^2 = (R - e/2)^2 = R^2 - eR + e^2/4$$

$e^2/4$ 与 R 比很小，略去，得

$$e = L_0^{\ 2}/R \tag{3-2}$$

由式(3-2)可知,加宽值与平曲线半径、设计车辆的轴距有关,轴距越大,加宽值就越大。

加宽值还与车速有关,尚需考虑由于车速而产生的汽车摆动宽度值,根据国外经验,其值为$\frac{0.1V}{\sqrt{R}}$。因此,平曲线上双车道路面加宽值应按下式计算:

$$B_j = \frac{L_0^{\ 2}}{R} + \frac{0.1V}{\sqrt{R}} \tag{3-3}$$

式中 B_j——双车道路面加宽值,m;

L_0——汽车轴距加前悬,m;

V——设计速度, km/h;

R——圆曲线半径,m。

《公路工程技术标准》(JTG B01—2014)规定,二、三、四级公路的圆曲线半径等于或小于250 m时,公路曲线部分的路面根据圆曲线的半径、公路的功能、交通组成等情况应在曲线的内侧设置相应的加宽。半径越大,相应的加宽值就越小;同一半径的圆曲线段内加宽值保持不变。

路面加宽值的大小可由式(3-3)计算出来。《公路工程技术标准》(JTG B01—2014)对各种车辆组成情况下的不同半径的加宽值做了统一规定,见表3-12。

表3-12 双车道路面加宽值 单位:m

加宽类别	设计车辆	圆曲线半径								
		250~200	<200~150	<150~100	<100~70	<70~50	<50~30	<30~25	<25~20	<20~15
第一类	小客车	0.4	0.5	0.6	0.7	0.9	1.3	1.5	1.8	2.2
第二类	载重汽车	0.6	0.7	0.9	1.2	1.5	2.0	—	—	—
第三类	铰接列车	0.8	1.0	1.5	2.0	2.5	—	—	—	—

由两条车道构成的行车道,其路面加宽值规定见表3-12,单车道路面加宽值按表3-12所列的数值的一半。由三条以上车道构成的行车道,其路面加宽值应另行计算。

圆曲线加宽值应根据公路项目的功能、技术等级和实际交通组成确定。作为二级公路和设计速度为40 km/h的三级公路应当采用第三类加宽,作为集散的二级公路和三级公路,在考虑铰接车辆通行时应采用第三类加宽值。对不考虑铰接车辆通行的公路应采用第二类加宽。作为支线的三、四级公路可采用第一类加宽值。有特殊车辆通行的专用公路应根据特殊车辆验算确定其加宽值。

圆曲线上的路面加宽应设置在圆曲线的内侧,这是因为汽车在曲线上行驶时,后轮轨迹一般位于前轮轨迹内侧。另外,在曲线内侧加宽比在外侧加宽的路容美观些,而且内侧加宽工程量也较外侧小。若地形特殊有困难,也可两侧各加一半。同向双车道时,宜采用平均分配的方式加宽内、外两个车道。双车道公路当采取强制性措施实行分向行驶的路段，其圆曲线半径较小时，内侧车道的加宽值应大于外侧车道的加宽值，设计时应通过计算分别确定。

各级公路的路面加宽后，路基也应相应加宽。

三、加宽过渡段长度

路面在圆曲线段上设置加宽时，其宽度就比直线段上大，在直线与圆曲线连接处，路面宽度就出现突变，这既影响路容的美观，又给行车安全带来威胁。因此，为避免路面宽度从直线段上的正常宽度到圆曲线段的加宽断面的突变，在直线和圆曲线之间应设置一段路面宽度的渐变段，这一渐变段称为加宽过渡段。加宽过渡段设置在缓和曲线范围内，如无缓和曲线或超高过渡段的平曲线，应设置在与曲线相连的直线上，如图 3-7 所示。

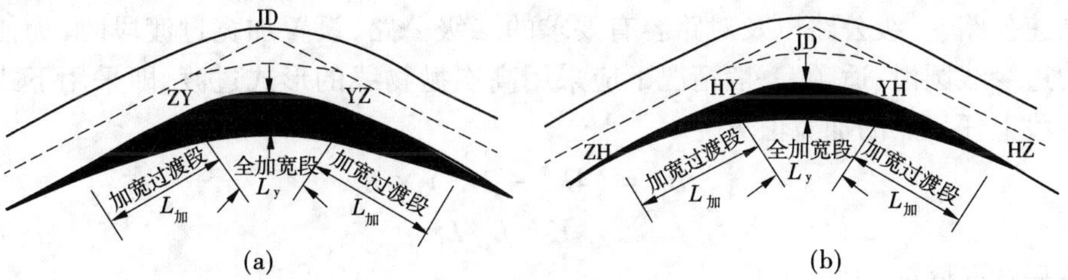

图 3-7 加宽过渡段的位置

为保证缓和效果，该过渡段长度不宜太短，应满足下列要求：

(1) 路线设置缓和曲线或超高过渡段时，加宽过渡段长度采用与缓和曲线或超高过渡段长度相同的值，即加宽缓和段应与缓和曲线或超高过渡段重合，以尽量减少公路几何形状的变更次数。

(2) 不设缓和曲线或超高过渡段时，加宽过渡段长度应按渐变率为 1∶15 且长度不小于 10 m 的要求设置，并布置在圆曲线之前的直线段上，即

$$L_j = 15B_j \quad 且 \quad L_j \geqslant 10\ \text{m} \tag{3-4}$$

式中 L_j——加宽过渡段长度，m；

B_j——路面加宽值，m。

四、加宽过渡段方式

(一) 按直线比例过渡

二、三、四级公路的加宽过渡段的设置，采用在相应的缓和曲线、超高或加宽过渡段全长范围内按其长度成比例增加的方法，即加宽过渡段上任一点的加宽值 B_{jx}，与该点到加宽过渡段起点的距离 L_x 同加宽过渡段全长 L_j 的比值成正比，如图 3-8 所示，即

$$B_{jx} = \frac{L_x}{L_j}B_j \tag{3-5}$$

式中 B_{jx}——加宽过渡段上任一点的加宽值，m；

B_j——圆曲线加宽值，m；

L_x——加宽过渡段上任一点到缓和段起点的距离，m；

L_j——加宽过渡段长度,m。

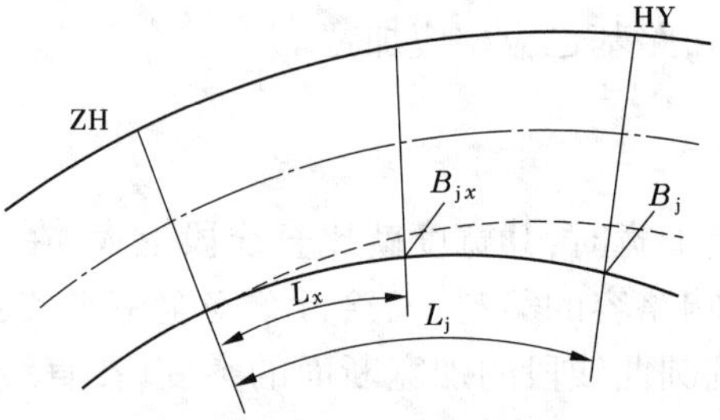

图 3-8　直线比例过渡

(二)高次抛物线过渡

高速公路、一级公路以及对路容有要求的二级公路,设置加宽过渡段时,为使路面加宽后的边缘线圆滑、适顺,一般情况下应采用高次抛物线的形式过渡,即采用下式计算加宽过渡段上任一点的加宽值 B_{jx}:

$$B_{jx} = (4K^3 - 3K^4) \times B_j \tag{3-6}$$

其中

$$K = L_x / L_j$$

其他符号意义同前。

(三)回旋线过渡

位于大城市近郊的路段、桥梁、高架桥、挡土墙、隧道等构造物处,设置各种安全防护设施的路段,以及城市交叉口拓宽车道,可插入回旋线进行过渡。

任务三　超高设计

一、超高及其作用

在弯道上,当汽车在双向横坡的车道外侧行驶时,车重的水平分力将增大横向侧滑力。所以,当采用的圆曲线半径小于不设超高的最小半径时,为抵消车辆在曲线路段上行驶时所产生的离心力,将曲线段的外侧路面横坡做成与内侧路面同坡度的单坡横断面,这样的设置称为超高。其作用是为了使汽车在平曲线上行驶时能获得一个指向内侧的横向分力,用以克服离心力,以减小横向分力,从而保证汽车行驶的稳定性及乘客的舒适性。超高的形成如图 3-9 所示。

码 3-3　超高设计

《公路路线设计规范》(JTG D20—2017)规定,圆曲线半径小于不设超高最小半径时,应在曲线上设置超高。

二、超高横坡度的确定

超高横坡的计算公式为:

$$i_c = \frac{V^2}{127R} - \mu \tag{3-7}$$

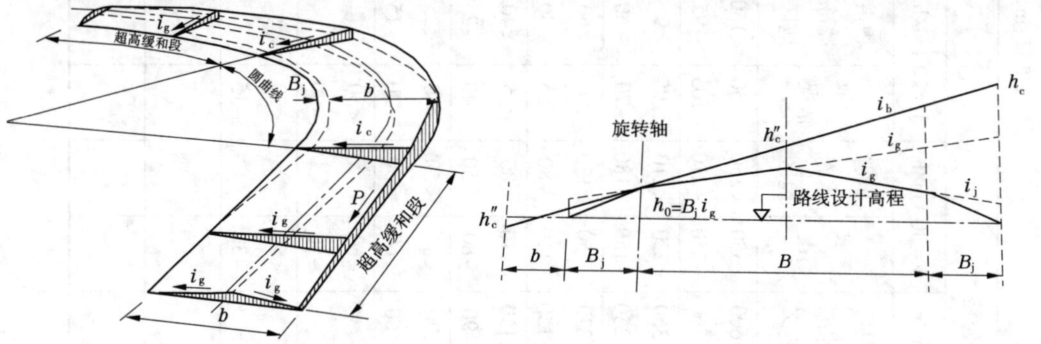

图 3-9　超高的形成

式中　V——设计速度，km/h；

R——圆曲线半径，m；

μ——横向力系数，当为极限最小半径时，μ 取 0.15，当为不设超高的最小半径时，μ 取 0.035。

超高横坡度应按设计速度、半径大小，结合路面种类、自然条件和车辆组成等情况综合确定。一般来说，平曲线半径小，超高坡度就应大一些；反之，超高坡度就可小些。而当平曲线半径大于或等于不设超高最小半径时就可以不设超高。在路面有积雪或结冰情况的地区，超高坡度应比一般地区的小一些，以防止出现汽车向内侧滑动的危险。

各级公路圆曲线部分最大可采用的超高横坡是有所限制的。这是因为当超高横坡度太大时，会导致车辆沿超高横坡向内侧下滑的危险，特别是当路面上有积雪或结冰时，低速行车或停车时就更为危险。因此，各级公路的最大超高横坡度应符合表 3-13 的规定。

表 3-13　各级公路圆曲线最大超高横坡度　　%

公路等级	高速公路、一级公路	二、三、四级公路
一般地区	8 或 10	8
积雪冰冻地区	6	
城镇区域	4	

注：对于通行中小型客车为主的高速公路和一级公路，最大超高横坡度可采用 10%。

当超高横坡度的计算值小于路拱横坡度时，应设置等于路拱坡度的超高横坡。

各级公路位于曲线上的行车道、中间带和路肩，以及爬坡车道、加减速车道等的超高横坡度，均应根据设计速度、圆曲线半径的大小、路面类型、自然条件和车型组成情况确定，必要时应按运行速度予以验算。超高横坡度按表 3-14 的规定选取，也可按式(3-7)计算得出。

三、超高过渡段

从直线段上的路拱双坡断面过渡到圆曲线上具有全超高横坡的单坡断面，要有一个逐渐变化的区段，这一变化段称为超高过渡段。

(一) 超高过渡段的过渡形式

超高的过渡方式，应根据地形状况、车道数、中间带宽度、超高度、便于排水、路容美观等因素决定。

表 3-14　圆曲线半径与超高横坡度

单位：m

超高横坡度/(°)	高速公路、一级公路								二、三、四级公路									
	V=120 km/h		V=100 km/h		V=80 km/h		V=60 km/h		V=80 km/h		V=60 km/h		V=40 km/h		V=30 km/h		V=20 km/h	
	一般情况	积雪冰冻地区	一般情况	积雪冰冻地区	一般情况	积雪冰冻地区	一般情况	积雪冰冻地区	一般情况	积雪冰冻地区	一般情况	积雪冰冻地区	一般情况	积雪冰冻地区	一般情况	积雪冰冻地区	一般情况	积雪冰冻地区
2	<5 500~3 240	<5 500~1 940	<4 000~1 710	<4 000~1 550	<2 500~1 240	<2 500~1 130	<1 500~810	<1 500~720	<2 500~1 210	<2 500~1 130	<1 500~780	<1 500~720	<600~390	<600~360	<350~230	<350~210	<150~105	<150~95
3	<3 240~2 160	<1 940~1 290	<1 710~1 220	<1 550~1 050	<1 240~830	<1 130~750	<810~570	<720~460	<1 210~840	<1 130~750	<780~530	<720~460	<390~270	<360~230	<230~150	<210~130	<105~70	<95~60
4	<2 160~1 620	<1 290~970	<1 220~950	<1 050~760	<830~620	<750~520	<570~430	<460~300	<840~630	<750~520	<530~390	<460~300	<270~200	<230~150	<150~110	<130~80	<70~55	<60~40
5	<1 620~1 300	<970~780	<950~770	<760~550	<620~500	<520~360	<430~340	<300~190	<630~500	<520~360	<390~300	<300~190	<200~150	<150~90	<110~80	<80~50	<55~40	<40~25
6	<1 300~1 080	<780~650	<770~650	<550~400	<500~410	<360~250	<340~280	<190~125	<500~410	<360~250	<300~230	<190~125	<150~120	<90~60	<80~60	<50~30	<40~30	<25~15
7	<1 080~930		<650~560		<410~350		<280~230		<410~320		<230~170		<120~90		<60~50		<30~20	
8	<930~810		<560~500		<350~310		<230~200		<320~250		<170~125		<90~60		<50~30		<20~15	
9	<810~720		<500~440		<310~280		<200~160											
10	<720~650		<440~400		<280~250		<160~125											

1. 无中间带道路的过渡

无中间带的道路行车道,无论是双车道还是单车道,在直线路段的横断面均为以中线为脊向两侧倾斜的路拱。路面要由双向倾斜的路拱形式过渡到具有超高的单向倾斜的超高形式,可分别采用以下三种过渡方式(见图 3-10):

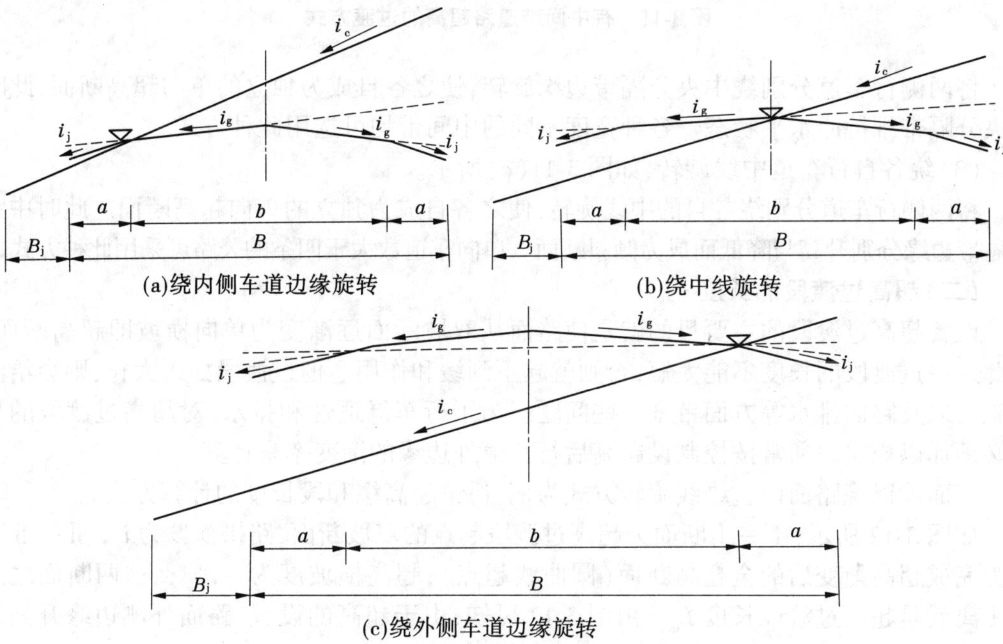

图 3-10　无中间带道路超高的过渡方式

(1)绕内侧车道边缘旋转。在缓和段起点之前将路肩的横坡逐渐变为路拱横坡,再以路中线为旋转轴,逐渐抬高外侧路面与路肩,使之达到与路拱坡度一致的单向横坡后,整个断面再绕未加宽前的内侧车道边缘旋转,直至达到超高横坡度。一般新建公路多采用此种方式。

(2)绕中线旋转。在超高缓和段之前,先将路肩横坡逐渐变为路拱横坡,再以路中线为旋转轴,使外侧车道和内侧车道变为单向的横坡度后,整个断面一同绕中线旋转,使单坡横断面达到超高横坡度为止。一般改建公路常采用此种方式。

(3)绕外侧车道边缘旋转。先将外侧车道绕外边缘旋转,与此同时,内侧车道随中线的降低而相应降坡,待达到单向横坡后,整个断面仍绕外侧车道边缘旋转,直至达到超高横坡。此种方法仅在特殊设计时采用(如强调路容美观、路基外缘标高因受条件限制不能抬高等)。

当超高横坡度等于路拱坡度时,将外侧车道绕路中线旋转,直至超高横坡值。

2. 有中间带道路的过渡

(1)绕中间带的中心线旋转,如图 3-11(a)所示。

先将外侧行车道绕中间带的中心旋转,待达到与内侧行车道构成单向横坡后,整个断面一同绕中心线旋转,直至超高横坡值。此时,中央分隔带呈倾斜状。中间带宽度小于或等于 4.5 m 的公路可选用此方式。

(2)绕中央分隔带边缘旋转,如图 3-11(b)所示。

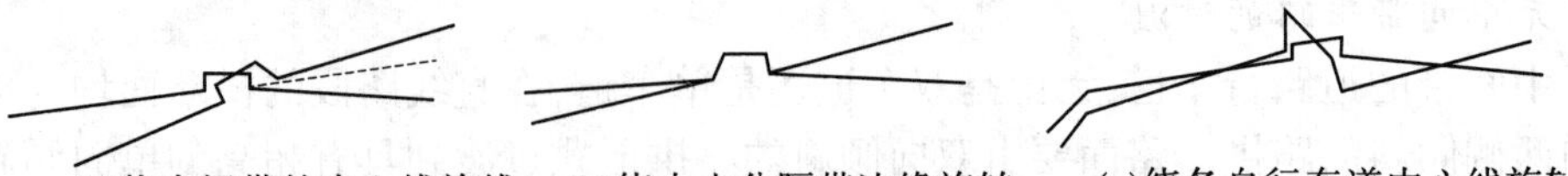

(a)绕中间带的中心线旋线　(b)绕中央分隔带边缘旋转　(c)绕各自行车道中心线旋转

图 3-11　有中间带道路超高的过渡方式

将两侧行车道分别绕中央分隔带边缘旋转，使之各自成为独立的单向超高断面，此时中央分隔带维持原水平状态。各种宽度不同的中间带均可选用此种方式。

(3)绕各自行车道中线旋转，如图 3-11(c)所示。

将两侧行车道分别绕各自的中线旋转，使之各自成为独立的单向超高断面。此时中央分隔带边缘分别升高与降低而成为倾斜断面。单向车道数大于四条的公路可采用此种方式。

(二)超高过渡段的长度

设置超高过渡段的主要目的就是使路面从双坡断面逐渐变为单向横坡即超高断面，因此这一过渡段的长度不能太短，否则就起不到缓和作用。但过渡段如果太长，则会给测设施工以及路面排水等方面带来一些问题。为了行车舒适性和排水，对超高过渡段的长度必须加以规定。通常按控制设超高后行车道外边缘的渐变率来计算。

下面就以绕路面内边缘线旋转方式为例，讨论超高缓和段长度的计算方法。

如图 3-12 所示，Ⅰ—Ⅰ断面为超高过渡段起点的双坡断面，路拱横坡为 i_g，Ⅱ—Ⅱ断面为完成超高渐变后的全超高断面(圆曲线超点)，超高横坡度为 i_c，那么这两断面之间的距离就是超高过渡段长度 L_c。由图 3-12 可知，由于超高的设置，路面外侧边缘升高了一个 Δh 值，有：

$$\Delta h = b \cdot i_c$$

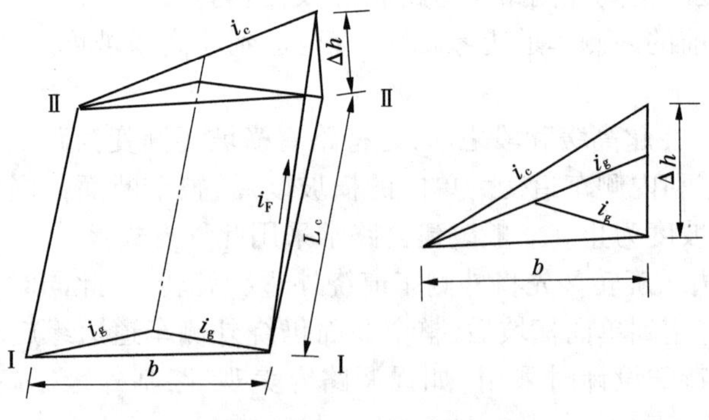

图 3-12　绕路面内边缘旋转的超高

路面外边缘较内边缘线的纵坡也增加了一个附加纵坡 i_F，有：

$$i_F = \frac{\Delta h}{L_c}$$

这样，超高过渡段长度 L_c 为：

$$L_c = \frac{\Delta h}{i_F} = \frac{b \cdot i_c}{i_F} \tag{3-8}$$

式(3-8)即为计算绕路面内边缘线旋转方式的超高过渡段长度计算公式。为保证行车平稳、舒适,通常该附加纵坡 i_F 值不能太大,一般不超过某一规定值,这一规定值称为超高渐变率,用 P 表示,超高渐变率的取值见表 3-15,则超高过渡段长度按下式计算:

$$L_c = \frac{B \cdot i_c}{P} \tag{3-9}$$

表 3-15　超高渐变率

设计速度/(km/h)	超高旋转轴位置		设计速度/(km/h)	超高旋转轴位置	
	中轴	边轴		中轴	边轴
120	1/250	1/200	40	1/150	1/100
100	1/225	1/175	30	1/125	1/75
80	1/200	1/150	20	1/100	1/50
60	1/175	1/125			

同理,当绕路面中线旋转时,如图 3-13 所示,有:

$$\Delta h = \frac{b}{2}(i_c + i_g) \tag{3-10}$$

$$L_c = \frac{b(i_c + i_g)}{2i_F} \tag{3-11}$$

同样,将附加纵坡 i_F 用超高渐变率 P 代替,有:

$$L_c = \frac{b(i_c + i_g)}{2P} \tag{3-12}$$

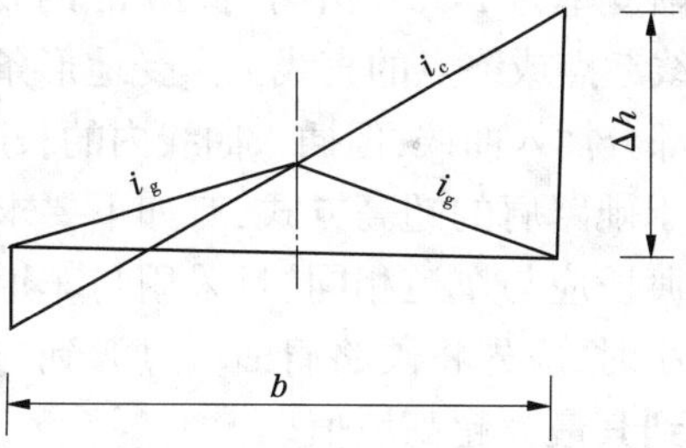

图 3-13　绕路面中线旋转的超高

为简化计算公式,把式(3-11)、或(3-12)合并为一个公式,作为双车道公路的超高过渡段长度计算公式:

$$L_c = \frac{B \cdot \Delta i}{P} \tag{3-13}$$

式中　L_c ——超高过渡段长度,m;

B ——旋转轴至行车道(设路缘带时为路缘带)外侧边缘的宽度,m,如按绕内边缘线旋转时, $B = b$ (行车道宽),按绕路面中线旋转时, $B = b/2$;

Δi ——超高横坡与路拱坡度的代数差(%),如按绕内边缘线旋转时, $\Delta i = i_c$,按绕路面中线旋转时, $\Delta i = i_c + i_g$;

P ——超高渐变率,即旋转轴线与行车道(设路缘带时为路缘带)外侧边缘线之间相对升降的比率,其值规定如表 3-15 所示。

在设置超高过渡段时,应注意以下几点:

(1)超高过渡段长度一般应采用 5 的倍数,并不小于 10 m。

(2)当线形设计须采用较长的回旋曲线时,横坡度由2%(或1.5%)过渡到0%路段的超高渐变率不得小于1/330。

(3)超高的过渡应在回旋线全长范围内进行。但当超高渐变率过小时,为保证排水,超高过渡段可设在缓和曲线的某一区段范围内,其超高渐变率不得小于1/330,全超高断面宜设在缓圆点或圆缓点处。

(4)六车道及其以上的公路宜增设路拱线。

(5)对于多车道公路的超高过渡段长度,视车道数将按式(3-8)计算之值乘以下列系数:行车道边缘到旋转轴距离为二车道时,乘以1.5;行车道边缘到旋转轴距离为三车道时,乘以2.0。

(6)对线形设计要求较高的公路,应在超高过渡段的起点和终点插入一段二次抛物线,使之连接圆滑、舒顺。高速公路、一级公路的纵坡较大处,其上、下行车道可采用不同的超高值。

对于四级公路的超高和加宽过渡段,有如下要求:四级公路可不设缓和曲线而用超高、加宽过渡段代替。当直线同半径小于不设超高最小半径和规定应设置加宽的圆曲线衔接时,应设置超高、加宽过渡段。四级公路超高的过渡应在超高过渡段的全长范围内进行。四级公路的超高、加宽过渡段长度应分别按超高和加宽的有关规定计算,取其较长者,但最短应符合渐变率为1:15且不小于10 m的要求。四级公路的超高、加宽过渡段一般应设在紧接圆曲线起点或终点的直线上。受地形条件或其他特殊情况限制时,允许将超高、加宽过渡段的一部分插入曲线,但插入曲线内的长度不得超过超高、加宽过渡段长度的一半。

对于硬路肩的超高方式,有如下要求:①硬路肩超高值与相邻车道超高值相同时,其超高过渡段应与车道相同,且采用与车道相同的超高渐变率;②硬路肩超高值比相邻车道超高值小时,应先将硬路肩横坡过渡到与车道路拱坡度相同,再与车道一起过渡,直至硬路肩达到其最大超高坡值。

四、超高值计算

在公路工程施工中,路面的超高横坡及正常路拱横坡不便于用坡度值来控制,而是用路中线及路基、路面边缘相对于路基设计高程的相对高差控制的。因此,在设计中为便于施工,应计算出路线上任意位置的路基设计高程与路肩及路中线的高差。所谓超高值,就是指设置超高后路中线、路面边缘及路肩边缘对路基设计高程的高差。

超高值的计算如表3-16、表3-17所列公式,超高过渡如图3-14、图3-15所示。表3-16、表3-17中(长度单位均为m):

b——路面宽度;

a——路肩宽度;

i_g——路拱坡度;

i_j——路肩坡度;

i_c——超高横坡度;

i_x——x距离处的路基超高值;

l_c——超高过渡段长度(或缓和曲线长度);

l_0——路基坡度由i_j变为i_g所需的距离,一般可取1.0 m;

x_0——与路拱同坡度的单向超高点至超高过渡段起点的距离；

x——超高过渡段中任一点至起点的距离；

h_c——路肩外缘最大抬高值；

h'_c——路中线最大抬高值；

h''_c——路基内缘最大降低值；

h_{cx}——x 距离处路基外缘抬高值；

h'_{cx}——x 距离处路中线抬高值；

h''_{cx}——x 距离处路基内缘降低值；

B_j——路基加宽值；

B_{jx}——x 距离处路基加宽值。

表 3-16　绕边线旋转超高值计算公式

超高位置		计算公式		说明
		$x \leqslant x_0$	$x > x_0$	
圆曲线上	外缘 h_c	$ai_j + (a+b)i_c$		1. 计算结果均为与设计高之高差。
	中线 h'_c	$ai_j + \frac{b}{2}i_c$		2. 临界断面距缓和段起点：$x_0 = \frac{i_g}{i_c}L_c$
	内缘 h''_c	$ai_j - (a+B_j)i_c$		
过渡段上	外缘 h_{cx}	$(2a+b)i_g\frac{x}{x_0} + a(i_j - i_g)$	$ai_j + (a+b)\frac{x}{L_c}i_c$	3. x 距离处的加宽值：$B_{jx} = \frac{x}{L_c}B_j$
	中线 h'_{cx}	$ai_j + \frac{b}{2}i_g$	$ai_j + \frac{b}{2}\frac{x}{L_c}i_c$	4. x 距离处的超高值：$i_x = \frac{x}{L_c}i_c$
	内缘 h''_{cx}	$ai_j - (a+B_{jx})i_g$	$ai_j - (a+B_{jx})\frac{x}{L_c}i_c$	

表 3-17　绕中线旋转超高值计算公式

超高位置		计算公式		说明
		$x \leqslant x_0$	$x > x_0$	
圆曲线上	外缘 h_c	$a(i_j - i_g) + (a+\frac{b}{2})(i_c + i_g)$		1. 计算结果均为与设计高之高差。
	中线 h'_c	$ai_j + \frac{b}{2}i_g$		
	内缘 h''_c	$ai_j + \frac{b}{2}i_g - (a+\frac{b}{2}+B_j)i_c$		2. 临界断面距缓和段起点：$x_0 = \frac{2i_g}{i_g+i_c}L_c$
过渡段上	外缘 h_{cx}	$(2a+b)i_g\frac{x}{x_0} + a(i_j - i_g)$	$(ai_j + \frac{b}{2}i_g) + (a+\frac{b}{2})i_x$	3. x 距离处的加宽值：$B_{jx} = \frac{x}{L_c}B_j$
	中线 h'_{cx}	$ai_j + \frac{b}{2}i_g$		
	内缘 h''_{cx}	$ai_j - (a+B_{jx})i_g$	$ai_j + \frac{b}{2}i_g - (a+\frac{b}{2}+B_{jx})i_x$	4. x 距离处的超高值：$i_x = \frac{x}{L_c}i_c$

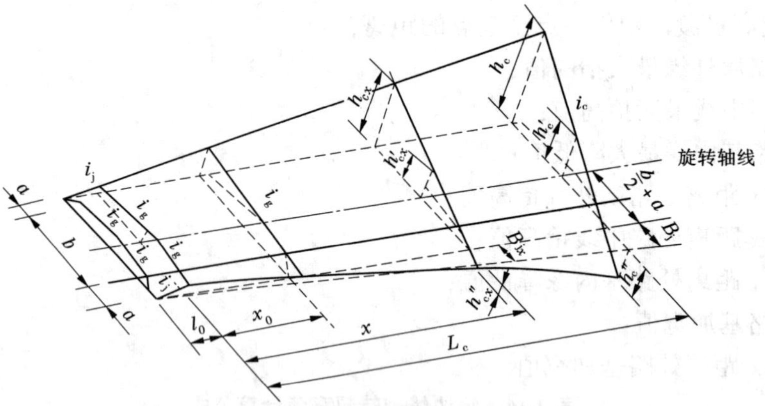

图 3-14　超高过渡(绕内边轴旋转)

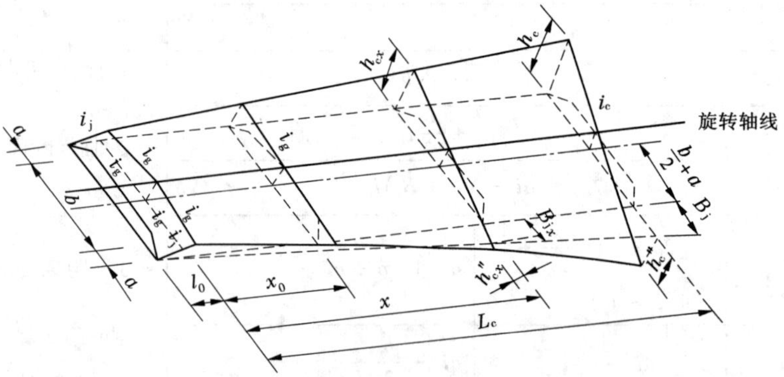

图 3-15　超高过渡(绕中轴旋转)

习题分析

如何计算超高值？

【例 1】　某平原区三级公路，计算行车速度为 40 km/h，路基宽 7.0 m，路面宽 6.0 m，路面横坡度为 3%，路肩横坡度为 4%，通行车型为小客车和载重汽车。有一半径为 125 m 的弯道，试计算该弯道圆曲线段，超高过渡段起点以及距离起点 15 m 和 30 m 的位置的超高值(按一般地区考虑，旋转方式为绕路面内边缘线)。

解：

(1) 确定超高过渡段长度 L_c。

根据公路等级、自然条件及圆曲线半径，查表 3-14 得到可采用的超高横坡度 $i_c=6\%$。

由表 3-15 查得三级公路的绕路面边缘旋转方式的超高渐变率 $P=1/100$，则由式(3-8)可得：

$$L_c=\frac{b\cdot i_c}{p}=\frac{6\times 6\%}{1/100}=36(\mathrm{m})$$

(2)确定路面加宽值及加宽缓和段长度。

根据公路等级及圆曲线半径查表3-12,路面加宽值$B_j=1.0$ m,加宽缓和段长度采用超高缓和段的长度,加宽过渡方式按直线比例增加方式。

(3)计算超高值。

①计算圆曲线段内的超高值。

因为路面宽$b=6.0$ m,路基宽$B=7.0$ m,因此路肩宽度为$a=0.5$ m,有:

$$h_c=ai_j+(b+a)i_c=0.5\times 0.04+(6+0.5)\times 0.06=0.41(\mathrm{m})$$

$$h'_c=ai_j+\frac{b}{2}i_c=0.5\times 0.04+\frac{6}{2}\times 0.06=0.2(\mathrm{m})$$

$$h''_c=ai_j-(a+B_j)i_c=0.5\times 0.04-(0.5+1.0)\times 0.06=-0.07(\mathrm{m})$$

②计算超高缓和段起点的超高值。

$$h'_c=ai_j+\frac{b}{2}i_g=0.5\times 0.04+\frac{6}{2}\times 0.03=0.11(\mathrm{m})$$

$$h_c=h''_c=a(i_j-i_g)=0.5\times(0.04-0.03)=0.01(\mathrm{m})$$

③计算距离缓和曲线起点15 m处的超高值。

首先应判断该处是处在双坡阶段还是旋转阶段,为此应计算双坡阶段长度。有:

$$x_0=\frac{i_g}{i_c}\cdot L_c=\frac{0.03}{0.06}\times 36=18(\mathrm{m})$$

因为该点距离起点距离为15 m,小于18 m,所以该点是在双坡阶段,有:

$$h_c=(2a+b)\cdot i_g\cdot\frac{x}{L_\gamma}+a(i_j-i_g)=(2\times 0.5+6)\times 0.03\times\frac{15}{18}+0.5(0.04-0.03)=0.18(\mathrm{m})$$

$$h'_c=\frac{b}{2}i_g+ai_j=\frac{6}{2}\times 0.03+0.5\times 0.04=0.11(\mathrm{m})$$

$$h''_c=ai_j-(a+B_{jx})i_g=0.5\times 0.04-(0.5+0.42)\times 0.03=-0.01(\mathrm{m})$$

其中:

$$B_{jx}=\frac{x}{L_c}\times B_j=\frac{15}{36}\times 1.0=0.42(\mathrm{m})$$

④计算距离缓和曲线起点30 m处的超高值。

因为该点距离起点距离为30 m,大于18 m,所以该点是在旋转阶段,有:

$$i_x=\frac{x}{L_c}\times i_c=\frac{30}{36}\times 0.06=0.05$$

$$h_c=ai_j+(a+b)i_x=0.5\times 0.04+(0.5+6)\times 0.05=0.35(\mathrm{m})$$

$$h'_c=ai_j+\frac{b}{2}i_x=0.5\times 0.04+\frac{6}{2}\times 0.05=0.17(\mathrm{m})$$

$$h''_c=ai_j-(a+B_{jx})i_x=0.5\times 0.04-(0.5+0.83)\times 0.05=-0.05(\mathrm{m})$$

其中：$B_{jx}=\frac{x}{L_c}B_j=\frac{30}{36}\times 1.0=0.83(\text{m})$

任务四　视距设计

一、视距

码 3-4　视距保证设计

所谓视距，就是指在车辆正常行驶中，驾驶员从正常行驶位置能连续看到公路前方行车道范围内路面上一定高度的障碍物，或者看到公路前方交通设施、路面标线的最远距离。这里的距离是指行车道中心线(或视点轨迹线)量得的长度。为了保证行车安全，驾驶员应能看到前方一定距离的公路以及公路上的障碍物或迎面的来车，以便及时刹车或绕过。汽车在这段时间里沿公路路面行驶的必要安全距离，称为行车视距。无论在道路的平面上或纵断面上，都应保证必要的行车视距。在平面上，平曲线部分往往会有视线受阻的情况(如处于挖方路段的曲线段或内侧有障碍物的弯道)，如图 3-16(a)所示。另外，路线平面交叉口处也存在视距问题。从纵断面上看，路线在凸形变坡处[见图 3-16(b)]及下穿式立体交叉处[见图 3-16(c)]都可能有视距不足的情况。由此可知，不论是平面上还是纵断面上都有视线不畅的情况，在设计时必须采取适当的措施，使其满足行车要求。本节只研究路线在平面上的视距问题，即平面视距，其他情况将在以后的章节加以介绍。

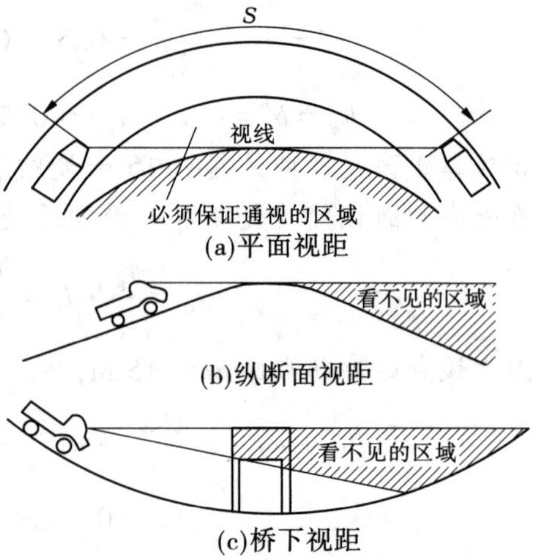

图 3-16　影响行车视距的地点

行车视距根据通视的要求不同，分为停车视距、会车视距和超车视距三种。

二、停车视距

当汽车在单车道或有明显分隔带的双车道公路上行驶时，如前方遇到障碍物或路面破坏处，不可能驶入邻近车道去绕过它时，只有采取制动措施，使汽车在障碍物前完全停住，以保证安全。停车视距是指车辆以一定速度行驶中驾驶员自看到前方障碍物起至到达障碍物前安全停车所需要的最短行驶距离。在停车视距检验时，小客车停车视距采用的驾驶员视点高度为 1.2 m，载重货车停车视距采用的驾驶员视点高度为 2.0 m，视点前方路面上障碍物顶点高度为 0.10 m。

停车视距由三部分组成，见图 3-17，即

$$S_T=S_1+S_Z+S_0 \tag{3-14}$$

式中　S_T——停车视距，m；

S_1——驾驶员反应时间内行驶的距离，m；

S_Z——制动距离，即司机开始制动到完全停止时所行驶的距离，m；

S_0——安全距离，一般可取 5~10 m。

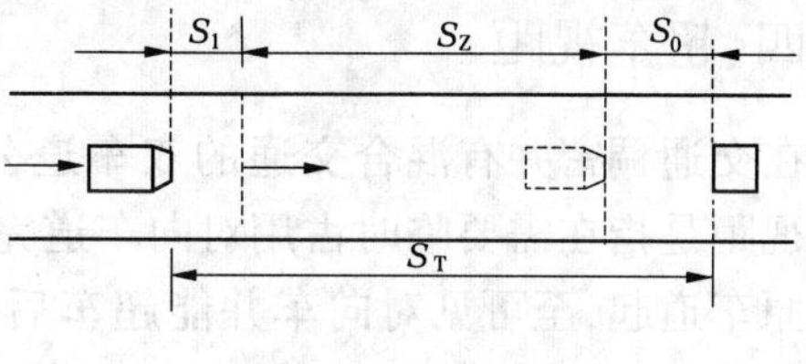

图 3-17　停车视距

从驾驶员发现障碍物开始，经判断采取制动措施，到制动生效的时间 t(s)，称为驾驶员的反应时间。这实际上包括两段时间，即驾驶员的反应判断时间和制动生效时间。前者一般与驾驶员的机敏程度和障碍物的颜色、大小有关，后者是指从开始制动到闸瓦完全抱死车轮，车轮处于滑动状态时的时间。目前美国和日本规定判断时间采用 1.5 s，制动生效时间为 1.0 s，则反应时间共计为 2.5 s。我国采用 1.2 s，则汽车在这一时间内所行驶的距离为：

$$S_1 = vt = \frac{V}{3.6} \times 1.2 = \frac{V}{3} \quad (\text{m}) \tag{3-15}$$

汽车从制动生效到完全停止，这段时间所行驶的距离叫制动距离，它取决于车辆的制动性能、行驶速度的大小，其值可根据下式计算，即

$$S_Z = \frac{KV_1^2}{254(\varphi + \psi)} \tag{3-16}$$

综上所述，停车视距 S_T 为：

$$S_T = S_1 + S_Z + S_0 = \frac{V}{3} + \frac{KV^2}{254(\varphi + \psi)} + S_0 \tag{3-17}$$

式中符号意义同前。

三、会车视距

对于不设分隔带的双车道公路，车辆在行驶中，驾驶员趋向于沿路面中心行驶，一旦发现前方来车，双方驾驶员各自把车辆驶回到自己的车道上，使两车安全交会。会车视距是指在同一车道上对向行驶的车辆，为避免发生迎面相撞，自车辆在行驶过程中发现对向来车起，至驾驶员采取合理的减速操作后两车安全停止、不发生相撞所需的最短行驶距离。

会车视距（见图 3-18）也由三部分组成：①双方驾驶员反应时间内汽车所行驶的距离 $2S_1$；②双方汽车的制动距离 $S_{Z1}+S_{Z2}$；③安全距离 S_0。

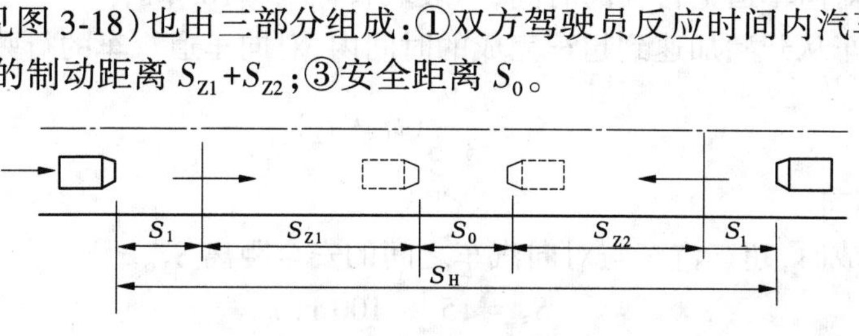

图 3-18　会车视距

由上面分析可知，会车视距几乎为停车视距的 2 倍，为简化计算，《公路工程技术标准》（JTG B01—2014）规定，会车视距等于 2 倍停车视距。

四、超车视距

在交通稠密并有混合交通的双车道公路上，经常会出现高速车超越低速车的情况。超车视距是指在需要临时占用对向车道完成超车的公路上，后车超越前车过程中，自开始驶离原车道起，至可见对向车并能超车后安全驶回原车道所需的最短行驶距离。《公路工程技术标准》(JTG B01—2014)的规定：双车道公路应间隔设置满足超车视距的路段。

超车视距全程可分为四个阶段，如图3-19所示。

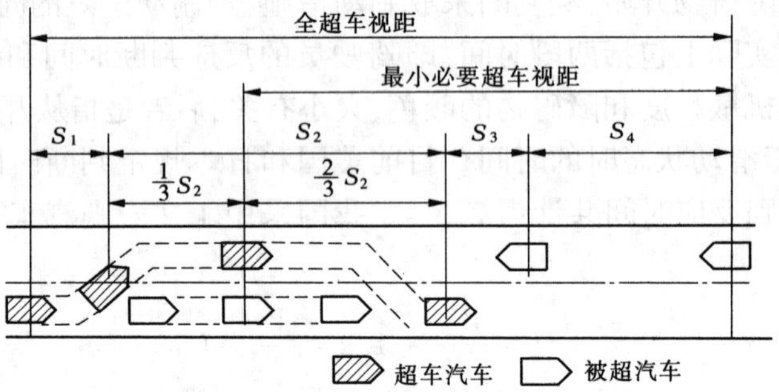

图3-19 超车视距

(1)加速行驶距离 S_1。

当高速车赶上低速车时，首先应尾随在低速车后行驶一段距离，经判断认为有超车可能时，加速行驶移向对向车道，在进入该车道之前行驶的距离为 S_1：

$$S_1 = \frac{V_0}{3.6}t_1 + \frac{1}{2}at_1^{\,2} \tag{3-18}$$

式中 V_0——被超汽车的速度，一般较设计速度低10~20 km/h；

t_1——加速时间，一般取 $t_1 = 2.9 \sim 4.5$ s；

a——平均加速度，m/s²。

(2)超车汽车在对向车道上行驶的距离 S_2。

$$S_2 = \frac{V}{3.6}t_2 \tag{3-19}$$

式中 V——超车汽车的速度，一般采用设计速度，km/h；

t_2——在对向车道上行驶的时间，一般取 $t_2 = 9.3 \sim 10.4$ s；

(3)超车汽车从开始加速到超车完成的时间内，对向车道汽车的行驶距离 S_4。

$$S_4 = \frac{V}{3.6}(t_1 + t_2) \tag{3-20}$$

式中符号意义同前。

(4)超车完成时，超车汽车与对向汽车之间的安全距离 S_3。

$$S_3 = 15 \sim 100 \text{ m}$$

以上四个距离之和就是全超车视距 S_C，即

$$S_C = S_1 + S_2 + S_3 + S_4 \tag{3-21}$$

但由式(3-21)确定的超车视距较长，不太容易满足。实际上只要考虑超车汽车从完

全进入对向车道到超车完毕时所行驶的时间就已经很安全了。因为当汽车在对向车道上追上被超汽车后，一旦发现对向有来车而其距离不足时，该车还可以回到原来的车道上。一般汽车从对向车道赶上前车的时间为 $t_2/3$，那么从这时开始到超车完成的时间则为 $2t_2/3$，即其行驶距离为 $2S_2/3$，而对向车道汽车的行驶时间也为 $2t_2/3$，即

$$S_4' = \frac{V}{3.6} \times \frac{2}{3}t_2$$

于是，最小必要超车视距 S_{Cmin} 为：

$$S_{\mathrm{Cmin}} = \frac{2}{3}S_2 + S_3 + S_4' \tag{3-22}$$

五、视距的标准

《公路工程技术标准》(JTG B01—2014)规定：高速公路、一级公路的视距采用停车视距，高速公路、一级公路在一般路段，每条车道的停车视距不应小于表 3-18 的要求。积雪冰冻地区的停车视距宜适当加长。

表 3-18　高速公路、一级公路停车视距

设计速度/(km/h)	120	100	80	60
停车视距/m	210	160	110	75
货车停车视距/m	245	180	125	85

二、三、四级公路的视距采用会车视距，二、三、四级公路的停车视距、会车视距、超车视距不应小于表 3-19 的要求。受地形条件或其他特殊情况限制而采取分道行驶的路段，可采用停车视距。

表 3-19　二、三、四级公路停车视距、会车视距、超车视距

设计速度/(km/h)	80	60	40	30	20
停车视距/m	110	75	40	30	20
会车视距/m	220	150	80	60	40
超车视距/m	550	350	200	150	100
货车停车视距/m	125	85	50	35	20

二、三、四级公路等应采用双车道的公路，应设置满足超车视距的路段，具有干线功能的二级公路宜在 3 min 的行驶时间里，提供一次满足超车视距的超车路段。其他双车道公路可根据情况设置。

高速公路、一级公路以及大型车比例较高的二、三级公路，应采用货车停车视距对相关路段进行检验，各级公路的货车停车视距，如表 3-18、表 3-19 所示。货车停车视距在下坡路段，应随坡度大小进行修正，其修正值如表 3-20 所示。

表 3-20　下坡路段货车停车视距修正　　单位:m

纵坡坡度/%	设计速度/(km/h)						
	120	100	80	60	40	30	20
0	245	180	125	85	50	35	20
3	265	190	130	89	50	35	20
4	273	195	132	91	50	35	20
5		200	136	93	50	35	20
6			139	95	50	35	20
7				97	50	35	20
8						35	20
9							20

在公路各类出入口区域,由于驾驶员需要及时辨识出入口位置、适时选择转换车道、进行加减速驶入或驶出等操作,存在交通流交织和冲突等现象。因此,《公路工程技术标准》(JTG B01—2014)规定:各级公路的互通式立交、服务区、停车区、客运汽车停靠站等各类出、入口路段应满足识别视距的要求。

所谓识别视距,是指车辆以一定速度行驶中,驾驶员自看清前方分流、合流、交叉、渠化、交织等各种行车条件变化时的导流设施、标志、标线,做出制动减速、变换车道等操作,至变化点前使车辆达到必要的行驶状态所需要的最短行驶距离。不同设计速度的识别视距规定如表 3-21 所示。

表 3-21　不同设计速度对应的识别视距

设计速度/(km/h)	120	100	80	60
识别视距/m	350(460)	290(380)	230(300)	170(240)

注:括号中为行车环境复杂,路侧出入口提示信息较多时应采取的视距值。

受地形地质条件限制的路段,识别视距可采用 1.25 倍停车视距,但应进行必要的限速控制和管理措施。

六、平面视距的保证

汽车在弯道上行驶时,弯道内侧行车视线有可能被树木、建筑物、路堑边坡或其他障碍物遮挡。因此,在路线设计时必须检查平曲线上的视距是否能得到保证,当有遮挡时,则必须采取措施如消除障碍视线的障碍物,如图 3-20 所示。图 3-20 中阴影部分是阻碍司机视线的范围,范围以内的障碍物都应加以清除。

平曲线上的视距检查有两种方法,一是最大横净距法,二是视距包络图法。现分别加以介绍。

(一)最大横净距法

如图 3-20(b)所示为双车道公路一平曲线段,虚线为驾驶员的眼睛位置沿曲线移动形成的轨迹线,称为驾驶员视点轨迹线。设 A、B 为驾驶员视点轨迹线上的两点,其间的

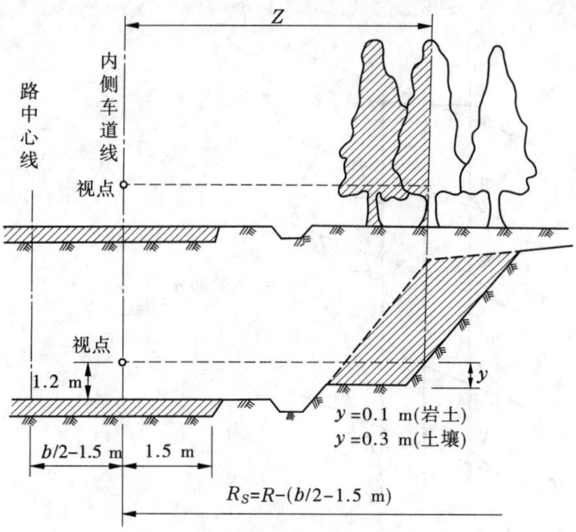

(a)横净距立面图

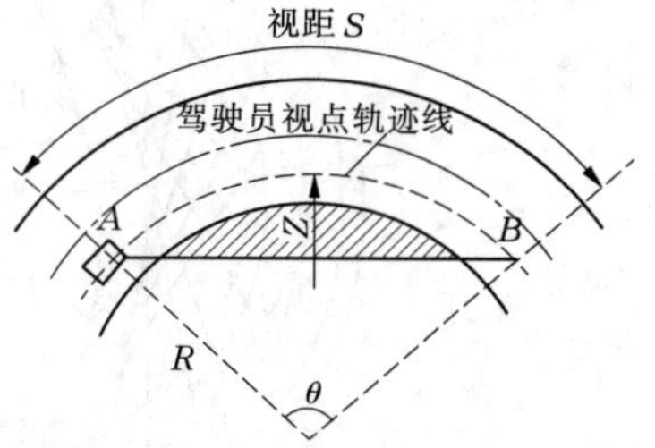

(b)横净距平面图

图 3-20　横净距法

轨迹线长度等于行车视距 S,则 AB 连线称为视距线,即驾驶员视点轨迹线上长度等于视距的任意两点的连线称为视距线。在视距线与视点轨迹线间不应有任何障碍物,否则就会妨碍视线。所谓横净距,就是指驾驶员的视点轨迹线到视距线的最大距离,也就是说,离开视点轨迹线距离为横净距值的范围内应该是无障碍物的。在曲线段内不同位置的横净距是不相等的,所有横净距中的最大值称为最大横净距。它一般出现在曲线顶点处或顶点附近的一段范围内。

驾驶员的视点位置如图 3-20(a)所示。

横向:距路面内边缘(未加宽前)1.5 m,或距路面中心线 $b/2-1.5$ m(b 为路面宽度)。

竖向:视线高为 1.2 m。

检查一个平曲线是否满足行车视距要求,是通过检查任一障碍物到驾驶员的视点位置(或视点轨迹线)的距离 h_0 是否大于该处要求的横净距 Z(一般采用该平曲线的最大横净距值)来进行的。

若 $h_0 \geqslant Z$,则该障碍物不影响视线;若 $h_0 < Z$,则该障碍物阻挡视线,必须予以清除或采取其他补救措施。

(二)视距包络图法

前述方法是用计算出的最大横净距,来确定影响视线的障碍物范围。现在介绍一种图解法确定清除障碍物的边界的方法,即视距包络图法。所谓视距包络图,就是在驾驶员视点轨迹线上每隔一定间隔绘出的一系列的视距线相交出的外边缘线,如图 3-21 所示。

视距包络图的作图方法如下:

(1)按一定比例尺绘出弯道平面图,图上绘出路基、路面边缘线及路中心线,并根据路面宽度绘出驾驶员视点轨迹线(由路中线内移 $b/2-1.5$ m)。

(2)在视点轨迹线上按一定距离进行量距分点。一般从平曲线起点前的适当距离(如视距的一半长度)开始,分点间距最好是要求的视距的 n 等分(如 $n=10$),即用 S/n 的

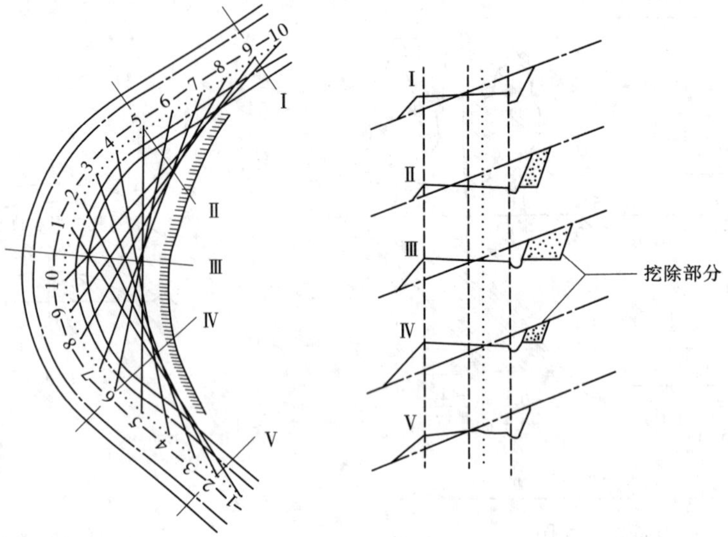

图 3-21　平曲线上的视距包络线

间距用分规对视点轨迹线分点，并用 0，1，…，n 的数字连续编号，使相同两个号码间的轨迹线长度等于视距 S，直到平曲线结束后一定距离（也可取视距的一半）。

（3）分别用直线连接编号相同的两点，即得到一系列视距线，这些视距线相互交叉，形成一条外切边缘轮廓线，即为视距包络线，或称视距包络图。

由图 3-21 可以看出，在视距包络线与视点轨迹线之间的任何物体（高度超过 1.2 m）都会影响公路的通视条件，而位于包络线内侧的物体则不会阻挡驾驶员的视线。因此，视距包络图能够更加直观地反映出弯道处的视距问题。

根据中线上各桩位置，在横断面方向上便可量出视点轨迹线到视距包络线之间的距离 Z，该值就是本断面所需的横净距值。由图 3-21 可以看出，在曲线顶点处的横净距值是最大的，其他各点随离开顶点的距离的增大，其横净距逐渐减小。因此，前面介绍的采用最大横净距检查弯道的视距实际上是偏于安全的。一般来说，检查孤立障碍物采用最大横净距法较为方便，而检查连续障碍物（如路堑边坡等）时，则采用视距包络图法更为合理。

任务五　横断面设计

横断面设计俗称“戴帽子”，它的主要任务是根据公路等级，结合当地自然条件，综合考虑交通安全、路基稳定、公路排水、节省用地和工程经济等的要求，确定公路横断面的组成部分及其几何尺寸。一般横断面图的比例尺为 1∶2 000。

码 3-5　横断面设计方法及成果

一般情况下，横断面设计是在横断面测量所得的各桩号地面横断面图上，按纵断面设计确定的填挖高度和平面设计确定的超高、加宽值，结合当地的地形、地质等具体情况，根据《公路工程技术标准》（JTG B01—2014）规定的路基宽度、边坡坡度等，参照路基典型横断面图式，逐桩绘出其路基横断设计图。对采用护坡、挡土墙等结构物的路段，应绘出其相应结构物并标注其起讫桩号、圬工种类及其断面尺寸；对桥涵处的横断面，亦应予以注明。

横断面设计时应收集的资料有：平曲线的始终点桩号、转角方向及其内各桩号的超高、加宽值；各桩号的填挖高；路基宽度；路基边坡坡度；边沟的形式和断面尺寸；视距不良路段所设视距台的位置和断面尺寸；其他资料，如地质、土质、水文资料及特殊限制情况等。

一般路基横断面图的绘制步骤如下：

(1)点绘横断面地面线。地面线是现场测绘的，若是纸上定线，则从大比例尺的地形图上内插获得。在计算机辅助设计中，可向计算机输入横断面各变化点相对于中桩的坐标，由计算机自动绘制。

(2)根据路线和路基资料，将横断面的填挖值及有关资料(如路基宽度、加宽值、超高坡度、缓和段长度、平曲线半径等)抄于相应桩号的断面上。

(3)根据现场调查的土壤地质资料，示出土石界线，确定边坡坡度以及边沟的形状与尺寸。

(4)绘横断面的设计线，俗称“戴帽子”。

设计线应包括路基、边沟、截水沟、加固及防护工程、护坡道、碎落台、视距台等。在弯道上的断面还应示出超高、加宽。一般直线段的断面可不示出路拱坡度。

①直线段。若是路堤，在中线地面桩点上按填土高度作水平线，按路基宽度一半截得左右两侧路基边缘点，再按所需边坡坡度绘出边坡线，与地面线的相交点即坡脚点，再按需要来绘出所需边沟断面；若是路堑，用路堤相同方法按挖方深度绘得路基边缘后，按需要绘出边沟断面，再以边沟沟底外缘作边坡线，与地面线相交点即坡顶；若是半填半挖路基，则分别按路堤、路堑绘得填、挖部分即得。

②圆曲线段。如无超高、加宽时，横断面图的绘制与直线段的相同；有加宽、无超高时，在需加宽的一侧，除按加宽值求得该侧的路基边缘点外，其余与直线段的绘制相同；有超高、无加宽时，在超高旋转轴位置上，按超高横坡绘得路基顶面线，再按路基宽度求得两侧路基边缘点，此后的步骤与上述的相同；如同时有超高和加宽时，先按有超高的绘得路基顶面线，再按加宽要求绘得路基边缘点，其后步骤如前述的相同。

③缓和曲线段。按各桩号的超高、加宽值，用上述方法即可绘得。

(5)计算横断面的填挖面积。

知识延伸

横断面设计成果有哪些？

路基横断面设计的主要成果是“两图两表”，即路基横断面设计图、路基标准横断面图、路基设计表与路基土石方计算表。

一、路基横断面设计图

路基横断面设计图(见图3-22)是路基每一个中桩的法向剖面图，它反映每个桩位处横断面的尺寸及结构，是路基施工及横断面面积计算的依据，图中应给出地面线与设计线，并标注桩号、施工高度与断面面积。相同的边坡坡度可只在一个断面上标注，挡墙等圬工构造物可只绘出形状不标注尺寸，边沟也只需绘出形状。横断面设计图应按从下到上、从左到右的方式进行布置，一般采用 1:200 的比例。

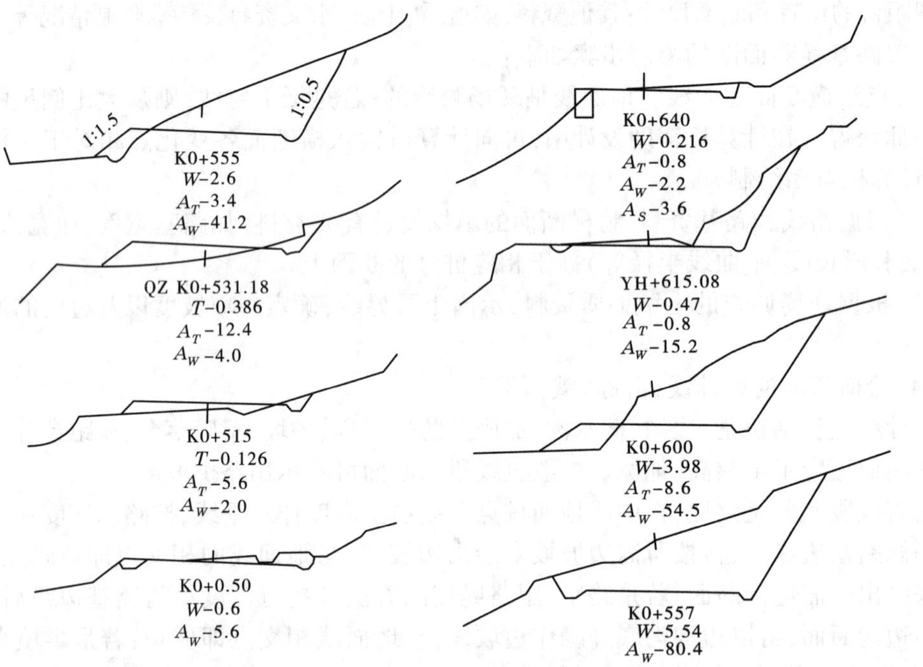

图 3-22　路基横断面设计图

二、路基标准横断面图

路基标准横断面图是路基横断面设计图中所出现的所有路基形式的汇总。它示出了所有设计线（包括边坡、边沟、挡墙、护肩等）的形状、比例及尺寸，用以指导施工。这样路基横断面设计图就不必对每一个断面都进行详细的标注（其中很多断面的比例、尺寸都是相同的），避免了工作的重复与烦琐，也使横断面设计图比较简洁。路基典型断面如图 3-23 所示，图 3-24 是标准横断面图。

三、路基设计表

路基设计表是综合路线平面设计、纵断面设计和横断面设计的成果汇编而成，它基本上可代替平面、纵断面和横断面设计图，在施工现场使用方便，如表 3-22 所示。

第 6 栏（设计标高）是指未设置超高、加宽前路基边缘的标高，如为改建公路可为中线标高。第 11 栏至第 13 栏（路基边缘及中桩与设计标高之差）中，若无超高、加宽，路基边缘高程即设计标高，中桩与设计标高之差即设路肩横坡和路拱横坡后的高差；若有超高、加宽，因设置超高、加宽而产生高差，应分别进行计算。第 14 栏即第 7 栏与第 12 栏之差，第 15 栏即第 8 栏与第 12 栏之差。

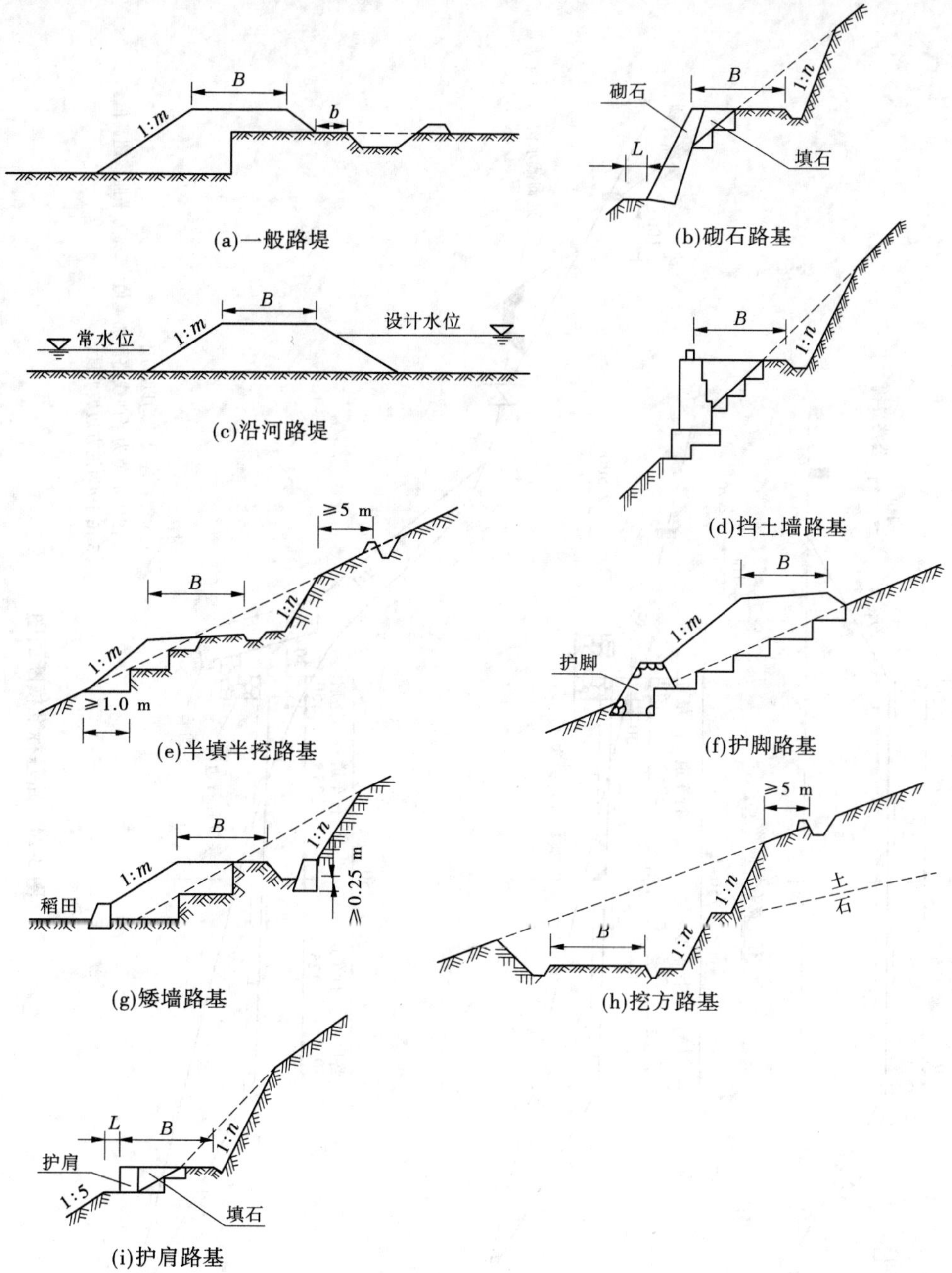

图 3-23　路基典型横断面

四、路基土石方计算表

路基土石方是公路工程的一项主要工程量，所以在公路设计和路线方案比较中，路基土石方数量的多少是评价公路测设质量的主要技术经济指标之一，也是编制公路施工组织计划和工程概预算的主要依据。其表格形式如表 3-23 所示。

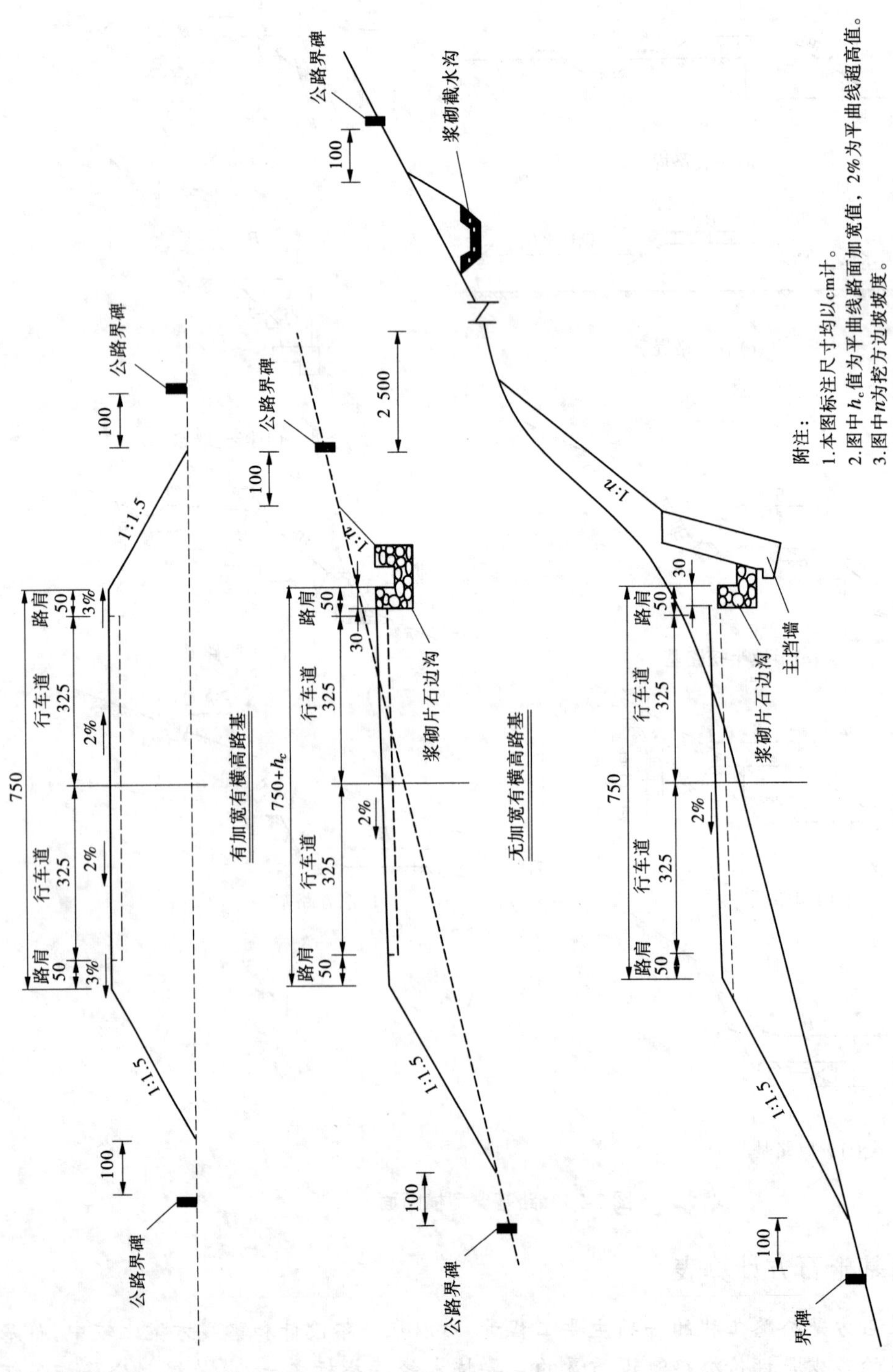

附注：
1.本图标注尺寸均以cm计。
2.图中h_c值为平曲线路面加宽值，2%为平曲线超高值。
3.图中n为挖方边坡坡度。

图 3-24　路基标准横断面图

表 3-22　某公路某段路基设计表

桩号	平曲线	变坡点高程桩号及纵坡坡度、坡长	竖曲线	地面标高	设计标高	填挖高度/m		路基宽/m		路基边缘及中桩与设计标高之差/m			施工时中桩/m		边坡	
						填	挖	左	右	左	中桩	右	填	挖	左	右
1	2	3	4	5	6	7	8	9	10	11	12	13	14	15	16	17
K2+100.00				160.76	159.92		0.84	7.50	7.50	0.00	0.15	0.00		0.69		
+120.00				161.56	159.75		1.81	7.50	7.50	0.00	0.15	0.00		1.66		
+140.00				164.03	159.59		4.44	7.50	7.50	0.00	0.15	0.00		4.29		
+160.00				164.23	159.43		4.80	7.50	7.50	0.00	0.15	0.00		4.65		
+180.00				162.15	159.28		2.87	7.50	7.50	0.00	0.15	0.00		2.72		
+200.00				163.17	159.14		4.03	7.50	7.50	0.00	0.15	0.00		3.88		
+220.00				163.20	159.00		4.20	7.50	7.50	0.00	0.15	0.00		4.05		
+240.00		$i=-0.65\%$		163.87	158.87		5.00	7.50	7.50	0.00	0.15	0.00		4.85		
+260.00		$L=400$	+243.5	165.69	158.74		6.95	7.50	7.50	0.00	0.15	0.00		6.80		
+280.00				166.31	158.61		7.70	7.50	7.50	0.00	0.15	0.00		7.55		
+300.00				166.36	158.48		7.88	7.50	7.50	0.00	0.15	0.00		7.73		
ZH+315.89				166.30	158.37		7.93	7.50	7.50	0.00	0.15	0.00		7.78		
+340.00				166.06	158.22		7.84	7.50	7.71	0.59	0.29	−0.04		7.55		
HY+360.89				166.06	158.08		7.98	7.50	7.90	1.11	0.51	−0.12		7.47		
+380.00	JD_5 右			166.20	157.96		8.24	7.50	7.90	1.11	0.51	−0.12		7.73		
+400.00	78°53′21″		+404.6	166.01	157.83		8.18	7.50	7.90	1.11	0.51	−0.12		7.67		
+420.00				165.95	157.70		8.25	7.50	7.90	1.11	0.51	−0.12		7.74		
+440.00	$R=200$			165.61	157.60		8.01	7.50	7.90	1.11	0.51	−0.12		7.50		
+460.00	$L_{S1}=45$			165.63	157.52		8.11	7.50	7.90	1.11	0.51	−0.12		7.60		
QZ+476.08	$L_{S2}=45$	157.175	凹	166.02	157.47		8.55	7.50	7.90	1.11	0.51	−0.12		8.04		
+500.00		K2+500	$R=18\ 000$	166.05	157.43		8.62	7.50	7.90	1.11	0.51	−0.12		8.11		
+520.00	$T_1=187.38$		$T=95.4$	166.02	157.41		8.61	7.50	7.90	1.11	0.51	−0.12		8.10		
+540.00	$T_2=187.38$		$E=0.25$	165.43	157.42		8.01	7.50	7.90	1.11	0.51	−0.12		7.50		
+560.00		$i=0.41\%$		165.89	157.46		8.43	7.50	7.90	1.11	0.51	−0.12		7.92		
+580.00	$L=320.375$	$L=400$		163.21	157.51		5.70	7.50	7.90	1.11	0.51	−0.12		5.19		
YH+591.27	$E=59.533$			164.13	157.55		6.58	7.50	7.90	1.11	0.51	−0.12		6.07		
+600.00			+595.4	163.60	157.59		6.01	7.50	7.82	0.89	0.42	−0.09		5.59		
+620.00				162.86	157.67		5.19	7.50	7.64	0.40	0.20	−0.02		4.99		

表 3-23 路基土石方

桩号	横断面面积(或为半面面积)/m²			平均面积/m²			距离/m	挖方分类及数量/m³												
	挖	填		挖	填			总数量	土						石					
									松土		普通土		硬土		软石		次坚石		坚石	
		土	石		土	石			%	数量	%	数量	%	数量	%	数量	%	数量	%	数量
1	2	3	4	5	6	7	8	9	10	11	12	13	14	15	16	17	18	19	20	21
K14+000	60.0																			
				71.1			17	1 209				242		121				604		242
+017	82.2										20↓								20↓	
				84.3		5.0 *0.2	8	674				135	10↓	67				337		135
+025	86.4		10.0 *0.4																	
				43.2	39.0	5.0 *0.2	12	518				103		52				259		104
+037		78.0																		
					73.8		4													
+041		69.6																		
				39.2	34.8		9	353						71				176		106
+050	78.4																			
				56.4			10	564						113			50↓	282		169
+060	34.4																			
				60.6			12	727						145				364		218
+072	86.8																			
				55.9			8	447						89				224		134
+080	25.0																			
				12.5	12.3	27.3	6	75						15				37		23
+086		24.6	54.6																	
					26.3	55.3	8													
+094		28.0	56.0																	
					24.0	56.0	6													
+100		20.0	56.0																	
					22.0	50.0	8						20↓						30↓	
+108		24.0	44.0																	
				12.0	12.0	22.0 *1.0	6	72						14				36		22
+114	24.0		*2.0																	
				35.0		*1.5	10	350						70				175		105
+124	46.0		*1.0																	
				31.0	4.0	*0.5	16	496						99				248		149
+140	16.0	8.0																		
				29.0	7.0		20	580						116				290		174
+160	42.0	6.0																		
				52.0	3.0		20	1 040						208				520		312
+180	62.0																			
				38.0	10.5		10	380						76				190		114
+190	14.0	21.0																		
				7.0	28.5		10	70						14				35		21
+200		36.0																		
小计							200	7 555				480		1 270				3 777		2 208

注:* 表示砌石;( )表示以石代土;第 34 栏中分子表示数量,分母表示运距;①②表示平均超运运距单位。

数量计算表

填方数量/m³		利用方数量/m³							借方数量/m³		弃方数量/m³		总运量/(m³·单位)	
		本桩利用		填缺		挖余		远运利用纵向调配示意						
土	石	土	石	土	石	土	石		土	石	土	石	土	石
22	23	24	25	26	27	28	29	30	31	32	33	34	35	36
						363	846	调至上公里 土:363 石:500				346 ③		1 038
	40 *16		56			202	416	土:202 石:(87)				329 ③		978
468	60 *24	(279) 155	84	34										
295				295				石:(40)						
313		71 (242)					40	土:113 石:8						
						113	451	土:145 石:(44)538				443 ③		886
						145	582	336 土:89 石:(22)						
						89	358							
74	164	15	60	59	104			②						8
210	442			210	442									226
144	336			144	336									33
176	400			176	400			①					35	206
72	132 *6	14	58	58	80			② 土:70 石:265						
	*15		15			70	265	215 土:35 石:(129)						
64	*8	64	8			35	339					45		
140		116 (24)					440					440		
60		60				148	832				148	832		
105		76 (29)					275	石:(215)				60		
285		14 (56)		215										
2 406	1 574 *68	585 (630)	281	1 191	1 362	1 165	4 894	1 362 土:654 石:(537)			148	2 495	35	3 384

五、其他成果

对于特殊情况下的路基(如高填深挖路基、侵河路基、不良地质地段路基等)应单独设计,并绘制特殊路基设计图。图中应示出地质、各种防护工程设施及构造物布置大样图。比例尺用 1:100~1:500,必要时加绘比例尺为 1:200~1:2 000 的平面图及水平比例尺为 1:200~1:2 000,垂直比例尺为 1:20~1:200 的纵断面图。对于高等级公路还应绘制超高方式图,详细示出超高方式、布置及主要尺寸。设有中间带的公路还应绘出中间带设计图(图中应示出缘石大样)、中央分隔带开口设计图等。

任务六　路基土石方计算与调配

路基土石方工程是公路工程的主体工程之一,在公路工程量中占有很大比例。土石方工程数量又是公路方案评价和比选的主要技术经济指标之一。

码 3-6　土石方计算

土石方计算与调配的主要任务是,计算路基土石方工程数量,合理进行土石方调配,并计算土石方的运量。为编制公路概(预)算、公路施工组织、施工计量支付提供依据。

由于自然地面起伏多变,填挖体积不可能是一个简单的几何体,若依实际地面起伏变化情况来进行土石方数量的计算,不仅烦琐,而且实用意义不大。因此,在公路的测设过程中,土石方的计算通常采用近似方法,计算精度按工程的要求而定。一般情况下,横断面的面积以平方米(m^2)为单位,取小数点后一位,土石方的体积以立方米(m^3)为单位,取至整数。

一、横断面面积计算

路基填挖的断面面积是指断面图中地面线与路基设计线所围成的面积,一般常用的计算方法如下。

(一)积距法

积距法的原理是把断面面积垂直分割成宽度相等的若干条块,由于每一条块的宽度相等,所以在计算面积时,只需量取每一条块的平均高度,然后乘以宽度,即可得出每一条块的面积,如图 3-25 所示。

$$A_1 = b \cdot h_1 \quad A_2 = b \cdot h_2 \quad A_1 = b \cdot h_1 \cdots A_i = b \cdot h_i$$

总面积

$$A = h_1 \cdot b + h_2 \cdot b + \cdots + h_n \cdot b = b\sum h_i \tag{3-23}$$

式中　A——横断面面积,m^2;

b——横断面所分成的三角形或梯形条块的宽度,通常取 1 m 或 2 m;

h_i——横断面所分成的三角形或梯形条块的平均高度,m。

由此可见,积距法求面积就是在实际操作中转化为量取 h_i 的累加值,这种操作可以用分规按顺序连续量取每一条块的平均高度 h_i,分规最后的累计高就是 $\sum h_i$,将条块宽度乘以累计高度 $\sum h_i$,即为填或挖的面积。积距法也可以用厘米格纸折成窄条作为量尺,每

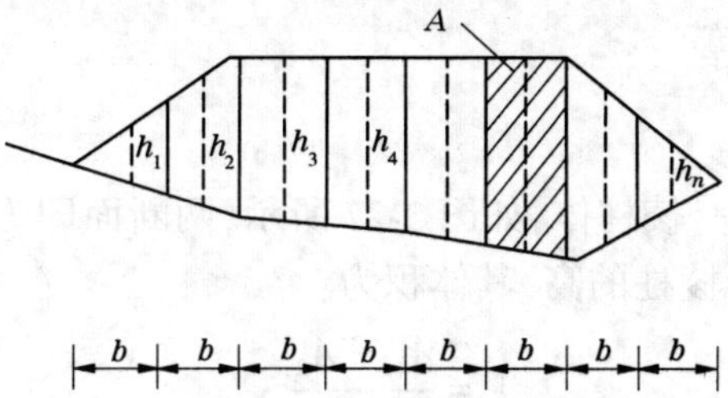

图 3-25 积距法

量一次 h_i 在窄条上画好标记,从开始到最后标记的累计距离就是 $\sum h_i$,然后乘以条块宽度 b,即为所求面积。

(二)坐标法

如图 3-26 所示建立坐标系,给定多边形各顶点的坐标,由解析几何可得多边形面积的计算公式为:

$$A = \frac{1}{2}\sum(x_i y_{i+1} - y_i x_{i+1}) \tag{3-24}$$

式中 x,y——设计线和地面线围成面积的各顶点的坐标,m。

坐标法精度较高,方法较烦琐,适用计算机计算。

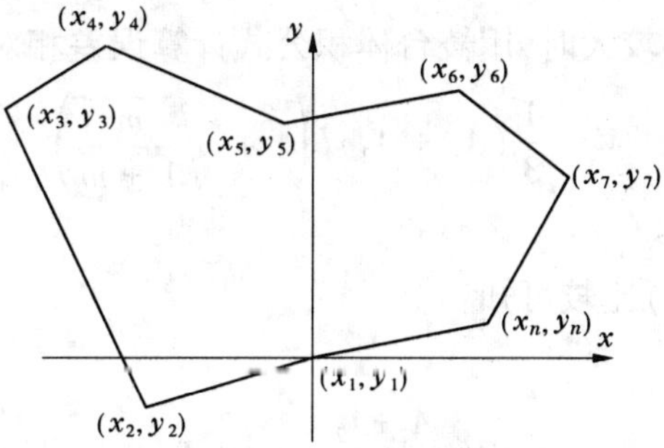

图 3-26 坐标法

(三)几何图形法

当横断面的地面线较规则且横断面面积较大时,可将路基横断面分为几个规则的几何图形,分别计算各图形面积后相加得到总面积。

(四)混合法

在一个较大的横断面中,几何图形法和积距法共用,以加快计算速度。

在横断面面积计算中,应注意以下几个问题:

(1)填方和挖方的面积应分别计算。

(2)填方或挖方中的土石也应分别计算,因为其工程造价不同。

(3)有些情况下,横断面上的某一部分面积可能既是挖方面积,又要算作填方面积,例如:遇淤泥既要挖除,又要回填其他材料。

二、填挖方体积计算

(一)平均断面法

假定两相邻断面组成一棱柱体,如图 3-27 所示,两断面即为棱柱体的上底下底,中线距离(两桩号里程差)即为棱柱的高,其体积为:

$$V=\frac{A_1+A_2}{2}\cdot L \tag{3-25}$$

式中 V——两断面间的体积,m^3;

A_1、A_2——横断面填或挖的面积,m^2;

L——两断面间的中线距离,m。

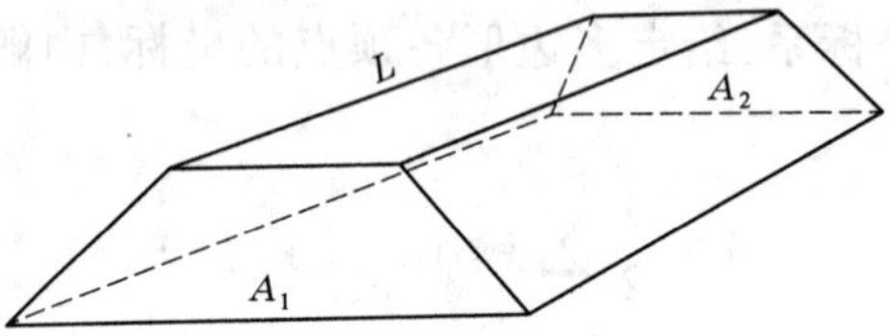

图 3-27 土石方计算示意图

(二)棱台体积法

两个横断面面积相差较大时,用棱台体积公式计算误差相对较小,其公式如下:

$$V=\frac{1}{3}(A_1+A_2)L\left(1+\sqrt{\frac{m}{1+m}}\right) \tag{3-26}$$

式中 $m=A_1/A_2$;其中 $A_2>A_1$。

从式(3-25)、式(3-26)比较可知:

当 $A_1=A_2$ 时,

平均断面法 $V=\frac{A_1+A_2}{2}\cdot L=A_1L$

棱台体积法 $V=A_1L$

当 $A_2=0$ 时,

平均断面法 $V=\frac{1}{2}A_1L$

棱台体积法 $V=\frac{1}{3}A_1L$

由比较可见,只有当相邻断面 A_1、A_2 相差不大时,平均断面法才较准确;当相邻断面 A_1、A_2 相差较大时,则按棱台体积法计算更为准确。尽管如此,为简化计算,目前一般仍采用平均断面法计算填挖方体积。

三、路基土石方的调配

在路基的施工过程中,就某一断面的土石方而言,会发生三种情况:一是挖去多余的土,形成路基,或者本桩有填有挖,利用了本桩的土后,还有多余,需要调走(挖余);二是借其他地方的土,形成路基,或者本桩有填有挖,利用了本桩的土后,还不够,需要借土(填缺);三是本桩有填有挖,利用本桩的土填挖平衡(本桩利用)。

针对这些情况,“挖余”有两种处理方法:调至其他断面利用或弃土废方。“填缺”也有两种解决办法:从其他断面调土或从路外借土。土方调配就是要解决这些问题。

(一)调配计算中的几个问题

1. 免费运距、平均运距、经济运距

根据公路工程概算定额和预算定额,土方作业包括挖、装、运、卸等工序,在某一特定距离内,只按土石方数计价而不另计算运费,这一特定距离称免费运距。显然,施工作业方法不同,其免费运距也不同,如人工作业时,人工运输的免费运距为 20 m,轻轨运输的免费运距为 50 m;机械作业时,推土机的免费运距为 20 m,铲运机的免费运距为 100 m。各种作业方法的免费运距,可由《公路工程概算定额》(JTG/T 3831—2018)和《公路工程预算定额》(JTG/T 3832—2018)中查得。

土方调配时,从挖方体积重心到填方体积重心的距离,称为平均运距。在路线工程中,为简化计算,平均运距通常按挖方断面间距的中心至填方断面间距的中心的距离计。在土方调配时,若平均运距小于或等于免费运距,可不另计运费;若平均运距大于免费运距,超出的运距称为超运运距,超运运距的运土,应另加计运费。超运运距按运输方式不同,有不同的计算单位,如人工运输以每超运 10 m 为一超运单位,轻轨运输以每超运 50 m 为一超运单位,推土机以每超运 10 m 为一超运单位,铲运机以每超运 50 m 为一超运单位。各种运输方式的超运距单位,可从《公路工程概算定额》(JTG/T 3831—2018)和《公路工程预算定额》(JTG/T 3832—2018)中查得。

填方用土的来源,一是从路堑挖方纵向调运,二是就近路外借土。一般情况下,纵向调运路堑挖方来填筑较近的路堤是比较经济的,但如果调运的距离较长,以致运费(上述超运运距的另加运费)超过了在路堤附近借土所需费用时,这种以挖作填就不如在附近借土经济。因此,采取“调”或“借”,有个距离限度问题,这个按费用经济计算的纵向调运的最大限度距离,称为经济运距,可按下式计算:

$$L_{经} = \frac{B}{T} + L_{免} \tag{3-27}$$

式中 $L_{经}$——经济运距,km;

B——借方单价,元/m^3;

T——超运运费单价,元/(m^3 · km);

$L_{免}$——免费运距,km。

当调运的距离小于或等于经济运距时,采用纵向调运将路堑挖方调来填筑路堤是经济的;当调运距离超过经济运距时,则应考虑就近借土。

《公路工程概算定额》(JTG/T 3831—2018)中规定:土石方的运距,第一个 20 m(是指人工运输,若为轻轨运输则为 50 m)为免费运距,如不足 20 m 者亦按 20 m 计,此后每增加 10 m(若为轻轨运输则为 50 m)为一超运距单位,尾数不满 5 m 者不计,满 5 m 者按 10 m 计。

2. 运量

土石方运量即平均运距与调配土石方数量的乘积。土石方调配时,超运运距的运土才另加计运费,故运量应按平均超运运距计。

工程定额将人工运输的平均超运运距按每 10 m 为一运输单位,称之为"级",10 m 为一级,在路基土石方数量计算表(见表 3-23)中记作①,20 m 为二级,记作②,其余类推。于是得:

$$W = Qn \tag{3-28}$$

式中 W——运量,m^3 · 级;

Q——调配土石方数量,m^3;

n——平均超运运距单位,级,其值为:

$$n = \frac{L - L_{免}}{N} \tag{3-29}$$

式中 L——平均运距,m;

$L_{免}$——免费运距,m;

N——超运运距单位,m。

3. 计价土石方数量

在土石方计算与调配中,所有挖方均应予计价,但填方则应按土的来源决定是否计价,如是路外就近借土,就应计价,如是移"挖"作"填"的纵向调配利用方,则不应再计价,否则形成双重计价(路堑挖方和路堤填方两次计价),即计价土石方数量为:

$$V_{计} = V_{挖} + V_{借} \tag{3-30}$$

式中 $V_{计}$——计价土石方数量,m^3;

$V_{挖}$——挖方数量,m^3;

$V_{借}$——借方数量,m^3。

(二)土石方调配的一般要求

(1)土石方调配应先在本桩位内移"挖"作"填"(横向调配),以减少总的运量。

(2)综合考虑不同的施工方法、运输条件、地形情况等因素,选用合理的经济运距。一般情况下,由于施工安排、运输条件等不能合乎理想,故采用的经济运距要较公式算的小一些。

应该指出的是,在取土或弃土受限制的路段,虽然远距离运输费用高而不经济,但由于少占耕地、少影响农业生产等,这对整体来说未必是不经济的。换言之,纵向调配必须考虑经济运距,但经济运距不是唯一的指标,还要综合考虑弃方或借方的占地、赔偿青苗损失和对农业生产等的影响问题。

(3)废方要作妥善处理。一般应使废方不占或少占耕地,在可能条件下应将弃土平整为可耕地;防止乱堆乱弃,或堵塞河流、损害农田,也不应因废方堆积而引起积雪、积砂等病害。

填方如需路外借土,应根据借方数量,结合附近的地形、地质及农田排灌等的情况,综合考虑借土还田、整地造田的可能性后,进行调配。

(4)调配土石方时应考虑桥涵位置,一般不作跨沟调运;也应考虑地形情况,一般不宜往上坡方向调运。

(5)不同性质的土石方应分别调配,以做到分层填筑。可以以石代土,但不能以土代石。

(6)回头曲线部分应先作上下线调配。

(7)土石方工程集中的路段,因开挖、运输的施工作业方案与一般路段有所不同,可单独进行调配。

(三)调配方法

土石方调配方法有许多种,公路测设中多用土石方计算表调配法,即在路基土石方数量计算表上作土石方调配,它有方法简捷、调配清晰、精度符合要求的优点,并且可以利用计算机自动调配。其调配的步骤如下(见表 3-23):

(1)在路基土石方数量计算表中的“挖方”“填方”栏的计算复核无误后,将桥涵位置、陡坡、大沟等标注于表旁,供调配时参考。

(2)计算并填写表中“本桩利用”“填缺”“挖余”各栏。当以石作填土时,石方数应填入“土”中,并以符号区别之,如表 3-23 所示。然后按填挖方分别进行闭合核算,其核算式为:

填方=本桩利用+填缺

挖方=本桩利用+挖余

(3)根据“填缺”“挖余”的分布情况,可以大致看出调运的方向及数量,并按此进行初试调配。调配时应先按施工方法、运输方式来选定经济运距,并以此确定最大调运距离。调配的计价运距(平均超运运距),即所调运的挖方段断面中心到填方断面中心的距离减去免费运距。经调配后,如有填方不足,不足部分按借方计;如有未调用的挖方,按废方计。

(4)复核初试调配并符合上述要求后,在表 3-23 中“纵向调配示意”栏上,用箭头线表示调配方向,并标注调运土、石方数量及平均超运运距“级数”,如表 3-23 所示。

(5)调配完成后,应分页进行闭合核算,核算式为:

借方=填缺 − 远运利用

废方=挖余 − 远运利用

(6)本千米调配完毕,应进行本千米合计,总闭合核算除上述外,尚有(跨千米调入方)+挖方+借方=(跨千米调出方)+填方+废方。

(7)土石方调配一般在本千米内进行,必要时也可跨千米调配,但需将调配的方向及数量分别注明,以免混淆。

(8)每千米土石方数量计算与调配完成后,须汇总列入(路基每千米土石方数量表),并进行全线总计与核算。至此完成全部土石方计算与调配工作。全线总的调运量复核:

挖方 + 借方 = 填方 + 废方

思政小课堂

书写工匠精神　彰显中国气质

东方晨曦微露，玉珠峰下的“天路”护工已在站内开始了一天的工作。

玉珠峰是昆仑山东段最高峰，常年积雪覆盖。玉珠峰车站位于青海省格尔木市南 160 km 昆仑山口地区，海拔 4 160 m，自然环境恶劣，是千里青藏线上首个跨越海拔 400 m 以上的站区。52 岁的邱百灵是青藏铁路纳赤台线路工区工长，负责玉珠峰下 65 km 铁路的日常检修工作，自 2006 年 7 月 1 日青藏铁路格拉段通车以来，已在此坚守 3 600 多个日夜。

“每天平均检修 4 km，每千米拧 600 个道钉，起垫 88 根轨枕，这是 10 年来的‘必修课’。”邱百灵手中道尺每隔几步便会落在轨道上，并不时匍匐端详铁轨，“铁轨铺在道砟和轨枕上，火车经过时的晃动会造成铁轨高低和水平偏差，可不能小看这几毫米的偏差。”邱百灵的工友们称其为“道钉”，不仅因其工作细致，更因邱百灵有着一双“火眼金睛”。“师傅用肉眼检查铁轨高低和水平偏差，几乎与道尺分毫不差，但为了更加精准，他还是习惯用道尺再检查一遍。”27 岁的任有玉跟随邱百灵已在玉珠峰下工作 6 年，“可以说这就是师傅书写在铁轨上的‘工匠精神’，那一堆已经磨到没有字迹的工具就是最好的‘见证’。”

“在玉珠峰下工作，相当于在平原地区负重 30 多 kg，刚来这里的人别说工作，连上道轨都很吃力，少说话既保存体力又能集中精神。”对于邱百灵和他一个班组的 9 名工友而言，青藏线上多变的天气更是他们的“大考”。

几名线路工正用丁字形摇铃和起道器作业。罗云鹏 摄

信号工正在检修道岔。罗云鹏 摄

邱百灵正在用道尺测量轨距。罗云鹏 摄

两名“80后”信号工正在道岔检修作业。罗云鹏 摄

图 3-28　青藏铁路线路防护员工作场景

"夏天天气'一天三变',基本上每天是风里来雨里去,衣服干湿交替,全靠体温,到了冬天要顶着零下30多摄氏度的严寒工作,但又不能穿太厚影响到作业。"邱百灵说,"风沙肆虐和大雪纷飞时最难招架,沙雪封堵铁路,半夜起来组织工友清扫道岔上的积雪更是常有的事,但10年下来也就习惯了。""90后"女孩张兆荣是2016年新入职的一名线路防护员,工友们检修作业时负责在一旁与区间上下车站通话,并提醒工友及时下道,"每天说得最多的是'收到',可能都有200多遍。虽然把自己包裹得很严实,但两个月下来还是没能免得了脱一层皮。"时值6月,张兆荣除穿着黄色工作服外,还戴着头巾、帽子、口罩,"刚来的时候还在微信圈里晒自拍照,现在完全是'女汉子',连化妆品也省了。"

相较于工作上的艰辛,邱百灵和工友们最难打发的是"闲暇"的时间。远方的家是他们共有的思念,一首20世纪90年代名为《最远的你是我最近的爱》的流行歌曲成了工区宿舍里单曲循环最多的歌曲。"这10年,我只陪过孩子10天,还是在今年高考的时候。"邱百灵说,"就像我错过孩子成长中变化最大的10年,每一个在青藏铁路上工作的人都有着不同的错过,但是我们唯一没有错过的是这条铁路的安全,这是我们最大的骄傲。"

据青藏铁路公司数据,截至2016年5月31日,青藏铁路公司累计运送旅客1.15亿人次,运送货物4.48亿t。其中,累计运送进出藏旅客1 800.6万人次、进出藏货物3 192.7万t。

思考题

1. 如何确定路基横断面?各组成部分宽度又如何确定?
2. 路基横断面组成包括哪些?
3. 路肩和中间带的作用是什么?
4. 路拱的形式有哪些?各有什么特点?如何确定路拱横坡?
5. 如何确定道路加宽值?加宽如何过渡?
6. 超高横坡度如何确定?
7. 超高缓和段有哪些过渡方式?适用条件是什么?
8. 超高缓和段长度如何确定?
9. 超高值如何计算?
10. 视距如何分类?视距的保证方法有哪些?
11. 横断面设计的步骤是什么?
12. 土石方调配的步骤是什么?
13. 名词解释:免费运距、平均运距、经济运距、计价土石方、运量、护坡道、碎落台、截水沟、爬坡车道、错车道、路拱、超高缓和段、超高、超高值、行车视距。
14. 土石方调配的全线复核公式是什么?

项目四 选线和定线

知识目标

纸上选线和定线的方法；平原区、山岭区和丘陵区的选线要点。

能力目标

能够在地形图上进行纸上选线和定线。

思政目标

了解青藏铁路的建设历程，培养民族自豪感和爱国情怀。

任务一 概 述

选线是公路线形设计的重要环节。选线的质量直接关系到整条公路的质量、工程造价及公路今后使用的适用性、安全性、可靠性和寿命。另外，在两点之间，可能的线路很多。地面因素又复杂多变，加之路线本身平、纵、横三方面的相互影响和制约以及路线位置对公路构造物和其他公路设施影响很大等因素，使得选线工作变得十分复杂。因此，选线是一项具有很强技术性、综合性和政策性的工作。

码 4-1 公路选线

一、选线的目的与任务

道路选线的目的，就是根据道路的性质、任务、等级和标准，结合地形、地质、地物及其沿线条件，综合平、纵、横三方面因素，在实地或纸上选定道路中线的平面位置。

道路选线的主要任务是：确定道路的走向和总体布局；具体确定道路的交点位置并选定道路的曲线要素，通过纸上或实地选线，把路线的平面位置确定下来。

二、选线方法

（一）实地选线

实地选线是由选线人员根据设计任务书的要求，在现场实地进行勘察测量，经过反复比较，直接选定路线的方法。这是我国传统的选线方法。

实地选线的特点是方法简便，切合实际，实地容易掌握地质、地形、地物情况，做出的方案比较可靠，定线时一般不需要大比例尺地形图。但是，这种方法野外工作量很大，体力劳动强度大，野外测设工作受气候季节的影响大。同时，由于实地视野的限制，地形、地貌、地物的局限性很大，使路线的整体布局有一定的片面性和局限性。实地选线适用于一般等级较低、方案比较明确的公路。

（二）纸上选线

纸上选线是在已经测得的地形图上进行路线布局、方案比选，从而在纸上确定路线，将此路线再放到实地的选线方法。

纸上选线的特点是野外工作量较小，定线不受自然因素干扰，能在室内综观全局，结合地形、地物、地质条件，综合平衡平、纵、横三方面因素，所选定的路线更为合理。但是纸上定线必须要有大比例尺地形图，地形图的测设需花费较大的工作量和具备一定设备。纸上选线的地形图若用航空摄影成图可大大缩短成图时间。

纸上选线的一般步骤是：①实地敷设导线；②实测地形图（可用人工或航测法）；③纸上选定路线；④实地放线。

随着航测技术的发展，纸上选线方法开始广泛运用，特别是对于高等级公路和地形、地物及路线方案十分复杂的公路更为适用。

（三）自动化选线

随着航测技术和电子计算机技术的发展，一种将航测和电算方法相结合的自动化选线方法已研制成功。

自动化选线的基本做法是：先用航测方法测得航测图片，再根据地形信息建立数字地形模型（数字化的地形资料），把选线设计的要求转化为数学模型，将设计数据输入计算机，则计算机按照一定的程序进行自动选线、分析比较、优化，最后通过自动绘图仪和打印机将全部设计图表输出。

自动化选线采用电子计算机和自动绘图仪代替人工去做大量繁重的计算、绘图、分析比较工作，这样能使选线方案更为合理、省工省时，是今后公路选线的发展方向。

三、选线步骤

一条道路路线的选定是经过由浅入深、由轮廓到局部、由总体到具体、由面到带进而到线的过程来实现的，一般要经过以下三个步骤。

（一）全面布局

全面布局是解决路线基本走向的全局性工作。就是在起、讫点及中间必须通过的据点间寻找可能通行的“路线带”，并确定一些大的控制点，连接起来即形成路线的基本走向。例如：在起、讫点及据点间可能沿某条河，越某座岭；可能走这一岸，也可能走另一岸。这些都属于路线的布局问题。

路线布局是关系到公路“命运”的根本问题。总体布局如果不当，即使局部路线选得再好，技术指标确定得再恰当，仍然是一条质量很差的路线。因此，在选线中，首先应着眼于总体布局工作，解决好基本走向问题。全面布局是通过路线视察，经过方案比较来解决的。

(二)逐段安排

这是在路线基本走向已经确定的基础上,进一步加密控制点,解决路线局部方案的工作。即是在大控制点间,结合地形、地质、水文、气候等条件,逐段定出小控制点。例如:翻越同一山岭垭口后是从左侧展线下山,还是从右侧展线下山,沿一条河是仅走一岸还是多次跨河两岸布线等都是属于局部方案问题。逐段安排路线是通过踏勘测量或详测前的查看路线来解决的。

(三)具体定线

这是在逐段安排的小控制点间,根据技术标准结合自然条件,综合考虑平、纵、横三方面因素,反复穿线插点,具体定出路线位置的工作。这一步更深入、更细致、更具体。具体定线由详测时的选线组来完成。

不同的设计阶段,选线工作内容应各有所侧重,后一阶段是前一阶段的继续与深化,随着勘察、设计工作的深入,应复查并优化前一阶段的路线方案,使路线线位更加完善。

四、选线的一般原则

(一)路线的基本走向必须与道路的主客观条件相适应

限制和影响道路基本走向的因素很多,但归纳起来可有主观、客观条件两类。主观条件是指设计任务书(或其他文件)规定的路线总方向、等级及其在道路网中的地位和作用。客观条件是指道路所经地区原有交通的布局(如铁路、公路、航道、航空、管道等)、城镇、工矿企业、资源状况、土地开发利用和规划的情况以及地形、地质、气象、水文等自然条件。上述主观条件是道路选线的基本依据,而客观条件则是道路选线必须考虑的因素。选线人员要从各种可能的方案中选择出一条最优的路线方案,就要充分考虑上述条件对道路的影响,使之相适应。

(二)正确掌握和运用技术标准

在工程数量增加不大时,应尽量采用较高的技术标准。不要轻易采用较低指标或极限指标,也不应不顾工程数量增加,片面追求高指标。路线布设,应在保证行车安全、舒适、快捷的前提下,做到工程数量小、造价低、运营费用少、效益好,并有利于施工和养护。

(三)选线时要处理好道路与农业的关系

注意与农业基本建设的配合,做到少占田地,并应尽量不占高产田、经济作物田,避免穿过经济林园(如橡胶园、茶林、果园等),并注意与修路造田、农田水利灌溉、土地规划等相结合。

(四)选线应重视水文、地质问题

不良地质和地貌对道路的稳定影响极大,选线时应对工程地质和水文地质进行深入勘测调查,弄清它们对道路的影响。

对于滑坡、崩塌、岩堆、泥石流、岩溶、泥沼等严重地质不良地段和沙漠、多年冻土等特殊地区的路线,应慎重处理,一般情况下应尽量绕避,必须穿过时,应选择合适的位置,缩小穿越范围,并采取必要的工程措施。

(五)重视环境保护工作

加强环保工作,重视生态平衡,为人类创造良好的生活环境,是我国的基本国策。在选线时，应综合考虑由道路修建、汽车交通运行所引起的环境保护问题。主要应注意以下几点：

（1）通过名胜、风景、古迹地区的道路，应注意保护原有自然状态，并注意与周围环境、景观相协调，严禁损坏重要历史文物。

（2）路线对自然景观与资源可能产生的影响。

（3）占地、拆迁房屋对环境带来的影响。

（4）路线布局对城镇布局、行政区划、农业耕作区、水利排灌体系等现有设施造成分割而引起的影响。

（5）噪声以及对大气、水源、农田污染所造成的影响。

（6）充分考虑对破坏自然景观、资源和污染环境的防治措施及其实施的可能性。

（六）选线应综合考虑路线控制点

路线起、讫点，必须连接的城镇、工矿企业，以及特定的特大桥、特长隧道等的位置，应为路线基本走向的控制点。大桥、长隧道、互通式立体交叉、铁路交叉等的位置，应为路线走向控制点，原则上应服从路线基本走向。中、小桥涵，中、短隧道，以及一般构造物的位置应服从路线走向。

任务二　平原地区公路选线

一、基本特征

（一）自然特征

平原主要是指一般平原、山间盆地、高原等地形平坦地区，其地形特征是地面起伏不大，一般自然坡度在3°以下。其地形、地物特征是：除泥沼、盐渍土、河谷漫滩、草原、戈壁、沙漠等外，一般多为耕地，且分布有较多的各种建筑设施，居民点较密，交通网系较密。在农业区农田水系渠网纵横交错；在城镇区则建筑、电信管网密布；在天然河网或湖区，还密布有湖泊、水塘和河汊。

码 4-2　平原区选线

从地质和水文条件来看，平原区一般不良地质现象较少，但有时会遇到软土和沼泽地段。另外，平原区地面平坦，往往排水较困难，地面积水较多，地下水位较高；平原区河流较宽阔，比降平缓，泥沙淤积，河床低浅，洪水泛滥较宽。

（二）路线特征

平原地区地形对路线的约束限制不大，路线平、纵、横三方面的几何条件很容易达到标准，路线布置主要考虑地物障碍问题，其路线特征是：平面线形顺直，以直线为主体线形，弯道转角一般较小，平曲线半径较大，在纵面上，坡度平缓，以低路堤为主。路线布设除考虑地物障碍外，一般没有太大困难。

二、布线要点

综合平原区自然和路线特征，布线时应着重考虑以下几点。

(一)以平面为主安排路线

选线时,首先在起、讫点间把经过的城镇、厂矿、农场及风景文物点作为大的控制点,在控制点间通过实地视察进一步根据地形条件和水文条件选择中间控制点,除一般较大的建筑群、水电设施、跨河桥位、洪水泛滥线范围外,以及其他必须绕过的障碍物外,均可作为中间控制点。在中间控制点之间,无充分理由一般不设转角点。在安排平面线形时,既要使路线短捷顺直,又要注意避免过长的直线,可能条件下多采用转角小、半径大的长缓平曲线线形。纵面线形应综合考虑桥涵、通道、交叉等结构物的要求,合理确定路基设计高度。注意避免纵坡起伏过于频繁,但也不应过于平缓,而造成排水不良。

(二)正确处理路线与农业的关系

处理好公路与农田规划、农业灌溉、水利设施的关系,是平原区选线的重要问题。主要注意以下几点:

(1)占用田地要与路线的作用、对支农运输的效果、工程数量及造价、运营费用等方面因素全面分析比较确定。既不能片面求直占用大量良田,也不能片面不占某块田,使路线绕行,造成行车条件差。如图4-1所示公路通过某河附近时,如按虚线方案从田中间穿过,路线短,线形好,但多占好田,填筑路基取土困难;如将路线移向坡脚(实线),里程虽略有增长,但避开了大片高产田,而且沿坡脚布线,路基可为半填半挖,既节省了土方,又避免了填方借土的远运。

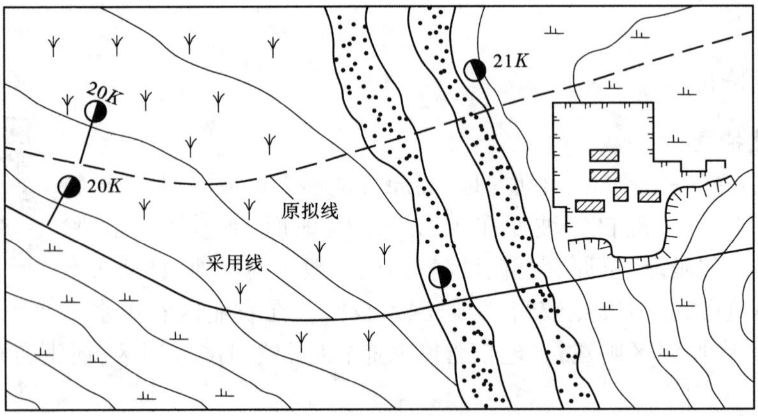

图4-1 穿越农田方案比较

(2)注意处理好路线与农田水利的关系。线路布置要尽可能与农业灌溉系统配合,除特殊情况外,一般不要破坏灌溉系统。布线要注意尽量与干渠平行,减少路线与渠道相交,最好把路线布置在渠道的非灌溉区一侧或渠道的尾部。

当路线与渠道方向基本一致时,应考虑沿渠道布线,注意堤路结合、桥闸结合,以减少占田和便利灌溉。图4-2为豫东平原某公路的一段,利用人工运河河堤与路堤结合,且使路线布设在南岸河堤上,跨越支渠少,减少了桥涵数量及农田的占用数,线路又很平直。如果因路基占用水塘,影响农田给水,可考虑将水塘另一边拓宽取土筑路,扩大水塘使之得到补偿。

(3)注意筑路与造田、护田结合。可能条件下,布线要有利于造田、护田。路线通过河曲地带,当水文条件许可时,可考虑路线直穿,裁弯取直,改河造田,缩短路线里程(或减少桥涵数量),如图4-3所示的布线方式。

当路线靠近河边低洼村庄或从农田通过时,可考虑靠河岸布线,围滩造田、护村,如图4-4所示为某公路采用沿河布置路线,借石填筑路堤,使100多亩河滩地变为良田,并保护了村庄。

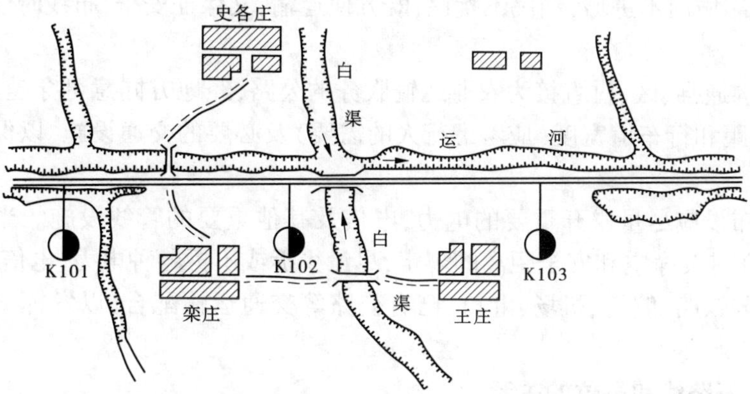

图4-2　河堤与路堤结合的条件

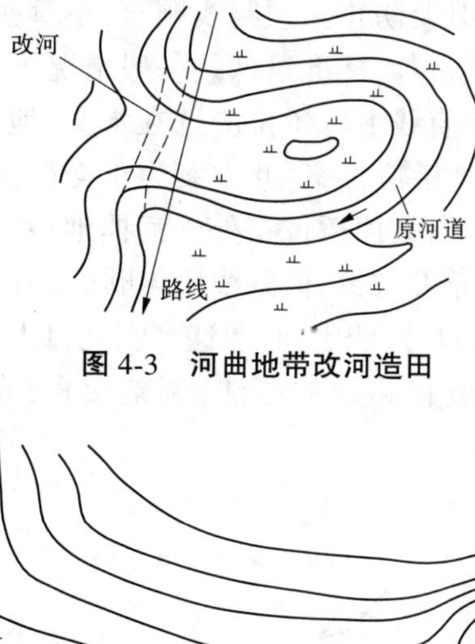

图4-3　河曲地带改河造田

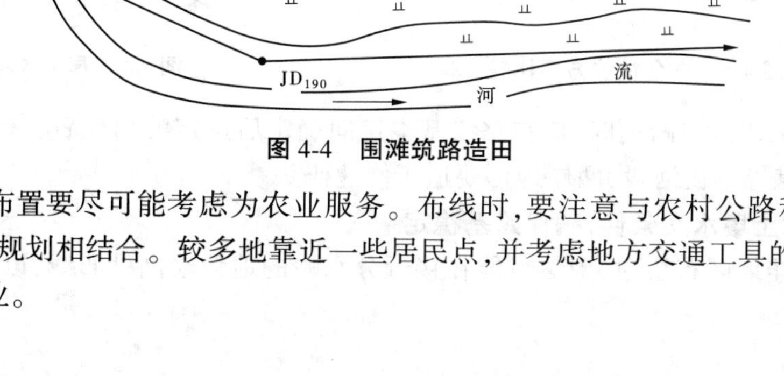

图4-4　围滩筑路造田

(4)路线布置要尽可能考虑为农业服务。布线时,要注意与农村公路和机耕道的连接以及与土地规划相结合。较多地靠近一些居民点,并考虑地方交通工具的行驶,以方便群众,支援农业。

(三)处理好公路与城镇的关系

平原区有较多的城镇、村庄、工业区及其他公用设施,路线布置应正确处理好服务与干扰、穿越与绕避、拆迁与保留的关系问题。

(1)国防与高等级干线公路,应尽量避免直穿城镇、工矿区和居民密集区,以减少相互干扰。但考虑到公路对这些地区的服务性能,路线又不宜相离太远,必要时还应考虑支线联系。做到靠城而不进城,利民不扰民,既方便运输,又保证安全,布线时注意与地区规划相结合。

(2)一般沟通县、区、村直接为农业运输服务的公路,经地方同意可穿越城镇,但要注意有足够的视距和行车道宽度(应考虑行人的需要)及必要的交通设施,以保证行人和行车的安全。

(3)路线布设应尽量避开重要的电力、电信及其他重要的管线设施。当必须靠近或交叉时,应遵守有关净空和安全距离的规定,尽量少拆或不拆各种电力、电信和建筑设施。

(4)注意与铁路、航道、机场、港口、已有公路等交通运输配合,以发挥交通运输的综合效益。

(四)处理好路线和桥位的关系

(1)大、中桥位往往是路线的控制点,应在服从路线总方向的原则下,路、桥综合考虑,选择有利桥位,布设路线。既要防止只顾路线顺直,不管桥位条件,使桥跨困难,又要防止片面强调桥位,使路线绕线过长,标准过低。一般情况下,桥位中线应尽可能与洪水主流流向正交,桥梁和引道都在直线上。桥位应选在水文、地质及跨河条件较好的河段。如图 4-5 所示为某路跨河的三个桥位方案,Ⅱ方案为正交桥位,跨河条件好,但路线线形弯曲,不利于行车;Ⅲ方案路线顺直,但桥位正处于河曲地段,对桥梁不利;综合比较Ⅰ方案,桥位虽略呈斜交,桥长稍大于Ⅱ方案,但路线比较顺适,为可取的方案。

(2)小桥涵位置原则上应服从路线走向,但遇到斜交过大(夹角小于45°时)或河沟过于弯曲时,可考虑采取改沟或改移路线的办法,调整交角,布线时应通过比选确定,如图 4-6 所示。

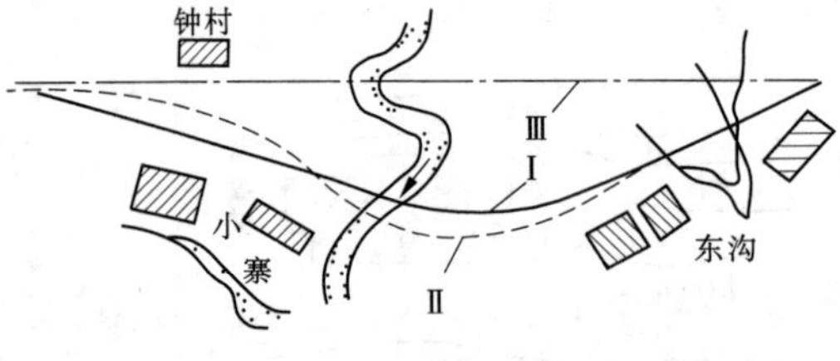

图 4-5　三个桥位方案比较

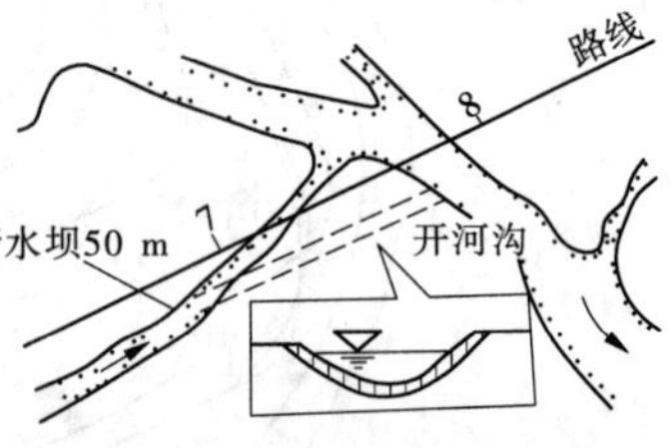

图 4-6　局部改移河沟

(3)路线采用渡口跨河时,应在路线基本走向确定后选定渡口位置,渡口位置要注意避开浅滩、暗礁等不良河段,两岸地形要适于修建码头。

(五)注意土壤水文条件,确保路基稳定

(1)在低洼地区布线时,应尽可能在接近分水岭的地势较高处布线,以使路基具有较好的水文条件。

(2)路线通过排水不良的低洼地带,布线时要注意保证路基最小填土高度,低填及个别挖方地段要注意排水处理。

(3)路线要避免穿过较大湖塘、水库、泥沼地带,不得已时应选择最窄、最浅和基底坡面较平缓的地方通过,并采取保证路基稳定的措施。

(4)沿河布线时,应注意洪水泛滥对路线的影响,一般应布线于洪水泛滥线以外,必须通过泛滥区时,桥梁、路基应有足够的高度,以免洪水淹没,并应对路基边坡进行防护加固,避免冲毁。

任务三 山岭区公路选线方法

一、基本特征

(一)自然特征

山岭地区包括分水岭、起伏较大的山、陡峻的山坡,一般地面自然坡度20°以上。其主要自然特征是:

码4-3 山岭区选线

(1)山高谷深,地形复杂,山脉、水系分明。

由于山区高差大,加之陡峻的山坡和曲折幽深的河谷,形成了错综复杂的地形,这就使得公路路线弯急、坡陡,线形很差,给工程带来困难。但清晰的山脉、水系也给山区公路走向提供了依据。因此,在选线中摸清山脉、水系的走向和变化规律,对于正确确定路线的基本走向,选择大的控制点是十分重要的。

(2)石多、土薄、地质复杂。

由于山区的地质层理和地壳性质在短距离内变化很大,地质构造复杂,加之气候、水文及其他大气候因素变化急剧,引起强烈的风化、侵蚀和分割作用,不良地质现象(如岩堆、滑坡、碎落、泥石流等)较多。这些直接影响着路线的位置和路基的稳定。因此,在山区选线工作中,认真做好地质调查,掌握区域地貌和地质情况,摸清不良地质现象的规律,处理好路线与地质的关系,并在选线设计中采取必要的防护措施,对于确保路线质量和路基稳定具有十分重要的意义。另外,山区石多、土薄,给公路建设提供了丰富的石料料场。

(3)水文条件复杂。

山区河流曲折迂回,河岸陡峻,比降大、水流急,一般多处于河流的发源地和上游河段。雨季暴雨集中,洪水历时短暂,猛涨猛落,流速快,流量大,冲刷和破坏力很大,这样复杂的水文条件,要求在选线中正确处理好路线和河流的关系,选择好桥位并对路基和排水构造物采取必要的加固措施,确保路基稳定。

(4)变化的山区地形和地貌,引起多变的气候。

一般山区气温较低,冬季多冰雪(特别是海拔较高的山区),一年四季和昼夜温差很大,山高雾大,空气较稀薄,气压较低。这些气象特征对于汽车行驶的效率、安全和通行性能都有很大的影响,这些在选线时应充分考虑。

(二)路线特征

由于自然条件复杂,地形变化很大,使得路线在平、纵、横三方面受到很大限制,因而技术指标一般多采用低限。在所有自然因素中,高差急变是主导因素。因此,在路线布设时,一般多以纵面线形为主安排路线,其次是横面和平面。在选线时,要注意分析平、纵、横三方面因素,结合影响路线的主要自然因素,综合考虑,求得协调合理。山区按地形布线可有沿溪线、越岭线、山脊线等,如图 4-7 所示。

1. 沿溪线路线特征

沿溪线是指公路沿一条河谷方向布设路线,如图 4-7 中的 *AB* 路段,其基本特征是路线总的走向与等高线一致。

沿溪线主要有以下有利条件:

(1)路线走向明确。由于沿溪线路线遵循河流(或溪谷)方向布线,因此除个别冗长河曲外,一般无重大路线方案问题。如图 4-8 所示为路线走向沿河流方向布置情况。

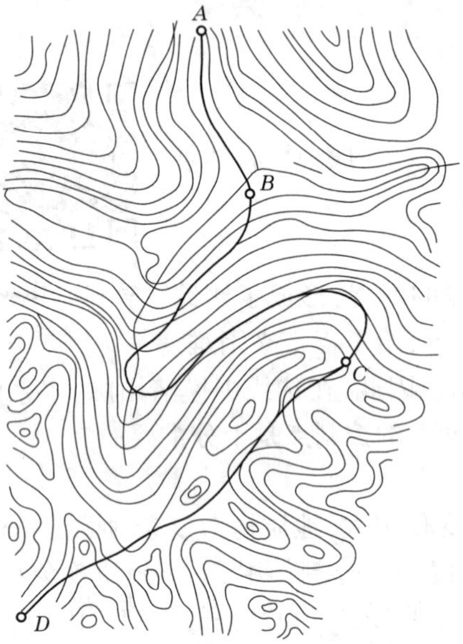

图 4-7　山区按地形布线的方式

图 4-8　路线走向沿河流方向布置情况

(2)线形较好。除个别悬崖陡壁的峡谷地段和河曲地带外,一般的开阔河谷均可有台地利用,因而路线线形标准较易达到,线形较好。同时,由于河床纵坡一般都较路线纵坡为小(个别纵坡陡峻、跌水河段除外),因而路线纵坡不受限制,很少有展线的情况,平面受纵面线形的约束较小。

(3)施工、养护、运营条件较好。沿溪线海拔低,气候条件较好,对施工、养护、运营有利,特别在高寒地区更为有利。另外,沿溪线傍山临河,一般砂、石、木材都比较丰富,取水方便,为施工、养护提供了就地取材的条件。

(4)服务性能好。山区城镇和居民点大多傍山近水,沿河分布,特别是在河口三角地区,更为人口密集的地方。路线走沿溪方案,能更好地为沿线居民点服务,发挥公路的社会效益。

(5)傍山隐蔽,利于国防。沿溪线线位低,比山脊线和越岭线的隐蔽性好,战时不易被破坏。

沿溪线也有一些不利的条件，有时不利因素突出时，往往成为否定沿溪线方案的理由，其主要不利条件如下：

(1)受洪水威胁较大。洪水是沿溪线的主要障碍，沿溪线的线位高低、工程造价、防护工程量等直接受洪水的影响。处理好路与水的关系是沿溪线的重要问题。

(2)布线活动范围小。由于河谷限制(特别是峡谷河段)，路线线位左右摆动的余地很小。当路线遇到河岸条件差(如悬崖陡壁、不良地质地段等)时，绕过比较困难，如果冒险直穿，不是遗留后患，就是防护工程很大，增加工程造价。

(3)陡岩河段，工程艰巨。在路线通过陡岩河段时，工程艰巨，难点很多，给公路测设和施工带来很大困难。同时，由于工程量集中，工作面狭窄，使工期加长，对于一些任务较紧的国防公路，往往因此而不得不放弃良好的沿溪线方案。

(4)桥涵及防护工程较多。沿溪线线位低，往往要跨过较多的支沟，使桥涵工程增加。同时，为了防御洪水的侵袭和破坏，防护工程必然很多。这些都较大地增加了工程造价。

(5)路线布置与耕地的矛盾较大。河谷两岸台地虽是布线的良好场地，但在山区这些地方多是农田耕作地，对于耕地困难的山区，这些良田尤为宝贵。因而，在这些路段与占地的矛盾比较突出。

(6)河谷工程地质情况复杂。通常河谷两岸多处于路基病害(如滑坡、岩堆、坍塌、泥石流)的下部，路线通过容易破坏山体平衡，带来后患。另外，在寒冷地区的峡谷段，日照少，常有积雪、雪崩和流冰现象。这些都给公路的设计、施工、养护、运营带来困难。

2. 越岭线路线特征

越岭线是指公路走向与河谷及分水岭方向横交所布设的路线，如图4-7中的*BC*段，路线连续升坡，由一个河谷进入另一个河谷的布线方式。

越岭线的主要有以下有利条件：

(1)布线不受河谷限制，活动余地大。越岭线无河谷限制，布线时可能的方案较多，布线时遇不良地质、艰巨工程及重要地物限制时，要避让比较容易，布线灵活性大。

(2)不受洪水威胁和影响。由于无洪水问题，一般路基较稳定，桥涵及防护工程较沿溪线少。

(3)当采用隧道方案时，路线短捷且隐蔽，有利于运营和国防。

越岭线主要有下列不利条件：

(1)里程较长、线形差、指标低。由于路线受高差限制，升坡展线需使路线增长，纵面线形较差。特别在地形复杂时(如"鸡爪"地形、陡峻迂回的山坡等)，常使路线弯急坡陡，工程数量也很大。

(2)施工、养护、运营条件差，服务性差。越岭线线位高，远离河谷，施工用水、砂石材料的运输等都不方便。回头展线地段，上下重叠施工较困难。

(3)路线隐蔽性差，不利于国防。

3. 山脊线路线特征

山脊线是指公路沿分水岭方向所布设的路线，如图4-7中的*CD*段。实际上一般连续而又平顺的山脊往往很少，所以较长的山脊线一般很少见，一般多与山坡线结合。作为越岭线垭口两侧路线的过渡段。若采用部分山脊线，则必须有适宜的山脊，一般应服从路线走向。分水线平顺直缓，起伏不大，岭肥厚，垭口间山坡的地形、地质情况较好的山脊是较好的布线条件。

山脊线的有利条件是：①当山脊条件好时，山脊线一般里程短，土石方工程量小；②水文、地质条件好，路基病害少、稳定，地面排水条件好；③山脊线河谷少且小，桥涵人工构造物少。

山脊线的不利条件是：①线位高，远离居民点，服务性能差；②山势高、海拔高、空气稀薄，冬季云雾、积雪、结冰较大，对行车和养护都不利；③远离河谷，砂石材料及施工用水运输不便。

二、布线要点

(一)沿溪线布线要点

路线布设的首要任务就是利用有利条件，防止和避让不利条件。沿溪线布局的决定因素是水的问题。由于路线自始至终都要与河流打交道，因此解决好路线与水的关系是沿溪线布局的关键。路线与河流的基本关系主要是指平面关系和纵面关系，平面关系主要是解决择岸问题，而纵面关系则主要是解决线位的高低问题。

1. 河岸选择

择岸，主要是解决路线是否跨河（一岸布线还是两岸布线）和选择走哪一岸两个问题。

1) 跨河问题

任何一条沿溪线公路，除起点和终点两点在同一岸，且相距又很近，工程又不大时，不考虑跨河外，一般情况下都有是否跨河两岸设线的问题。对于较大的河流，如果不是中间控制点的需要，一般因跨河桥梁工程过大而不宜跨河。但是，对于中小河谷，由于跨河较易，应充分利用两岸有利地形，往返跨河时有发生。

路线往返跨河主要有以下几种原因：

(1) 中间主要控制点的需要，当路线起点和终点在河岸两侧，至少必须跨河一次。有时，起点和终点虽在河流同一岸，控制点在对岸（见图 4-9），这时，可有两种布线方式：一种是两次跨河方案，如图 4-9 中虚线；另一种是一次跨河方案，如图 4-9 中实线，用支线与中间控制点连接。一般情况，后一方案可省一座桥，且干线直达快速，路线短捷，是应优先考虑的方案。

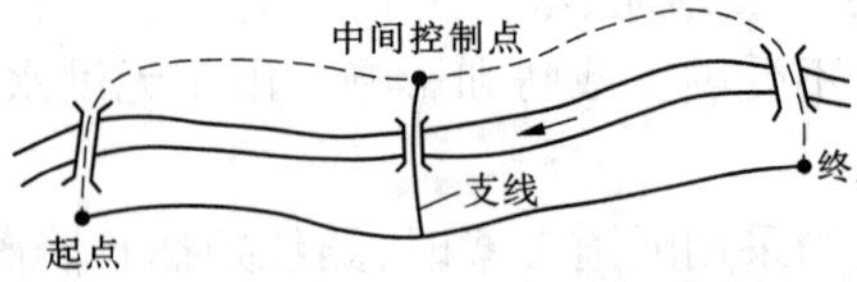

图 4-9 连接中间点的跨河方案

(2) 由于避让严重不良地质地段的需要，对于严重地质病害无法穿越或处理时，可考虑跨河绕避方案。

(3) 由于避让艰巨工程跨河。在峡谷带，河谷两岸地形的好坏变化常是交替出现的，为了利用有利地形，避开艰巨石方工程，常采用两岸交替布线。

(4) 避让其他地物障碍，如铁路、农田、大型水利工程、重要建筑设施等。

(5) 由于线形标准的需要。这种情况一般是公路等级较高、河沟较小时出现。

2)择岸

沿溪线考虑跨河是与择岸同时进行的。两岸情况不尽相同,各有利弊,选择时应综合比较确定。主要综合考虑以下几方面因素:

(1)两岸地形、地质、水文条件。

(2)积雪和冰冻的影响。主要是积雪地区,阳坡和阴坡、迎风面和背风面的气候条件差异很大,在不影响路线总体布局的前提下,一般走阳坡面和迎风面比较有利,可减少积雪和流冰对公路的危害,但在冰冻地区,则走阴坡面比较有利。

(3)城镇、工矿和居民点的分布情况。

(4)两岸施工、养护以及路线等级标准和投资情况。

2. 线位高低的确定

线位高低是路线纵面线形布局的问题。路线沿岸走多高,首先应考虑洪水的威胁。不管是高线位还是低线位,均应在设计洪水位以上一定安全高度。因此,在选线中应认真做好洪水位调查工作,以确保路线必需的最低线位高度。

(1)低线位,是指路基高出设计洪水位不多,路基上侧临水很近的布线方案。其主要优点是:一般情况有台地可以利用;地形较好,平面线较顺适,纵面切割不大,容易达到标准;路线低,填方边坡低,土石方数量少,边坡较稳定,路线活动余地稍大,跨河利用有利条件和避让不利条件较容易;养护、施工用水、取材较方便;从国防来看,路基破坏后因线位低抢修也很快。

低线位的主要缺点是:线位低,受洪水威胁大,通常防护工程较多,低线位多在沟口附近跨越支沟,桥涵孔径较大,基础工程也较困难;路线与农田矛盾较大,处理废方比较困难。

(2)高线位,指路线高出洪水位较多,完全不受洪水威胁的布线方案。其路线特征与山坡线相近。其主要优点是:无洪水影响,防护工程较少,废方处理问题不突出。当采用台口路基时,路基比较稳定。

高线位的主要缺点是:路基多用台口路基,挖方大,废方较多,由于线位高,路线势必随山形走势绕进绕出,特别是“鸡爪”地形地段,线形差,土石方大,跨支沟的桥涵构造物较多,工程费用较高,路基边坡常出现“缺口”,因而挡土墙和加固工程较多,线位高需要跨河时比较困难;施工、养护取料、用水也不如低线位方便。

综上所述,高线位一般害多利少,在洪水允许的条件下,无特殊问题时,一般以低线位为主,结合路线具体条件,局部路段采用高线位。

3. 桥位选择

按路线与河流的关系,有跨支流和跨主流两类桥位。跨支流的桥位选择,一般属于局部方案问题,而跨主河的桥位选择多属于路线布局的问题。跨主河的桥位往往是确定路线走向的控制点,它与河岸选择相互依存、相互影响,进行河岸选择的同时,要认真研究好跨河桥位的选择。当路线由于地形、地质原因需要换岸布线时,如果桥位选择不好,勉强跨河,不是造成桥头线形差,就是增大桥梁工程。因此,在选择河岸的同时,要研究处理好桥位及桥头路线的布设问题。

路线跨越主河,由于路线与河流接近平行,桥头布线一般比较困难,因此在选择桥位时,除应考虑桥位本身水文、地质条件外,还要注意桥头路线的舒顺,处理好桥位与路线的关系。常见有以下几种情况：

(1)在S形河段腰部跨河,以争取桥轴线与河流成较大交角。如图4-10所示,本例是个中小桥,采用斜桥方案,则更有利于路桥配合。

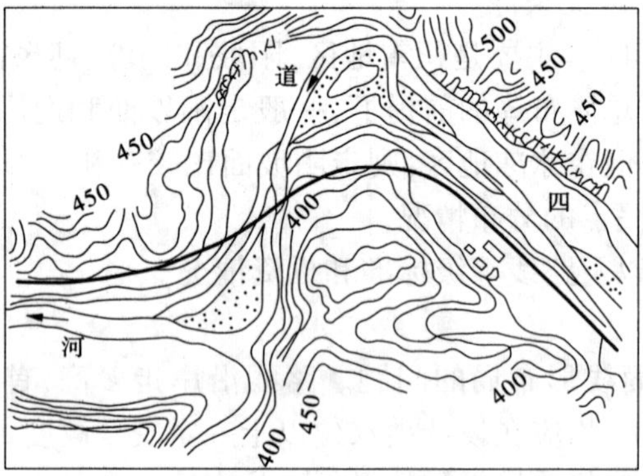

图4-10　利用S弯跨河

(2)在河湾处选择有利位置跨越,但要注意水流对桥的影响,采取保护措施,如图4-11所示。

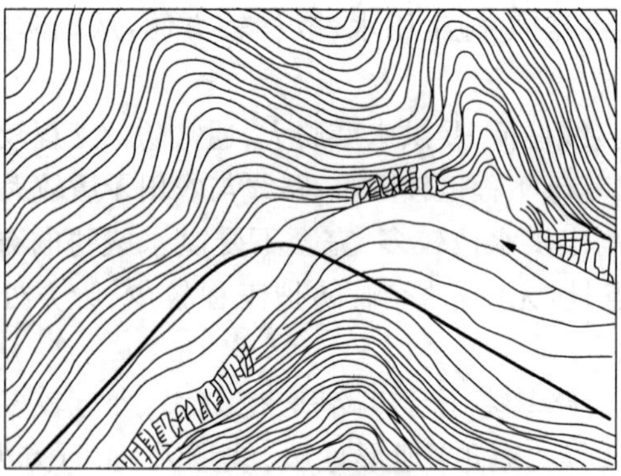

图4-11　利用河湾跨河

(3)在与路线接近平行的顺直河段上跨河,桥头引道难以舒顺。如图4-12所示的桥位应尽量避免。当必须在这种河段跨越时,中、小桥可考虑设置斜桥以改善桥头线形;如为大桥,当不宜设斜桥时,宜把桥头路线做成杓形或布置一段弯引桥,或两者兼用。总之,桥头曲线要争取较大半径,以利行车(见图4-13)。

(二)越岭线布线要点

克服高差是越岭线的关键。因此,在布线时,应以纵面为主导安排路线,结合平面线形和路基的横向布置进行。

越岭线布线要点有垭口选择、过岭标高选择和展线布局三个问题。

1. 垭口选择

垭口是分水岭山脊上的凹形地带(又叫鞍部),由于标高低,常常是越岭线的重要控制点。

垭口选择应在符合路线总方向的前提下,综合各方面因素,从可能通过的垭口中根据其标高、位置、两侧地形、地质条件及气候条件反复比较确定。

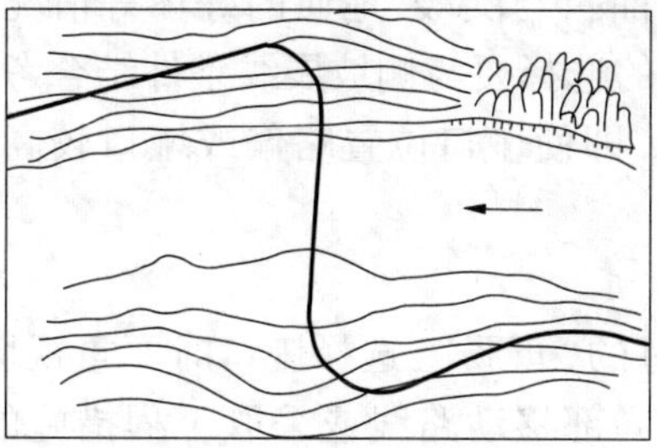

图 4-12　不利桥位

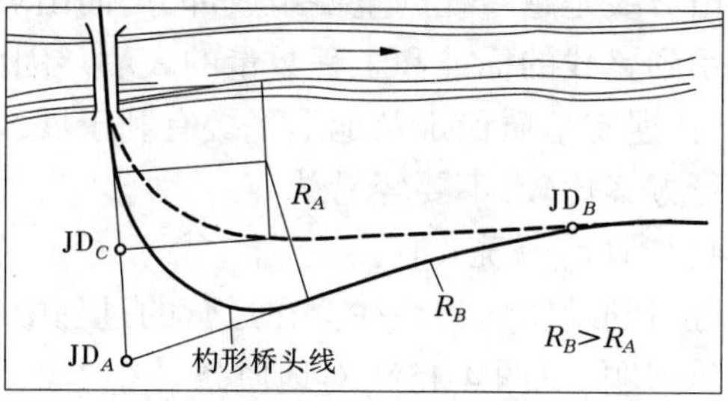

图 4-13　大半径桥头线形

1) 垭口的高低

垭口海拔的高低及其与山下控制点的高差,直接影响路线展线长度、工程数量大小和营运条件。在展线条件相同时,垭口降低的高度 Δh 和缩短的里程 Δl 有如下的关系:

$$\Delta l = 2\Delta h \frac{1}{i_p} \tag{4-1}$$

式中　i_p——展线的平均坡度,一般为 5%~5.5%。

由式(4-1)可知,若垭口低 50 m,可缩短里程 2 km(采用 5%)。在地形困难的山区,减少 2 km 公路节省的造价是可观的,同时运营费用也得以减少。

另外,在高山地区,低垭口对于行车和养护都是有利的。有时为了获得较好的行车和养护条件,即使路线较偏,也可能绕线从低垭口通过。

2) 垭口的位置

选择垭口不仅要低,而且垭口的位置要符合路线的基本走向,即路线通过垭口时不需要无效延长路线就能和前后控制点相接,如图 4-14 所示,A、B 控制点间有 C、D 两个垭口,从平面位置看,C 垭口在 AB 直线上,D 垭口偏离直线较远,但从符合路线基本走向来看,穿 D 垭口比穿 C 垭口反而展线短些,平面线形还要好些,因此 D 垭口比 C 垭口更合乎路线走向。

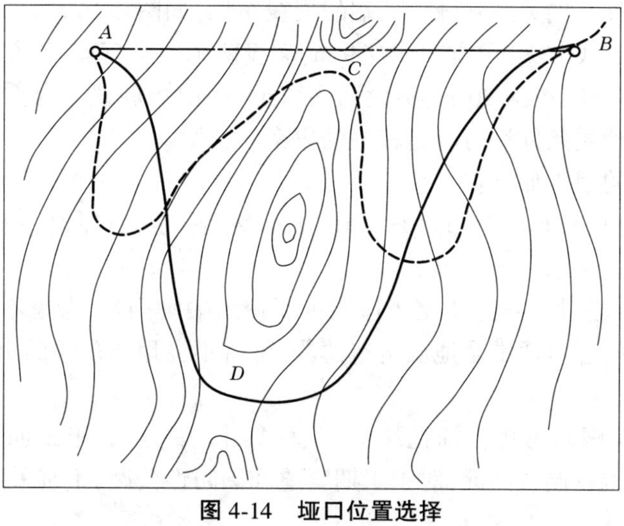

图 4-14　垭口位置选择

3)垭口两侧地形和地质条件

山坡线是越岭线的重要组成部分,而山坡坡面的曲折与陡缓、地质的好坏等情况,直接关系到路线的标准和工程数量的大小。因此,垭口的选择要与侧坡展线条件结合考虑。选择时,遇有地质稳定及地形平缓有利于展线的侧坡,即使垭口位置略偏或垭口较高,也应进行方案比较,不要轻易放弃。

4)垭口的地质条件

垭口的地质病害往往会在运营的过程中形成通过的“盲肠”,选择垭口时要重视垭口的地质问题(见图4-15),对地质条件很差的垭口,用局部移动路线或采取工程措施的办法亦不能解决,应予放弃。

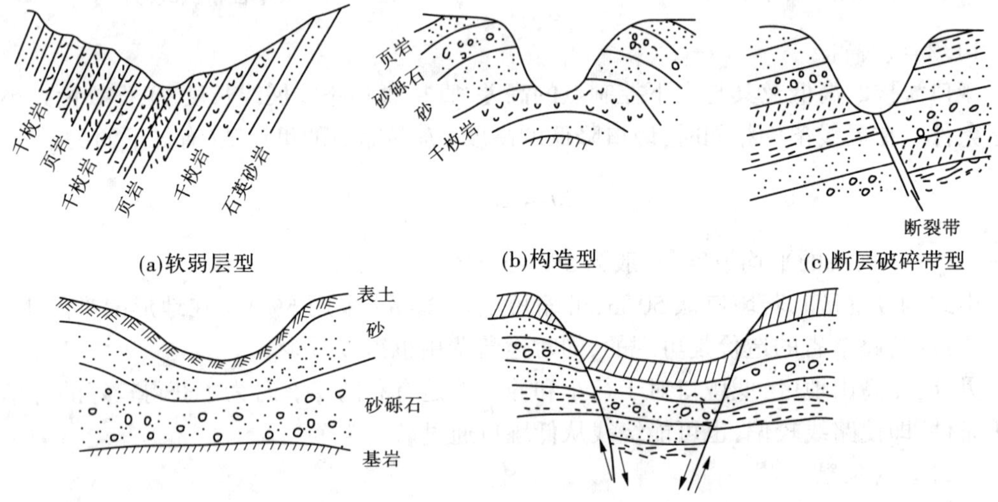

(a)软弱层型　(b)构造型　(c)断层破碎带型

(d)松软层型　(e)断层陷落型

图4-15　垭口地质条件

2. 过岭标高选择

过岭标高是越岭线布局的重要控制因素。不同的控制标高,不仅影响工程大小、路线长短、线形标准,而且直接关系到垭口两端的展线布局,如图4-16所示。由于选用了不同的挖深出现了三个展线方案,甲方案浅挖9 m,需设两个回头弯道;乙方案挖深13 m,只需设一个回头弯道;丙方案挖深20 m,不设回头弯道,顺山势展线。丙方案线形好,路线最短,有利于行车,在地质条件许可时是较好的方案。

决定过岭标高的因素如下:

(1)垭口及两侧的地形。当过岭地段山坡平缓,垭口又宽厚时,一般宜多展线,用浅挖或低填方式。

(2)垭口的地质条件。这是决定垭口能否深挖的关键因素,考虑不周,今后会形成坍塌堵车。造成后患的垭口通常是地质构造薄弱,常有不良地质现象的山脊凹陷地带,选线时要特别注意。

(3)结合施工及国防考虑。深挖垭口,工程集中、废方大、施工面狭窄,因而工期较长,同时,战时修复也较慢。因此,对于工期紧迫和国防性公路,不宜采用深挖。

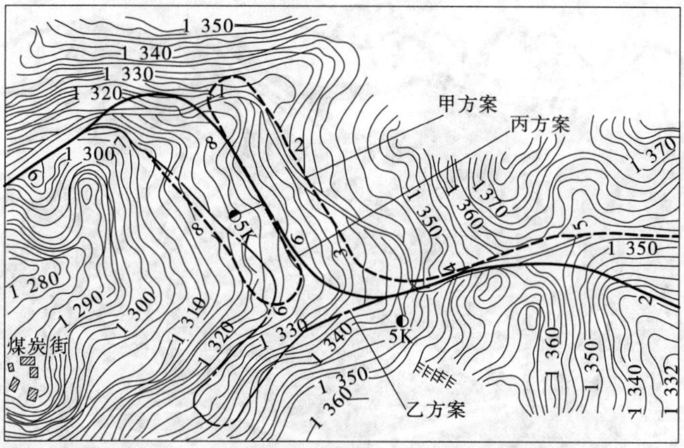

图 4-16　垭口采用不同挖深的展线布局方案

过岭的方式有三种:浅挖低填垭口、深挖垭口、隧道穿过。一般情况下(除宽厚垭口或地质条件很差外)常用深挖方式过岭,当挖深在 20 m 以上时则应与隧道方案进行比较。

3. 展线布局

1) 展线的基本形式

展线就是采用延长路线的办法,逐渐升坡克服高差。展线的基本形式有以下三种,如图 4-17 所示。

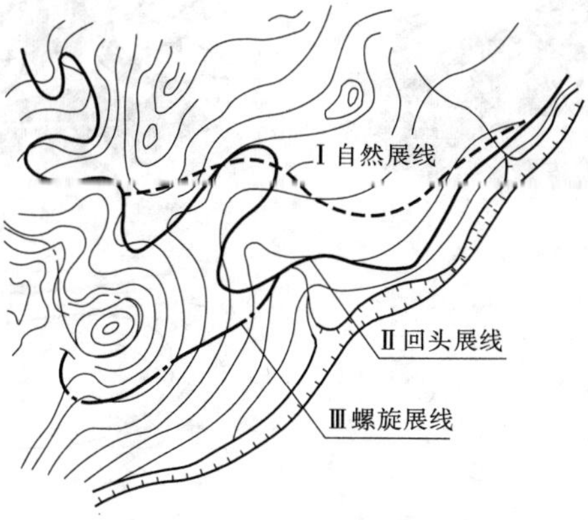

图 4-17　越岭展线形式

(1) 自然展线,见图 4-17 中的Ⅰ方案,当山坡平缓、地质稳定时,路线利用有利地形以小于或等于平均纵坡(5%~5.5%)均匀升坡展线至垭口。这种方式的特点是:平面线形较好,里程短,纵坡均匀。但由于路线较早地离开河谷,对沿河居民服务性差,路线避让艰巨工程和不良地质的自由度不大。

(2) 回头展线,见图 4-17 中的Ⅱ方案。路线沿溪至岭脚,然后利用平缓山坡用回头曲线展线升坡至垭口。其特点是:平曲线半径小,同一坡面上下线重叠,对施工、行车和养护都不利。但能在短距离内克服较大的高差,并且回头曲线布线灵活,利用有利地形避让艰巨工程和地质不良地段比较容易。图 4-18 为利用有利地形布局回头展线的实例。

图 4-18　回头展线

(3)螺旋展线。这种展线实际就是一种路线转角大于 360°的回头展线形式。其特点是:路线利用有利的山包或山谷,在很短的平面距离内就能克服较大的高差,它虽比回头曲线有较好的线形,避免了路线的重叠,但因需要桥或隧道,将使工程造价增大。

螺旋展线可有上线桥跨和下线隧道两种方式,分别见图 4-19 和图 4-20。

(a)立体图

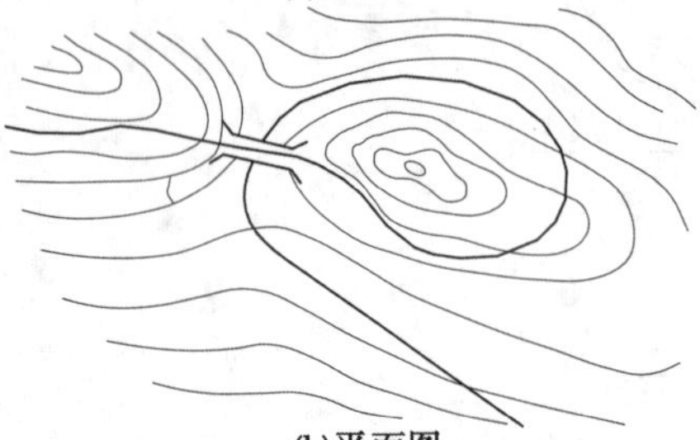

(b)平面图

图 4-19　上线桥螺旋展线

(a)立体图

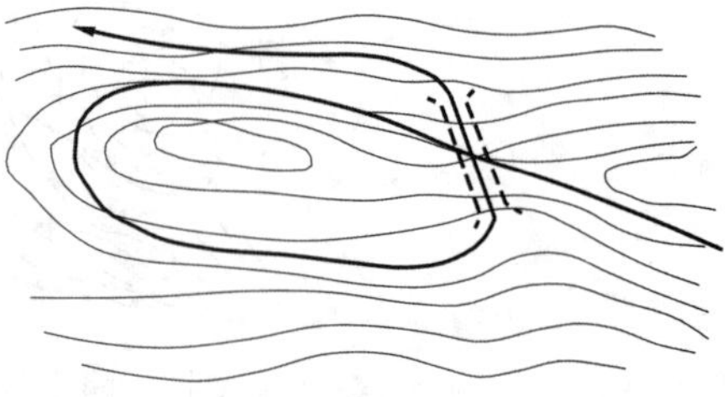

(b)平面图

图 4-20　下线桥螺旋展线

以上三种展线形式中,一般应首先考虑采用自然展线,不得已时采用回头展线,当地形十分困难,又有适宜的山谷或山包时,为在短距离内克服较大的高差,可考虑螺旋展线,但需做方案比较确定。

2)展线布局的步骤

首先,拟定路线大致走法。在调查或踏勘阶段确定的主要控制点间,进行广泛勘查,调查地形及地质情况,以带角手水准粗略勘定坡度作为指引,注意利用有利地形、地质,拟定路线可能的大致走法。

其次，试坡布线。试坡的目的是进一步落实初步拟定的路线走法的可能性，发现和加密中间控制点，发现局部比较方案，拟定路线布局。试坡由已定的控制点开始。越岭线通常先固定垭口，由上而下，视野开阔，便于争取有利地形。因此，一般多由垭口向下试坡。试坡选用的平均坡度，应根据标准的规定，地形曲折，小半径曲线多的地段，可略低于规定值。在试坡过程中，遇到必须避让的地物、工程艰巨及地质不良地段，以及拟用作回头的地点，要把路线最适宜通过的位置暂时作为一个中间控制点。

再次，分析落实控制点，决定路线布局。经试坡确定的控制点，有固定和活动之分：第一种是位置和高程都不能改变的，如工程特别艰巨地点、某些受限制很严的回头地点，第二种是必须利用的但高程可以活动的，如垭口、重要桥位等；第三种是位置和高程都有活动余地的，如侧沟跨越地点、宽阔平缓山坡的回头地点等。第一种情况较少，第二、三种居多。落实时，先调整那些活动范围小的，把高程和位置确定下来，然后研究活动范围大的，以达到既不增大工程数量，又使线形合理的目的。

最后，进行详细放坡试定路线。

（三）山脊线布线要点

由于分水线的引导，山脊线大的走向基本明确。布线主要解决以下三个问题。

1. 控制垭口选择

在山脊上，连绵布置着很多垭口，每一组控制垭口代表着一个方案。因此，选择控制垭口是山脊布线的关键，一般当分水岭顺直、起伏不大时，几乎每个垭口均可暂作控制点。如地形复杂、山脊起伏较大且较频繁、各垭口高低悬殊时，则低垭口即为路线控制点，而突出的高垭口可以舍去。在有支脉的情况下，相距不远的并排垭口，则选择前后与路线联系较好的、路线较短的垭口为控制点。选择垭口时，还应与两侧布线条件结合起来考虑。

2. 侧坡选择

分水岭的侧坡是山脊线的主要布线地带，选择哪一侧山坡，要综合分析比较确定。一般情况下，坡面平缓、整齐、顺直、路线短捷、地质稳定、横隔支脉较少、向阳的山坡布线较为理想。

如图 4-21 中 A、D 两垭口为前后路线走向基本确定的控制点，其间有 B、E、C 三个垭口，由此可有Ⅰ、Ⅱ、Ⅲ三种走法。经比较，显然 C 垭口比 B、E 垭口高 35 m，使Ⅲ线起伏较大，不予考虑。Ⅰ线走左侧山坡，路线短捷，平面顺直，但其横坡较陡，需穿过一陡岩和跨越一较深的山谷。Ⅱ线走右侧山坡，路线绕线较长，平面线形稍差，但纵面平缓，横坡也较平缓，工程量较小。Ⅰ、Ⅱ两线各有利弊，需进一步放坡试线，结合其他因素综合比较确定。

3. 试坡布线

山脊线有时因两垭口控制点间高差较大，需要展线；有时为避免路线过于迂回，要采用起伏纵坡，以缩短里程。因此，常常需要试坡布线。常见有以下三种情况：

（1）垭口间平均纵坡不超过规定。一般情况如中间无太大的障碍，应以均匀坡度沿侧坡布线。若中间遇障碍，则可以加设中间控制点，调整坡度，向两端垭口按均匀坡度布线。如图 4-21 中的Ⅰ方案就是以中间支脉垭口 B 为中间控制点向两端试坡布线。

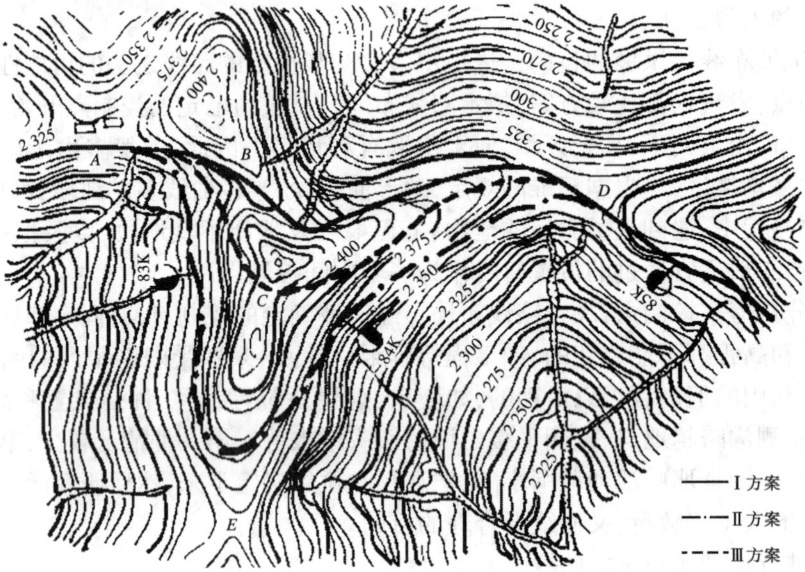

图 4-21　山脊线侧坡选择

(2)垭口间有支脉相隔。这时,应在支脉上选择合适的垭口作为中间控制点。如图 4-21 中支脉上的 C、E 两垭口,而 C 垭口因过高而舍弃。为了进一步比较Ⅰ、Ⅱ两线,从低垭口 D 以 5%~5.5%的坡度向 E 垭口试坡,定出 E 控制点,其工程量小,施工较易,当交通量不大时宜采用。

(3)垭口间平均纵坡超过规定时。这种情况需进行展线,山脊展线的布线是十分灵活的。选线时,应分成地形、地质条件,采用填挖、旱桥、隧道等工程措施来提高低垭口、降低高垭口;也可利用侧坡、山脊有利地形作回头展线或螺旋展线,其具体做法见本节越岭线。

任务四　丘陵区公路选线

一、基本特征

(一)自然特征

丘陵是介于平原和山岭区之间的地形,它包括微丘和重丘两类地形。

微丘是指起伏不大的丘陵。地面自然坡度在 20°以下,相对高差在 100 m 以内,设线一般不受地形限制。

重丘是指连绵起伏的山丘。具有较深的沟谷和较高的分水岭,地面自然坡度在 20°以上。路线平面、纵面部分受地形的限制。

丘陵地区的地形特征是:山势平缓起伏,山形迂回曲折,山丘连绵,岗坳交错,高差不太大,横坡不太陡,山脉和水系不如山岭区明显,具有多变的地形、地貌特征。

丘陵区变化的地形,使地物情况变化也较大。一般丘陵区农业都比较发达,土地种植面积广,种类繁多,低地为水稻田,坡地多为旱地或经济林,小型水利设施也较多。居民点、建筑群、风景、文物点及其他设施在平坦地区时有出现。这些地点是布线应考虑的控制点。

(二)路线特征

丘陵复杂多变的地面形态,决定了通过丘陵地区路线的基本特征是:平面以平曲线为主体,纵面线形起伏而构成与地形相适应的空间线形,如图 4-22 所示。丘陵地区线形的主要特点是:

(1)局部方案多,布线的可能情况多样。

(2)路线平面、纵面、横断面关系密切,相互之间的约束和影响很大。

(3)丘陵地区线形指标一般较好,但线形指标运用时变化幅度较大,既不像平原区一般多用高限指标,也不像山岭区多用接近低限指标。

图 4-22　丘陵地区公路

二、布线要点

丘陵区选线主要是解决平、纵、横三方面与错综复杂的地形之间的矛盾。结合地形合理选用指标,使平面适当曲折,纵面略有起伏,横面稳定经济,达到平、纵、横三方面与地形协调一致是丘陵区选线的根本任务。

根据经验,丘陵地区布线,一般按三类地形地带分段布线,其要点是:

(1)平坦地带——走直线。

在平坦地带,一般按平原区以方向为主导的方式布线。如无地物、地质障碍或应趋就的风景、文物、城镇居民点,一般应按直线布线;如有障碍等,则应加设中间控制点,以小转折、长缓的曲线为主。

(2)斜坡地带——走匀坡线。

匀坡线是指两点之间沿自然地形,以均匀坡度确定的地面点的连线,如图 4-23 所示。匀坡线是通过多次试坡求得的。当两控制点之间无障碍等因素影响时,可直接按均坡线布设;若有障碍,则在障碍处加设中间控制点,分段按匀坡线控制。

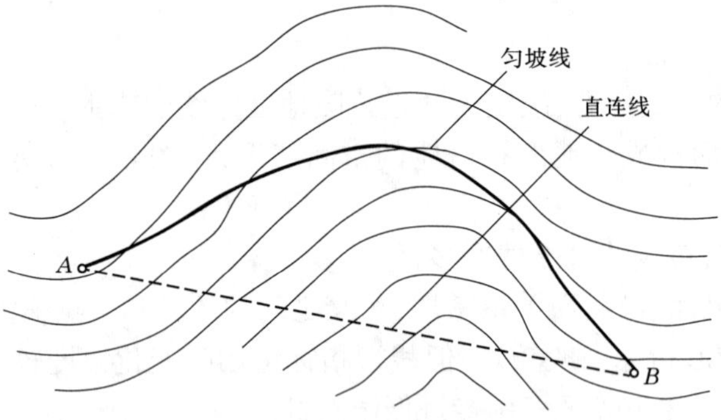

图 4-23　匀坡线示意图

(3)起伏地带——走中间。

起伏地带实际可视为斜坡地带(上坡和下坡地带)的组合,只不过是地面横坡较缓,匀坡线很迂回。所谓“走中间”,就是路线在匀坡线和直线之间选择平面顺适、纵面均衡的合理路线。

路线两控制点间要通过起伏地带,意味着路线要穿过交替的丘梁塌谷。其中间可能有一组或多组起伏地带。对于多组起伏,只需在中间梁顶(或谷底)加设中间控制点即可。因此,下面着重研究两已知控制点间包括一组起伏地带的情况。如图 4-24 所示,A、B 为两相邻梁顶,中间为一坳谷,构成一组起伏地带。如果路线由 A 至 B 硬拉直线,路线虽然最短,但纵面起伏大,线形差,势必出现高填深挖,增大工程量,如果沿匀坡线走,则纵面坡度平缓、均匀,但路线又增长很多,平面线形又差,也不理想。可见,“硬拉直线”和“弯曲求匀”的极端做法都是不正确的。

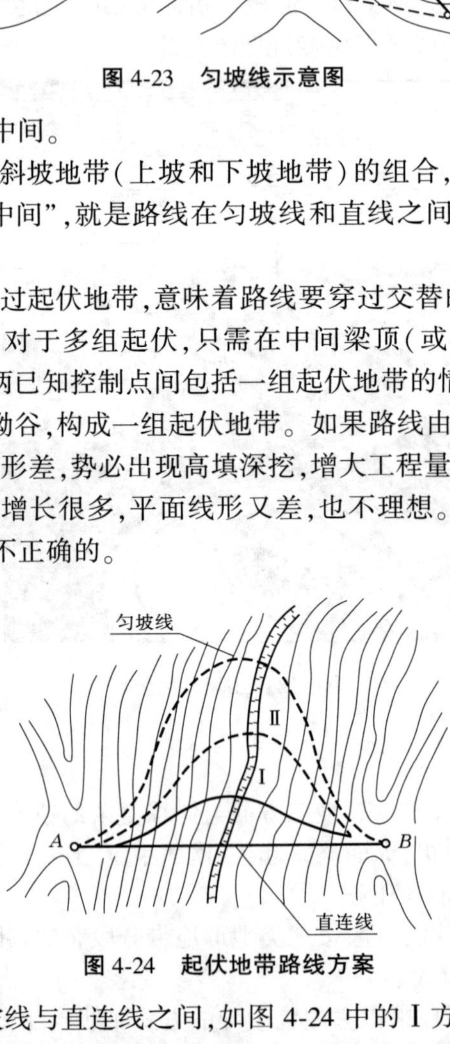

图 4-24　起伏地带路线方案

如果路线布设于匀坡线与直连线之间,如图 4-24 中的Ⅰ方案或Ⅱ方案,比直线的起伏小,比匀坡线的距离短,而使用质量有所提高,工程造价有所降低,是较合理的布线方案。至于路线在直连线及匀坡线之间的具体位置,要根据公路等级,结合地形作具体分析,以使平、纵、横协调来确定。

对于起伏较小地带,要在坡度和缓的前提下,再考虑平面和横面的关系。一般是低等级公路为减少工程造价,平面上可迂回长一些,即离直线稍远些;较高等级公路则宁可多做些工程,尽可能缩短距离,路线位置可离直线近一些。

对于较大的起伏地带,因高差大且两侧高差常不相同,高差大的一侧的坡度常常是布线的决定因素。一般以高差大的一侧为主,结合梁顶的挖探或谷底的填高来确定路线的平面位置。

总之,丘陵地区选线时,可通过方案较多,地面因素也多,方案之间差异有时不太明显,这就要求选线人员要加强踏勘调查,用分段布线、逐步渐近的办法,详细分析比较,最后选定一条合理的路线。

任务五 纸上定线

一、定线的基本任务和方法

码 4-4 定线

道路定线的基本任务是在选线布局完成后,按照既定的技术标准和选线布局阶段选定的“路线带”(或叫定线走廊)的范围内,结合地形、地质条件,综合考虑平、纵、横三方面的合理安排,具体定出路线中线的确切位置。要求在平面上定出路线的交点、转点和平曲线半径,在纵面上定出坡点及设计坡度,在横面上定出中心填挖尺寸及边坡坡率。

定线是道路设计过程中很关键的一步。它不仅要解决工程、经济方面的问题,而且对如何使道路与周围环境相配合,以及道路本身线形的美观等问题都要在定线过程中给予充分的考虑。

道路定线除受地形、地质及地物等有形的因素制约外,还受技术标准、国家政策、社会影响、美学(构成优美线形的所有规则)以及其他因素的制约,这就要求设计人员必须具有广博的知识和熟练的定线技巧。最好的设计者也不可能一次试线就能选出最好的线位,复杂条件下的定线可能需要好几个设计方案供定线组全体人员研究比选。因为每一个方案都将是众多相互制约因素的一种折中方案,理想的路线只能通过比较的方法找出。

影响定线的因素很多,涉及的知识面也很广,因而应当吸收桥梁、水文、地质等专业人员参加,也应听取有园林建筑知识的设计人员的意见,发挥各种专业人员的才能和智慧,使定线成为各专业组协作的共同目标。

道路定线质量还在很大程度上取决于采用的定线方法,常用的有实地定线和纸上定线两种方法。技术标准高的,地形、地物复杂的路线必须使用纸上定线,然后把纸上路线敷设在地面上;实地定线省去了纸上定线这一步,所以只适用于标准较低的路线。

二、纸上定线的工作步骤

纸上定线是利用已有的等高线地形图,或在初步测量阶段选择一条宽阔的地带,测绘出精度较高的大比例尺地形图(一般用 1:500~1:2 000),根据不同等级公路所规定的技术标准,结合地形情况,在图上敷出路线的中线。以此“试定的中线”与地形图上各等高线交叉处标定的高程,绘出纵断面的地面图,通过纵断面上坡度和土方平衡的分析,可反转来调整地形图上所定的公路中线。

这种修改可根据要求分段反复进行，当定线者认为已基本定出最佳的路线方案时，才能认为定线工作已告完成。

纸上定线的工作步骤如下。

（一）定导向线

（1）在地形图上根据路线的起始点和中间控制点，拟定路线走法的各种可能方案，经过分析比较，做好路线的整体布局。

（2）纸上放坡，标出坡度线，如图 4-25 所示，设 A、D 两点为越岭线山上和山下的两控制点。先用所选用的平均纵坡 $i_{平均}$（5.0%～5.5%，视相对高差而定），按 $l=h/i_{平均}$ 算出克服两等高线的高差所需的平距。

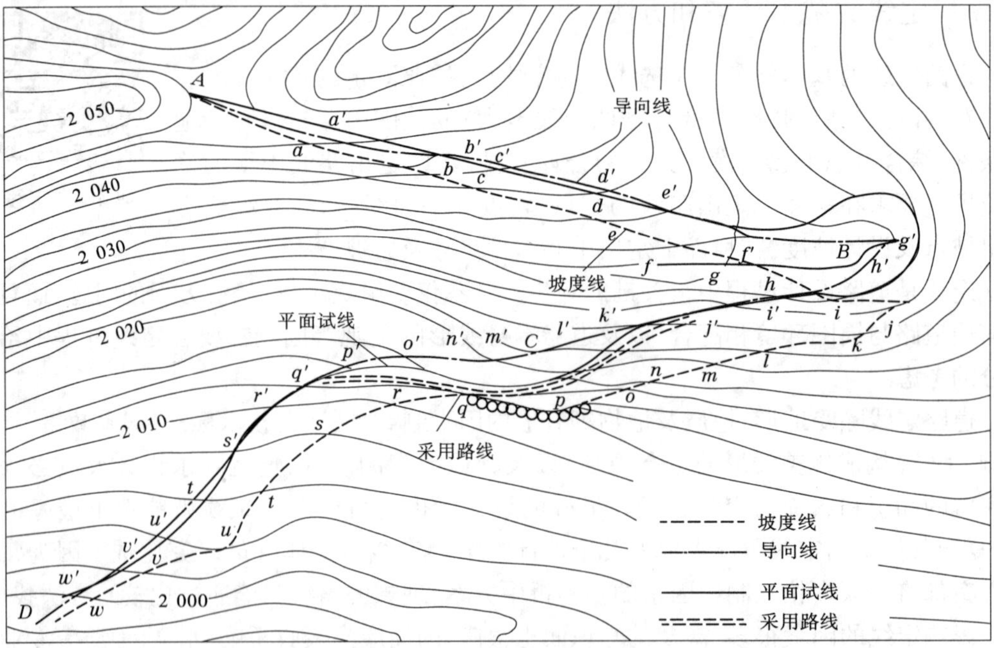

图 4-25　纸上放坡实例

如图 4-26 所示，已知相邻两等高线的高差 $h=2$ m，$i_{平均}$采用 5%，则 $l=2/0.05=40$（m），即用 5%的坡度克服 2 m 高差所需的平距应为 40 m。然后将两脚规开度到平距 40 m（比例尺与图同）。如图 4-26 所示，沿路线走向转动两脚规依次在等高线上截点前进，如图 4-26 上的 1、2、3 各点。按此法从 A 点到 D 点（见图 4-25）依次放坡。如放到 D 点时位置和标高均接近 D 点，说明按此方案布线坡度可行。如

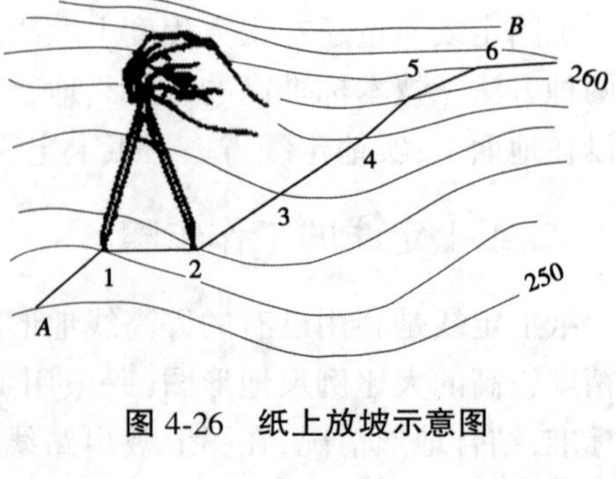

图 4-26　纸上放坡示意图

所放坡度高程达不到 D 点,则根据图上等高线可看出所余高差值的大小,于是采取加大平均坡度或延长路线的办法来克服此高差;相反,则采用减小平均坡度或缩短路线的办法解决。联结这些点所构成的折线叫坡度线,如图 4-25 中的 A、a、b、c、d、D 各点的连线。

(3)用上法做出的坡度线,由于受等高线稀密变化的影响而成为一系列短折线,如把折线转折处都布置成交点,显然不能满足平面线形的要求。同时可以看出,这条折线对利用地形、避让地物和艰巨工程并不都是经济合理的。如 C 点处路线刚好从陡崖中间通过,如将 DC 段的坡度由 5.0%调整到 5.2%,则可从岩上开阔地带通过;B 点处路线如在坡度转折线 j 点处回头,由于该处地表横坡陡,回头线工程量很大,于是把 CB 段坡度加大成 5.3%,则可利用 B 点处的平缓山坡回头;由于前两段坡度都大于 5.0%,故后一段(BA 段)坡度小于 5%也能上到垭口 A 点,这样也符合路线越高,平均纵坡应越小的要求。结合地形在三段采用不同的坡度值,然后再分段按调整后的坡度重新放坡,如图 4-26 中的 A、a'、b'、c'、D 的折线,这条线一般称为"导向线"。

(二)修正导向线

导向线仍然是条折线,于是根据平面线形标准的要求,结合横坡变化情况,确定必须通过的点、适当照顾的点和可以不考虑的点(一般叫修正导向线),采取以点连线、以线交点的方式,定出平面"试线",并量出转角,在图上敷出曲线。对于以曲线为主的路线,则先把控制性较严的点固定下来,用活动曲线尺放在图上使其紧靠各固定点,并与沿线地形相适应。调整曲线尺直至获得最合宜的路线。沿路线中线在图上地形纵横向变化处敷设加桩,标出地面标高,再点绘纵断面地面线,并按纵坡要求、土石方平衡及路基稳定等设计纵坡,量出各桩的设计标高。

(三)定线

为了更经济合理地定出路线,将纵面上量出的各桩的设计高度,在平面"试线"相应的各桩的横断面左右方向上点出与上述设计标高高程相等的点,这些点的连线是既具有理想纵坡、横断面中线高程又不挖不填的经济线,但这条线又变成了一条转折多的折线。于是根据平面线形要求作修正后再定出中线,这叫改正后的中线,这是一条比较理想的中线。纸上定线是一个反复检验的过程。多次试线,才能获得理想的合宜线形。

任务六 实地放线

实地放线是将纸上定好的路线敷设到地面上,供详细定测和施工之用。

实地放线的方法很多,常用的有穿线交点法、拨角法、直接定交点法和坐标法。应根据路线复杂程度和精度要求高低、测设仪具设备、地形难易等具体条件选用。

一、穿线交点法

穿线交点法是根据平面图上所定的路线与施测地形时敷设的导线的关系,把纸上定的每条边逐一而独立地放到实地上去,延伸这些直线交出交点,构成路线导线。由于放线的方法不同,又可分为支距法和解析法两种。

(一)支距法

公路上放线多用此法,它适用于地形不太复杂,纸上路线离开测图导线不远的路段,其步骤如图 4-27 所示。先在室内从地形图上用比例尺量得纸上所定路线与测图导线间的支距,如图中的$导_1—A$、$导_2—B$ 等。纸上路线交点间的每条线和测图导线最少应有三个连接点,它们之间最好能相互通视。在现场找到测地形图时敷设的各相应的导线点(如为航测地形图可利用事先敷设的三角控制点,或地形、地物特征点)后,按量得的支距用皮尺和方向架实地定出各点(如图 4-27 上的 A、B、D 等点),插上标志旗。放出的各点理应在一条直线上,但由于量距和放线工作的误差,不可能恰好在一条直线上,此时可用花杆穿直,长直线也可用经纬仪穿线。穿线时,应以多数点为准,穿出直线后再根据实际地形看路线前后布置是否合理,根据现场的实际情况,路线位置可作必要的修改。两相邻中线相交则得交点,在交点处仍按要求钉上交点桩和标志桩。如交点距路线很远或交在不能架设仪器的地方,可设成虚交点。交点桩敷出后只完成了路线中线的定线工作,以后各组则按新线测量要求进行定测。

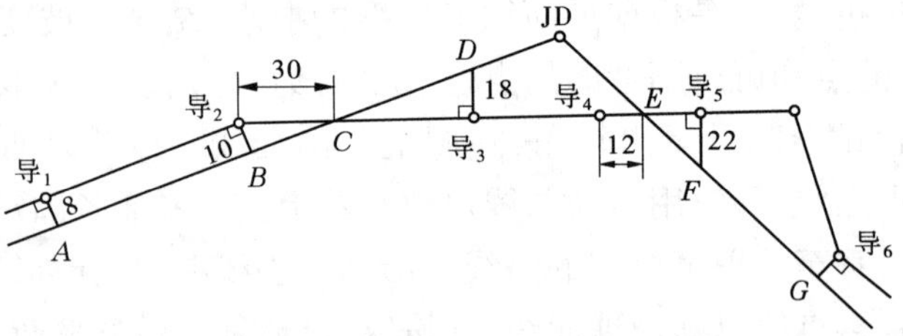

图 4-27 支距法放线 (单位:m)

(二)解析法

解析法是用坐标计算纸上所定路线与原测图导线的关系,计算路线主点坐标数据,以确定路线的精确位置。此法较为准确,在地形复杂或直线较长、路线位置需要准确控制时常用此法。

以图 4-28 为例,从图上量得(也可计算)纸上所定路线的交点 JD_6、JD_7 的纵横坐标值 (y_6,x_6)、(y_7,x_7),则 $JD_6—JD_7$ 这条线的象限角为:

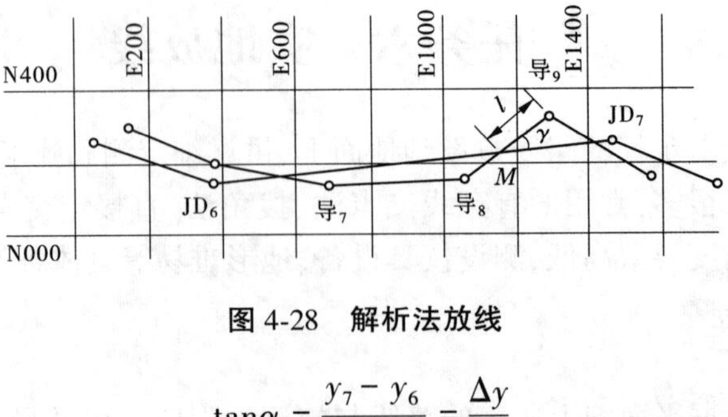

图 4-28 解析法放线

$$\tan\alpha = \frac{y_7 - y_6}{x_7 - x_6} = \frac{\Delta y}{\Delta x}$$

当测图导线$导_8—导_9$ 的象限角 β 为已知时,则 $JD_6—JD_7$ 与$导_8—导_9$ 两线的夹角 $\gamma = \alpha - \beta$。

为了求得导$_9$距 M 点的距离 l，应先求得 JD_6—JD_7 与导$_8$—导$_9$ 的相交点 M 的纵横坐标值(y_M,x_M)，如交点的坐标值是直接从图上量得的，则 M 点的坐标值也可直接从图上量出，也可由下列方程式求得：

$$\frac{y_9-y_M}{x_9-x_M}=\frac{y_9-y_8}{x_9-x_8}$$

$$\frac{y_7-y_M}{x_7-x_M}=\frac{y_7-y_6}{x_7-x_6}$$

其中，导线的坐标值是已知的，而交点的坐标值可从图上量得，则

$$l=\frac{y_9-y_M}{\sin\beta}=\frac{x_9-x_M}{\cos\beta}$$

或

$$l=\sqrt{(x_9-x_M)^2+(y_9-y_M)^2}$$

算出 l 值后将经纬仪安于导$_9$点。瞄准导$_8$点，并从导$_9$点沿视线上量出 l 距离则得 M 点。移经纬仪于 M 点，对准导$_9$后转动 γ 角定出 JD_6—JD_7 的方向。

二、拨角法

拨角放线也是根据纸上路线在平面图上的位置与导线的关系，用经纬距计算每一条线的距离、方向、转向角和点控制桩的里程，放线时就按照这些资料直接拨角量距，不用穿线交点，外业工作较为迅速，但此法所根据的资料要可靠准确。

（一）内业计算

拨角放线内业计算工作较多，其线段长度和象限角等关系的计算均与解析法同，现以图 4-29 为例说明其计算步骤和计算方法。

1. 计算路线起点与导线的关系

导$_1$的经纬距为 $Y_1=10\ 259$，$X_1=10\ 117$ 已知，导$_1$—导$_2$ 的象限角 N72°14′00″E，由导线计算资料转抄而来。

路线交点 A、B 的经纬距 $Y_A=10\ 268$，$X_A=10\ 045$，$Y_B=12\ 094$，$X_B=11\ 186$，从平面图上直接量得。

导$_1$—A 的象限角为：

$$\tan\alpha_A=\frac{Y_A-Y_1}{X_A-X_1}$$

$$\alpha_A=\arctan\frac{10\ 268-10\ 259}{10\ 045-10\ 117}=\arctan 0.125\ 00=\text{S}07°07'30''\text{E}$$

A—B 的象限角为：

$$\alpha_B=\arctan\frac{12\ 094-10\ 268}{11\ 186-10\ 045}=\arctan 1.600\ 35=\text{N}58°00'00''\text{E}$$

于是路线起点与导线的角度关系为：

$$\angle 导_2—导_1—A=180°-(07°07'30''+72°14'07'')=100°38'23''$$

$$\angle 导_1—A—B=58°00'00''+07°07'30''=65°07'30''$$

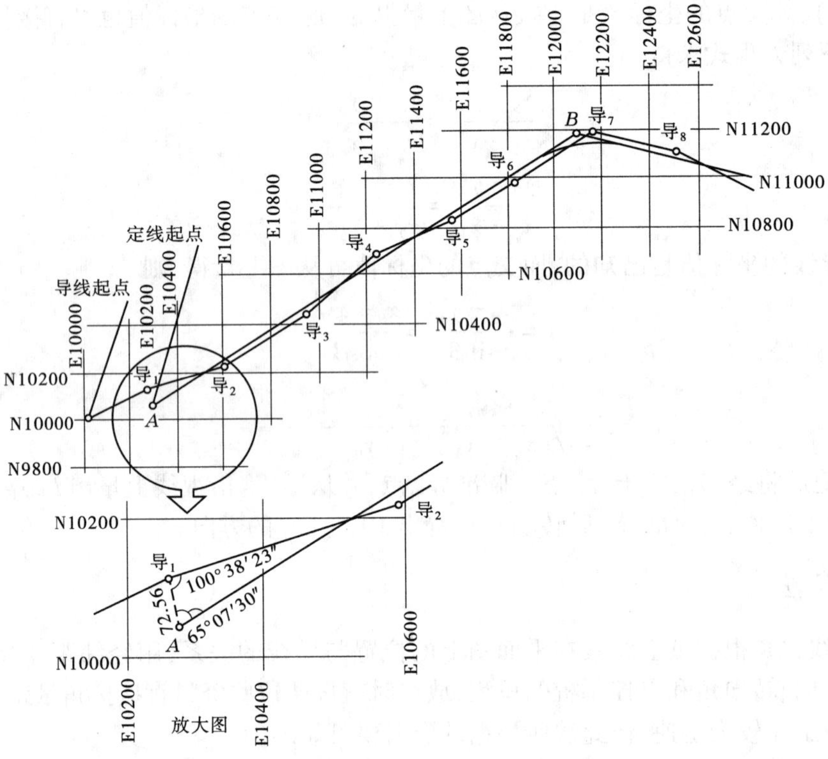

图 4-29　拨角法计算

$$导_1—A 的距离：l = \frac{X_A - X_1}{\cos\alpha_A} = \frac{10\ 045 - 10\ 117}{\cos 07°07'30''} = 72.56(\mathrm{m})$$

2. 计算路线各边的转向角和距离

继续从平面图上量出路线各交点的经纬距后，仿上法计算出路线每条边的象限角、转角及距离。编列成表以便放线之用。

(二)外业放线

根据内业计算资料，依夹角 α_A 和距离 l，先从导$_1$ 上放出路线起点 A 和第一边 AB，以后各边按转向角及距离直接定出。

拨角放线的精度主要取决于线所依据的原始资料是否可靠准确和放线误差积累的大小。因此，现场放线时，必须十分注意路线实际位置是否合宜，高度是否恰当，必要时要现场变动改善。为了消除拨角量距误差积累增大的影响，放线时，应视现场具体情况，每隔一定距离，与导线联系闭合一次，并进行调整。

三、直接定交点法

在地形平坦、视野开阔、路线受限不十分严格时，路线位置可直接根据地物明显目标确定，如图 4-30 所示，从图 4-30 中得知交点 JD 即可由桥头和房角的相对距离 50 m 和 35 m 量距交会确定。

在有些情况下，并没有上例这样明显的条件，路线的平面和高程位置需要视地形、地质情况根据现场选线的原则，定出交点，做法参见直接定线。

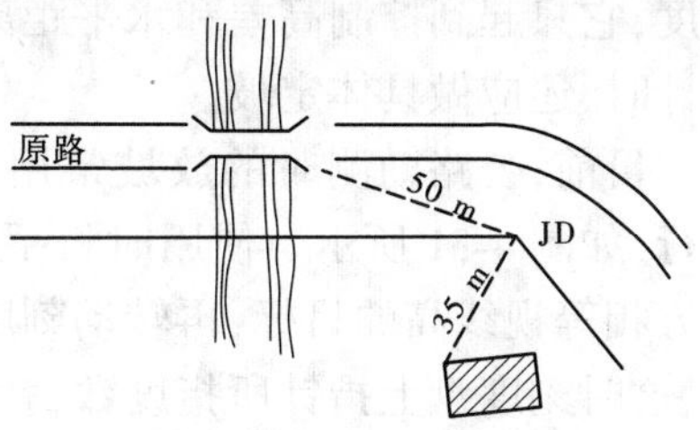

图 4-30　直接定交点法

综上所述，穿线交点费时较多，拨角放线误差积累，为了弥补这些工作方法的缺点，取长补短，可以两者结合应用，拨角放线到一定距离后，再用穿线交点法放线相交，这样又拨又交，既能提高工作进度，又能截断拨角定线的误差积累。

上述几种方法中，穿线交点和直接定交点法，放线资料大都来自图解，准确度不高，适用于活动余地较大的路线。拨角法放线资料虽然较准确，但放线误差累积，也影响到定线的精度。三种方法都只用于路线导线的标定，路线的曲线部分还须用传统的曲线敷设方法标定，只适用于直线型定线方法。

四、坐标法

坐标法即先建立一个贯穿全线统一的坐标系，这个坐标系一般采用国家坐标系统。根据路线地理位置和几何关系计算出道路中线上各桩点的统一坐标，编制逐桩坐标表，然后根据逐桩坐标和实地放线。实地的控制导线就可将路线敷设在地面上。按各级道路对放线精度的要求和测设仪具条件选用不同的放线方法。一般来讲，坐标放线法使用常规测设仪具(指普通经纬仪、钢卷尺等)是十分困难的，且效率低、质量差，难以达到精度要求。一般采用光电测距仪等测设手段，具体方法不再赘述。

任务七　实地定线

实地定线是设计人员直接在现场进行的，定线原则与纸上定线相同，只是定线条件改变。面对实际地形、地质、地物及水文等具体条件，定线人员应不辞辛苦、不怕麻烦，直接在现场多跑、多问、多比较，摸清地形、地质等变化规律，反复试定，才能实地定好线路。现以山区越岭线为例，对实地定线的方法和步骤阐述如下：

(1)分段安排。在路线总体布局中所拟定的主要控制点之间(如越岭线跨越的垭口与山脚必经的地点之间等)，实地定线从上而下粗略试坡，选择路线轮廓方案。

(2)放坡。由于公路有最大最小纵坡、最大最小坡长以及平均纵坡等限制，所以放坡必须对这些限制条件进行合理处理，实质上放坡就是现场设计纵坡，它是现场定线的重要步骤。

在安排纵坡时，应考虑：①纵坡要符合《公路工程技术标准》(JTG B01—2014)的规定，两控制点之间力求纵坡均匀(缓变、少变)，一般应避免反坡(越岭线上坡后又下坡，叫反坡，又叫废坡)；②要结合地形选择坡度和坡长，地形整齐的地段纵坡可以稍大，地形曲折的地段纵坡宜缓；③尽量不用极限纵坡，也不宜太缓，一般以接近控制点之间的平均坡度为宜，使纵坡既有利于行车，又有利于尽快越岭。平均纵坡控制是根据《公路工程技术标准》(JTG B01—2014)规定的平均坡度值(5.0%～5.5%)，按具体地形适当调整放出的坡度，它只起到控制高差和水平距离的作用，它的优点是放坡速度快。在具体定线和纵坡设计时，还应做具体定坡。

目前，公路勘测时的放坡常用带角手水准来进行，如图4-31所示。使用时将手水准横丝对准前方相等视线高的目标，再转动刻度盘，使气泡居中，这时刻度盘上指针所指度数，就是两点间的倾斜角度，将度数乘以1.75即为纵坡度。放坡时可采用平均坡度来控制，或直接放出设计坡度。

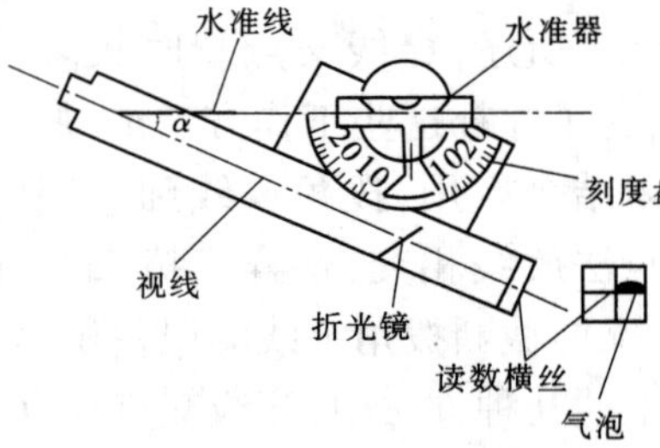

图4-31　手水准示意图

放坡人员要具有目测距离和高差的能力，以减轻前点人员的劳动强度。目测距离的方法可用手水准物镜口的方形上下丝(可自制)读花杆读数，乘以放大倍数即可得视距。这种目测方法与实际丈量的距离较为接近。目测经验丰富的放坡人员可直接目测估定，经验不足的可由前点人员用步测或用花杆丈量的方法估定，也可直接用皮尺丈量。目测距离的目的是加快坡长布设的速度。

放坡人员应有线形概念，在放坡时要充分考虑到平曲线、纵断面和横断面的布设，要考虑平纵面线形组合，以减少定线时的工作量，并使定线更为合理。

放坡人员还应熟悉地形，可以灵活使用坡度和坡长，结合地形、利用地形。如果地形好，坡度可放稍大些；如果为了避开困难地形，可以提前冲坡或绕避。

放坡人员要掌握好坡度的传递。放坡一般由上控制点(垭口)开始向下坡方向放坡。其方法是：一人用带角手水准(或照准仪)，按选用纵坡的相应倾斜角度，立于控制标高处，指挥前点人员手持花杆在地形变化处、计划变坡处或顺直山坡上每隔一定距离定点，插上坡度旗，旗上注明选用的纵坡值。这样定出的坡度点的连线亦称导向线，与纸上定线的导向线作用相同。在传递坡度时，如果遇到需要越过山嘴，应注意要使纵坡连续，山嘴上需要挖深的深度在放坡时要扣除，否则会使放出的坡度与设计纵坡误差太大而失去放坡的意义。

(3)横断面控制。导向线主要是从纵坡安排方面考虑的，对路基稳定和填挖方数量的考虑不够。因此，线位还需要根据路基设计要求进行横断面的控制。在横坡很陡或对填挖方影响较大的位置上，定出横断面经济点、活动点和中线最合适的位置点，并插上标志。

(4)穿线定交点。根据所定的导向线和地面特征点(坡度点、经济点、活动点等)进行实地穿线。穿线主要是满足平面线形的要求。尽可能多地穿过或靠近导向线和各特征点，特别要注意穿过控制很严的点，用“裁弯取直”使平、纵、横三方面协调，穿出与地形相适应的若干直线，然后相邻两直线延长交出转角点，从而得出整条路线的导线。这步工作很重要，定线人员必须反复试插或修改，才能定出合理的路线。

(5)设置曲线。路线导线定出后，进而可设置平曲线。

(6)纵断面设计。在现场将平面位置确定后，经过量距定桩和测量各桩地面标高，绘制纵断面图，进行纵坡设计，不断调整纵坡，直到认为满意后，再设置竖曲线。如果靠调整纵坡无法满足要求，则应调整平面线形。如果平面线形改动不大，可以根据所测的路线导线和横断面资料，绘制带状平面图，进行移线；如果因平纵面之间的矛盾突出且工程量大，则平面线形必须作重大改动，进行现场改线，通过比较方案，重新定出修改路线。

思政小课堂

神奇的天路——青藏铁路

一、青藏铁路简介

青藏铁路全长 1 956 km，有 960 km 的海拔在 4 000 m 以上，其中 550 km 的地段穿越高原常年冻土地带。其最高点位于海拔 5 072 m，常年白雪皑皑的唐古拉山垭口，被誉为“离天最近的铁路”和“世界上最高的铁路”。修建青藏铁路是党中央、国务院在进入 21 世纪之际做出的重大战略决策，是国家“十五”四大标志性工程之一，是西部大开发重点工程之首。

青藏铁路北起青海省西宁市，南至西藏自治区拉萨市，全长约 1 956 km，其中西宁至格尔木约 846 km 已于 1984 年建成。青藏铁路格尔木至拉萨段，从青海省西部重镇格尔木市火车站引出，过南山口后，上青藏高原腹地，途经纳赤台、五道梁、沱沱河、雁石坪，翻越唐古拉山进入西藏自治区，再经安多、那曲、当雄、羊八井，至西藏自治区首府拉萨市。线路走向与青藏公路基本并行。青藏铁路穿越了可可西里、三江源、羌塘等自然保护区，

因其独具特色的环保设计和建设，被称为中国第一条“环保铁路”。

青藏铁路是当今世界海拔最高、最长的高原铁路。线路经过地区海拔 4 000 m 以上的地段有 960 km，翻越唐古拉山线路最高处达 5 072 m；经过多年连续冻土地段 550 km，经过Ⅳ度地震烈度区 216 km。沿线高寒缺氧，生态环境脆弱，地壳运动活跃。在这样的区域修建铁路，具有很强的探索性和科研性，建设任务艰巨。风火山隧道，是世界上最高的铁路隧道；位于海拔 4 767 m 的昆仑山隧道，全长 1 686 m，被称为世界上最长的“冻土隧道”。

青藏铁路的修建，结束了西藏自治区不通铁路的历史，进一步改善了青藏高原的交通条件和投资环境，促进了西藏资源开发和经济快速发展。对加强内地与西藏的联系，促进藏族与各民族的文化交流，增进民族团结，造福沿线人民，发挥了重要作用。

二、青藏铁路世界之最

(1) 世界上海拔最高的铁路——青藏铁路。青藏铁路起自青海省西宁市，终抵西藏自治区首府拉萨市，全长 1 956 km。

(2) 世界上最高的高原冻土隧道——风火山隧道。风火山隧道位于海拔 5 010 m 的风火山上，全长 1 338 m，轨面海拔标高 4 905 m，全部位于永久性高原冻土层内，是目前世界上海拔最高、横跨冻土区最长的高原永久冻土隧道，有“世界第一高隧”之称。

(3) 世界上最长的高原冻土隧道——昆仑山隧道。昆仑山隧道洞口海拔达到 4 648

m,这里6月飞雪,一天四季,氧气含量只有内地平原地区的一半,最低气温达到-30多℃。

(4)世界上海拔最高的火车站——唐古拉车站。唐古拉车站位于海拔5 068 m的唐古拉山垭口多年冻土区,占地面积约7.7万m^2。

(5)世界最高的高原铁路铺架基地——青藏铁路安多铺架基地。青藏铁路唐古拉山至拉萨的第一站,是地处海拔4 705 m的青藏铁路安多铺架基地。

(6)青藏铁路线上最长的"以桥代路"工程——清水河特大桥。清水河特大桥飞架在平均海拔4 600 m以上的可可西里国家级自然保护区核心地带,全长11.7 km,是青藏铁路线最长的"以桥代路"特大桥,也是整个青藏铁路格拉段建设的重点控制工程。

(7)青藏铁路第一高桥——三岔河大桥。三岔河大桥地处海拔3 800多m的高山峡谷中,全长690.19 m,桥面距谷底54.1 m。它共有20个桥墩,其中17个是圆形薄壁空心墩,墩身顶部壁最薄处仅有30 cm。

(8)长江源头第一铁路桥——长江源特大桥。长江源特大桥全长1 389.6 m,共有42孔,跨过约1 300 m的宽阔河床。桥址所在的沱沱河流域是青藏高原多年冻土地区腹部的大河融区,兼有冻土及融区的双重特性。

(9)世界高原冻土铁路最高时速——建成后的青藏铁路冻土地段时速将达到100 km,非冻土地段达到120 km。

三、青藏铁路三大技术难题及解决方案

青藏铁路是世界上海拔最高、线路最长的高原铁路。唐古拉山上铁路最高海拔5 072 m,海拔4 000 m以上的地段有960 km,连续多年冻土层550 km以上,是我国实施西部大开发战略中的四大工程中最艰巨的工程之一。青藏高原上修铁路,地质条件复杂、工程难度大、环保要求高。因此,青藏铁路也是四大工程中技术难度最大的工程。多年冻土、高寒缺氧、环境保护是制约青藏铁路的三大技术难题。在中国科学院、铁路科学院、铁路建设部门及有关高校的科研及工程技术人员的联合努力下,顺利解决了这三大技术难题,青藏铁路正以每2 min铺25 m,日架桥6.5孔,平均日铺轨3 000 m的速度向拉萨延伸。

青藏铁路全长1 142 km,分三段完成。2002年在青海境内修建的是青藏线上地质最为复杂、技术难题最大的望昆(昆仑山口)—望唐(唐古拉山口)段,全长410 km。本段全线共有十大重点工程,即六桥(三岔河特大桥、雪水河长江源特大桥、青水河特大桥、不冻泉特大桥、楚玛尔河特大桥、巴拉才曲特大桥);两隧(风火山隧道、昆仑山隧道);两路(望昆—不冻泉冻土路基、不冻泉—楚玛尔河冻土路基)。这十大工程中三大技术难题也最为集中、突出。科研人员和技术人员通过对昆仑山隧道、风火山隧道等的实地研究,有效解决了三大技术难题,具体如下。

(一)多年冻土问题

在冻土上修路,路基随气温变化而具有不稳定性。由于青藏高原气温年变化极大,夏季最高温38 ℃,冬季最低温-40 ℃。气温高的季节,冻土融化,形成热融湖塘、暗河,路基翻浆、滑动,路基形成搓板路;气温降低,路基冻结,甚至反常膨胀,形成冻胀球。冻土当中有含土冰层、饱冰冻土、裂隙冰、砂岩、泥岩、泥沙互层。温度升高,造成热融扩大,尤其是

在明洞开挖时，仰坡失稳、滑塌，基地泥泞，隧道开挖后，拱部严重掉块，甚至塌方，隧道营运后会因反复冻融破坏结构，影响运营安全。铁路通车后，必然有大量废热从车内排出，对铁路路基有影响。为解决冻土问题，专家采用了如下方法来保证路基的稳定与持久：

(1)采用片石通风路基，片石通风护道，铺设保温材料，采用热棒技术。(通风路基与通风护道使得空气对流快，使路基温度与周围气温一致，不易形成局部热区，有利于路基稳定。)

(2)在冻土中及不稳定的地方采用以桥代路(在冻土上修桥，下面无水而是不稳定的冻土)，如清水河特大桥。

(3)隧道工程在衬砌中设置防水保温层。

(4)重新研究制定混凝土耐久性技术标准，提高混凝土结构的耐久性。为防止热胀冷缩使桥墩出现龟纹，使混凝土与冻土"亲密接触"，采取负温养生措施，夏季采取挖井制冷、放风冷却措施，使温度保持在 10 ℃左右，冬季采取烤热、添加防冻剂，给桥墩裹上棉被等措施，保证混凝土的耐久性和防冻性。

(二)高寒缺氧问题

如前所述，青藏铁路沿线海拔 4 000 m 以上的地区有 960 km，占全线总长的 84%，许多地方常年温度在-10 ℃以下。人们常说，"到了昆仑山，气息已奄奄；过了五道梁，哭爹又喊娘；上了风火山，三魂已归天"。在海拔 4 000 多 m 的地方，人们常常感觉到头晕、恶心，脚下仿佛踩着一团棉花，软弱无力。人缺氧会头痛脑胀，胸闷气短，夜不成寐，会诱发脑水肿、肺水肿等疾病。这里空气稀薄，高寒缺氧，被称为"生命的禁区"。高寒缺氧严重威胁着青藏铁路建设中的建设者。通常，人们只关注通车后，火车内的寒冷缺氧问题，而对露天从事建设的"百万大军"关心较少。然而，高寒缺氧问题对于通车后车内的旅客并不会造成很大威胁，人们只需在火车上像飞机一样采取一些技术和设备即可解决；但对于长年累月奋战在青藏铁路建设中的建设者来说，是随时随地的致命威胁。针对高寒缺氧的问题，青藏铁路建设总部和专家们采取了如下解决措施：

(1)坚持以人为本原则，建立三级医疗保障机构，对建设者进行定期身体检查和及时治疗。

(2)实行梯级式适应，逐步使建设者由低到高适应不同海拔上的气候和环境，并限制作业时间和劳动强度。

(3)加强医疗设备和医务人员的建设。在建设现场的医务人员达 400 多人，配备医疗设备 900 多台。购高压氧舱 16 个(高压氧舱通过加压、充氧办法，模拟出近似海平面的大气环境，对治疗因缺氧、低压引起的各种疾病有综合疗效)。

(三)环境保护问题

青藏高原是我国、东南亚乃至整个世界山地生物物种的重要起源地和分化中心，被世界自然基金会列为全球生物多样性最优先保护的地区。气候寒冷，植被稀少，土层浅薄，生态环境极度脆弱，一经破坏，绝难恢复是青藏高原生态的最大特点。而青藏铁路恰恰穿越青藏高原腹地，穿越三江源自然保护区和可可西里自然保护区。因此，建设中的环境问题是非常重要的技术难题。专家们经过仔细的研究、规划，采取了如下环保措施：

(1)思想措施。大力宣传环保的重要性，要求参建单位增加投资，依法保护沿线植被、冻土、湿地、水源及野生动物。提倡“像爱护自己的生命一样爱护环境,关爱野生动物,呵护每寸绿地”。

(2)技术措施。用小彩旗为标志,严格划分开采矿石施工范围和人员车辆行车路线,防止对施工范围以外区域的植被造成碾轧和破坏。对生活垃圾专人收集,集中掩埋。

(3)法制措施。全线实行环保监理制度,总指挥部委托第三方对全线环保进行全过程监控,省环保局与建设单位签订目标责任书,明确各方面的环保责任。

(4)工程措施。为保护冻土和高原植被,在连续多年冻土施工地段,采用了先进的开挖工艺;设置了以桥代路的措施,为保护野生动物(觅食、迁徙等)设置了绿色通道(野生动物过往铁路的通道)。

值得一提的是:2002 年 6 月下旬,为了让 9 000 只临产的藏羚羊通过青藏线五道梁建设工地,前往可可西里卓乃尔湖地区产仔,承担该段施工的中铁十二局、十四局施工人员,毅然暂停部分地段施工,拔掉彩旗,撤离人员和机械,保证了藏羚羊的顺利迁徙。

思考题

1. 选线的基本原则和步骤是什么?
2. 平原区、山岭区、丘陵区的地形特征和路线特征是什么?
3. 平原区、山岭区、丘陵区的布线要点是什么?
4. 纸上定线的步骤是什么?
5. 实地放线的方法有哪些?
6. 如何进行实地定线?

项目五 公路外业勘测

知识目标

公路外业勘测的工作内容和方法,内业资料的编制方法。

能力目标

能够进行野外路线定测工作,并完成内业。

思政目标

了解创新精神和科学家精神内涵,培养创新精神和科学家精神。

任务一　道路初测

一、初测的目的及任务

初测是两阶段设计第一阶段(初步设计阶段)的外业勘测工作。

初测的目的是根据计划任务书确定的修建原则和路线基本走向,通过现场对各个有价值方案的勘测,从中确定采用的路线,收集编制初步设计文件的资料。

码 5-1　道路初测

初测的任务则是要对路线方案作进一步的核查落实,并进行导线、高程、地形、桥涵、路线交叉和其他资料的测量、调查工作,进行纸上定线和有关的内业工作。

二、初测的内容及步骤

初测由初测队分组进行,主要内容、步骤及要求如下。

(一)导线测量

导线是在地面上布设的若干直线连成的折线,作为路线方案比较的控制线。初测的导线测量主要是对导线长度、转角和平面坐标的量测工作。

1. 导线布设

初测导线的布设应全线贯通。导线点的选择应选在稳固处,导线点宜尽量接近路线位置,并便于测角、测距、测绘地形及定测放线。导线点的间距不应短于 50 m 和长于 500

m。布设导线点时,应做好现场记录,并绘出草图。

2. 导线长度测量

导线点距离优先采用光电测距仪或全站仪测量;也可用钢尺和基线法测量,其相对限差为 1/1 000。

钢尺丈量一次可与经纬仪视距核对,限差为±1/200。

3. 水平角测量

水平角测量采用全测回法测量右侧角,经纬仪精度指标不低于 J_6 级。两个半测回限差在 60″内取其平均值,附合导线和闭合导线闭合差为$\pm 60\sqrt{n}$(n 为置镜点总数)。施测中每天至少观测一次磁方位角,其校核差不大于 2°。

当路线起、讫点附近有国家或其他部门平面控制点,且引测较方便时,可根据需要进行联测,形成闭合导线。

(二)高程测量

高程测量即水准测量,其方法同定测。

(三)地形测量

初测路线地形图必须全线贯通测绘,在具体测绘时,为保证测设精度,应尽量以导线点作测站。必要时,可以根据导线点用视距法或交会法设置地形转点。

(四)小桥涵勘测

初测时的小桥涵(包括漫水工程)勘测的主要工作内容包括:收集有关资料,拟定桥涵位置、结构类型、孔径、附属工程的基本尺寸、初步计算工程数量。其具体要求参见《公路小桥涵测设》。

(五)其他勘测调查

在初测工作中,还应进行其他方面的勘察与调查,包括路线勘测与调查、路基路面和排水勘测与调查、大中桥勘测与调查、隧道勘测与调查、路线交叉勘测与调查、沿线设施勘测与调查、环境保护调查、临时工程勘测与调查、工程经济调查等。

(六)内业工作

初测内业工作内容包括:

(1)复核、检查、整理外业资料。应对下列各项外业资料进行检查、复核和签署:①控制点点之记;②平面、高程控制测量野外记录手簿;③地形图测量的记录数据;④中桩放样记录手簿;⑤中平测量记录手簿;⑥横断面测量记录手簿;⑦各专业勘测调查记录手簿。检查、复核内容包括测量方法的正确性、野外计算的正确性、记录的完整性等。

(2)进行纸上定线及局部方案比选。纸上定线应按《公路路线设计规范》(JTG D20—2017)和《公路工程技术标准》(JTG B01—2014)的规定,进行路线平、纵、横断面协调布置,定出线形顺适、工程经济的线位。对地形、地质、水文等条件复杂、工程艰巨的路段,应拟定出可能的比较线位方案,进行反复推敲,确定采用线位。

(3)综合检查定线成果。综合检查路线线形设计及有关构造物布设的合理性,并进行必要的现场核对。

(4)图表制作和汇总。根据初步设计及《公路勘测规范》(JTG C10—2007)的有关要求,对初测的原始资料进行整理及图表制作和汇总。

任务二　道路定测

一、定测的任务、内容和分工

(一)内容

码 5-2　道路定测上

码 5-3　道路定测下

定测,即定线测量,是指施工图设计阶段的外业勘测和调查工作。其具体任务是:根据上级批准的初步设计,具体核实路线方案,实地标定路线或放线,并进行详细测量和调查工作。

(二)工作内容

(1)对初步设计方案进行补充勘察,如有方案变化,应及时与有关主管部门联系,并报上级批准。

(2)实地选定路线或实地放线(纸上定线时)。进行测角、量距、中线测设、桩志固定等工作。

(3)引设水准点,并进行路线水准测量。

(4)路线横断面测量。

(5)测绘或勾绘路线沿线的带状地形图。

(6)对有大型构造物地带,应测绘局部大比例地形图。

(7)进行桥、涵、隧道的勘测与调查。

(8)进行路基路面调查。

(9)占地、拆迁及预算资料调查。

(10)沿线土壤地质调查及筑路材料勘查。

(11)检查及整理外业资料,并完成外业期间所规定的内业设计工作。

(三)分工

定测分为选线组、导线测角组、中桩组、水平组、横断面组、地形组、调查组、路基路面组、桥涵组、内业组等进行。如果定线采用纸上定线方法进行,则此时可将选线组和导线测角组合并成一个放线组。

二、选线组

(一)任务

选线组亦称大旗组,它是整个外业勘测的核心,其他作业组都是根据它所插定的路线位置开展测量工作的。

选线是公路定线的第一步,其主要任务是:实地确定路中线位置。其主要工作就是进行路线查看,并进一步确定路线布局方案;清除中线附近的测设障碍物;确定路线交点及转点并钉桩,选定曲线半径,会同桥涵组确定大、中桥桥位,会同内业组进行纵坡设计等工作。在越岭线地带,还需进行放坡定线工作。

(二)分工及工作内容

(1)前点:放坡插点。

前点一般由 1~2 人担任(需要放坡时 2 人)。其主要工作是:根据路线走向,通过调查、量距或放坡,确定路线的导向线,进一步加密小控制点,插上标旗(一般可用红白纸旗)。供后面定线参考。

(2)中点:穿线定点。

中点一般由 2 人担任。其主要工作是:根据技术标准,结合地形及其他条件,修正路线导向线,用花杆穿直线的办法,反复插试,穿线交点,并在长直线或在相邻两互不通视的交点间设置转点。最后选定曲线半径及其他有关元素。

(3)后点:测角钉桩。

后点 1 人。其主要工作是用森林罗盘仪(或简易圆盘)初测路线转角以供中点选择曲线半径用;钉桩插标旗,并给后面的作业组留下半径及其他有关控制条件的纸条。

三、导线测角组

(一)任务

导线测角组紧跟选线组工作。其主要任务是:标定直线与修正点位;测角与转角计算,测量交点间距;平曲线要素计算;导线磁方位角观测及复核;经纬仪视距测量;交点及转点桩固定;作分角桩;测定交点高程;设置临时水准点;协助中桩组敷设难度大的曲线等工作。

(二)分工及工作内容

导线测角组一般由 4 人组成,其中司机 1 人,记录计算 1 人,插杆跑点 1 人,固桩 1 人。

其主要工作内容如下:

(1)标定直线与修正点位。

(2)测角与转角计算。①用全测回法测右角;②计算转角(见图 5-1)。

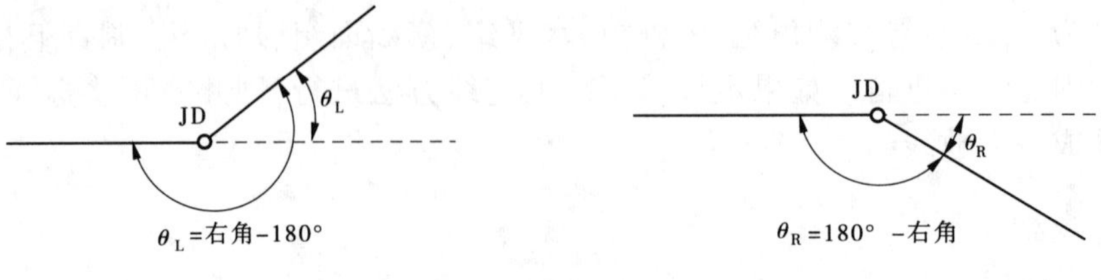

图 5-1　路线转角的计算

(3)平距与高程测量。

通常多用光电测距仪或全站仪测定两相邻交点间的平距和高差。

测点(交点或转角)间的距离,一般不宜长于 500 m。

(4)作分角桩。

(5)方位角观测与校核。

(6)交点桩的保护和固定。

在测设过程中,为避免交点桩的丢失及方便以后施工时寻找,交点桩在定测时必须加以固定和保护。

交点桩的保护,一般采用就地灌注混凝土的办法进行。混凝土的尺寸一般深 30~40 cm,直径 15~20 cm 或 10~20 cm 见方。

固桩则是将交点桩与周围固定物(如房角、电杆、基岩、孤石等)上某一不易破坏(损坏)的点联系起来,通过测定该点与交点桩的直线距离,将交点位置确定下来,以便今后交点桩丢失时及时恢复该交点桩。

用作交点桩固定的地物点应稳定可靠,各点位与交点桩连接之间的夹角一般不宜小于 90°,固定点个数一般应在两个以上,如图 5-2 所示。

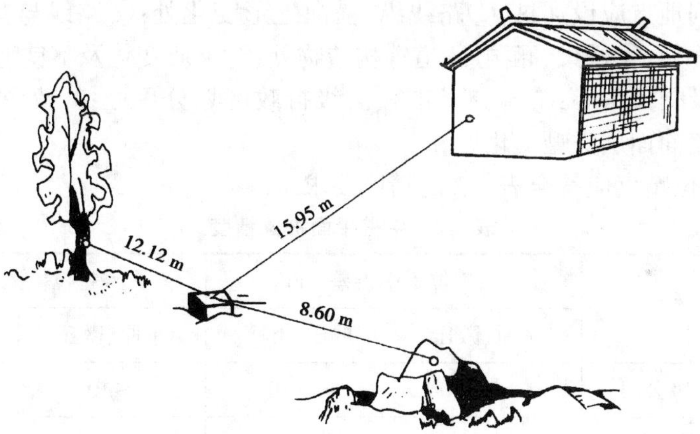

图 5-2　固桩示意图

固桩完毕后,应及时画出固桩草图,草图上应绘出路线前进方向、地物名称、距离等,以备将来编制路线固定表之用。

四、中桩组

(一)任务

中桩组的主要任务是:根据选线组选定的交点位置、曲线半径、缓和曲线参数(或缓和曲线长度)及导线测角组所测得的路线转角,进行量距、钉桩、敷设曲线及桩号计算。

(二)工作内容

1. 中线丈量

中线丈量是指丈量路线的里程,通常情况下我们把路线的起点作为零点,以后逐链累加计算。量距一律采用水平距离。量距时,一般采用皮卷尺进行,公路等级要求较高时,最好是采用钢尺或光电测距仪进行。量距累计的导线边长与光电测距仪测得的边长的校差不应超过边长的 1/200,否则应返工。

2. 中桩钉设

中桩钉设与中线丈量是同时进行的。

需要钉设的中桩包括：路线的起讫点桩、公里桩、百米桩、平曲线控制点（主点桩）、桥梁或隧道中轴线控制桩，以及按桩距要求根据地形、地物需要设置的加桩等。

路线中桩间距不应大于表 5-1 的规定。

表 5-1　路线中桩间距

直线/m		曲线/m			
平原、微丘	重丘、山岭	不设超高的曲线	$R>60$	$30<R<60$	$R<30$
50	25	25	20	10	5

注：表中 R 为平曲线半径。

此外，在下列地点应设加桩：①路线纵、横向地形变化处；②路线与其他线状物交叉处；③拆迁建筑物处；④桥梁、涵洞、隧道等构造物处；⑤土质变化及不良地质地段起、讫点处；⑥道路轮廓及交叉中心；⑦省、地（市）、县级行政区划分界处；⑧改、扩建公路地形特征点、构造物和路面面层类型变化处。

中桩平面桩位精度应符合表 5-2 的精度要求。

表 5-2　中桩平面桩位精度

公路等级	中桩位置中误差/cm		桩位检测之差/cm	
	平原、微丘	重丘、山岭	平原、微丘	重丘、山岭
高速公路，一、二级公路	≤±5	≤±10	≤10	≤20
三级及三级以下公路	≤±10	≤±15	≤20	≤30

当采用链距法、偏角法、支距法等方法测定路线中桩时，其闭合差应小于表 5-3 的规定。

表 5-3　距离偏角测量闭合差

公路等级	纵向相对闭合差		横向闭合差/cm		角度闭合差/(″)
	平原、微丘	重丘、山岭	平原、微丘	重丘、山岭	
高速公路，一、二级公路	1/2 000	1/1 000	10	10	60
三级及三级以下公路	1/1 000	1/500	10	15	120

3. 写桩与钉桩

所有中桩应写清桩号，转点及曲线桩还应写桩名，如图 5-3 所示。为了便于找桩和避免漏桩，所有中桩应按每千米在背面编号，如图 5-4 所示。

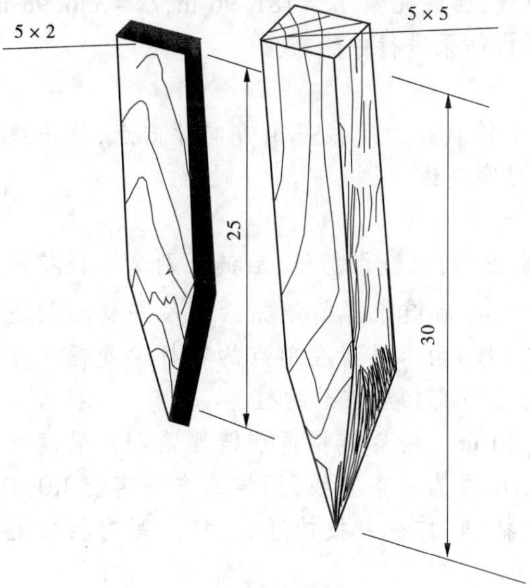

图 5-3　桩志　(单位:cm)

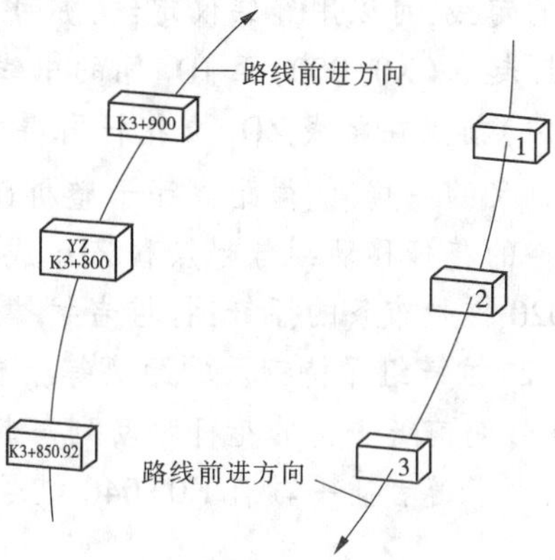

图 5-4　中桩的桩号和序号

4. 断链及处理

在丈量过程中,出现桩号与实际里程不符的现象叫断链。断链的原因有很多,但主要有两种:一种是由于计算和测量发生错误造成的;另一种则是由于局部改线、分段测量等客观原因造成的。断链桩宜设于直线段,不宜设在桥梁、隧道、立交等构造物范围之内。断链桩上应标明换算里程及增减长度。

工程示例演练

图 5-5 为路线起点到据点 1 的段落,它是测角组已进行过的导线直线标定与修定点位后的顺路导线。路线起点到 JD_1 间加设了 ZD_1,ZD_2;JD_1 和 JD_2 间加设了 ZD_1;JD_2 到据点 1 的段落间加设了 ZD_1,ZD_2,…。现场用经纬仪测得 JD_1 和 JD_2 处路线右角分别为 155°24′36″ 和 210°36′12″,路线起点到 JD_1 的距离为 1 860. 72 m,JD_1 与 JD_2 的距离为 1 275. 98 m。经现场选择与计算,JD_1 处为简单型单曲线,曲线元素为 T_1=915. 36 m,E_1=

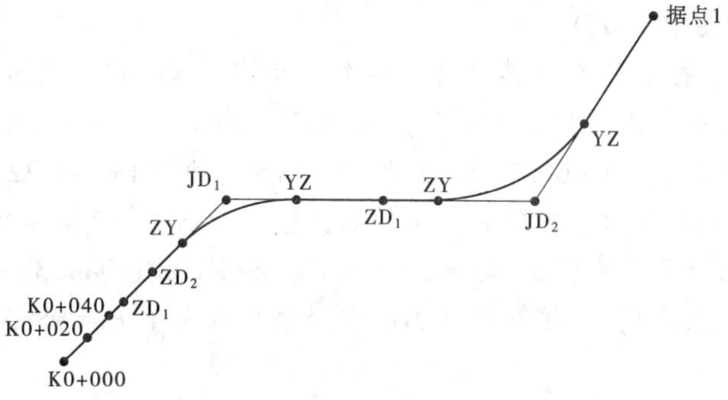

图 5-5　中线丈量及中桩钉设

98.59 m，L_1 = 1 802.54 m。JD_2 为基本型单曲线，曲线元素 T_2 = 181.96 m，L_2 = 356.98 m，E_2 = 19.08 m。请按路线起点到据点 1 间的导线结果进行中线布置。

解：

中线导线上因按规定每 200 m 左右设一个转点作为定线基准方向导向点，故中线丈量时的定线，可以用经纬仪定线，亦可用花杆目穿定线。

1. 起点（K0+000）至 JD_1 间的中线测设

（1）前点在路线 ZD_1 立花杆引得中线丈量方向，拉链组前链、后链分别拿一根花杆并各持钢尺的一端，使得距离等于整桩距（20 m），由后链指挥前链绷紧钢尺并移动到使前链手持的花杆移动到与起点和 ZD_1 成为一条直线，由卡链者在前点的花杆尖处插一写有 K0+020 桩号布条的插钎；打桩者拔掉插钎，打上写有相应桩号的桩。

（2）拉链组保持钢尺的距离等于整桩距（20 m），由后链指挥前链绷紧钢尺继续往前走，同时使前链手持的花杆移动到与起点和 ZD_1 成为一条直线，同样的方法定出 K0+040 桩位，由卡链者插一写有 K0+040 桩号布条的插钎；打桩者拔掉插钎，打上写有相应桩号的桩。

（3）后链继续往前定向并配合前链量距，等花杆离开桩点并拔出测钎后，写桩者写好桩号由打桩者打桩；打桩时，注意桩号朝向路线来向，桩背面写好序号。

（4）同样的方法拉链组一直定线、量距、设桩直到 ZD_1，当钢尺穿过 ZD_1 并由卡链读出本尺段的零数距离，再与前面整桩距离相加，从而得到转点沿路线方向到路线起点的水平距离，此距离写成桩号格式便是 ZD_1 桩号，本例距离为 796.95 m，因此 ZD_1 的桩号为 K0+796.95，最后由写桩和打桩者打出转点桩。

（5）前点继续往前定。在路线 ZD_2 立花杆引得中线丈量方向，拉链组前链、后链分别拿一根花杆并各持钢尺的一端并使距离等于整桩距（20 m），由后链指挥前链绷紧钢尺并移动到使前链手持的花杆移动到与 ZD_1 和 ZD_2 成为一条直线，由卡链者在前点的花杆尖处插一写有桩号的布条的插钎。

（6）同样的方法拉链组一直定线、量距、设桩直到 ZD_2，当钢尺穿过 ZD_2 并由卡链读出本尺段的零数距离，再与前面整桩距离相加，从而得到转点沿路线方向到路线起点的水平距离，此距离写成桩号格式便是 ZD_2 桩号，本例距离为 1 392.76 m，因此转点的桩号为 K1+392.76，最后由写桩和打桩者打出转点指示桩。

（7）同理，前点不断地寻找路线前方的转点直至交点并及时插好花杆，拉链组继续往前一直定线、量距、设桩直到 ZD_2。

（8）当估计到 JD_1 的距离不够其设置的曲线的切线长时，拉链组只是按整尺段量距并插上测钎，不打桩，一直量到 JD_1，计算出从路线起点到 JD_1 的距离，此距离写成桩号格式就是 JD_1 的桩号。本例为 1 860.72 m，因此 JD_1 的桩号为 K1+860.72。

（9）后点在路线起点到 JD_1 的最后一个转点上插上花杆，拉链组掉头从 JD_1 向 ZD_2 方向倒量 T_1 = 915.36 m 得到 ZY 桩位，写好并打上 ZY 桩（ZY K0+945.36）。

（10）前点于 JD_1 上插花杆，拉链组从 JD_1 向分角桩方向量 E_1 = 98.59 m；得 QZ 桩位，写好并钉上 QZ 桩点。

（11）拉链组从 JD_1 向 JD_2 方向量 T_1 = 915.36 m 得到 YZ 桩位，写好并打上 YZ 桩

（K2+747.90）。

（12）计算出曲线的切线支距或偏角弦长等数据进行曲线内的桩点设定。

①计算人员根据本交点处的曲线形状，计算曲线元素和切线支距。

②记录人员根据计算好的曲线上第一个桩的支距通知拉链人员从曲线起点开始向交点方向倒拉 x 值得切线点 N_1。

③卡链人员用两根钢尺或一根钢尺、一根皮尺从切线点 N_1 和曲线起点分别拉 Y_1 值和弦长相交得曲线上第一个桩位 P_1，打设中桩。

④从第一个桩的切线点 N_1 处，顺切线沿交点方向量取 $\Delta X=X_2-X_1$ 得切线点 N_2。

⑤卡链人员从 N_2 处和前一个已设定的桩点分别用尺子拉 Y_2 和相邻桩的弦长，相交第二个桩位 P_2，打设中桩。

⑥按同样方向一直设置到曲线的中点，直至前半个曲线完成，最后与曲线中点闭合以检核。

⑦后半个曲线从曲线终点开始，按同样方法完成。

⑧与曲线中点校核。

2. JD_1 至 JD_2 间的中线测设

（1）在路线起点到 JD_1 与 JD_2 间的最近一个转点（ZD_1）上插花杆，拉链组从 JD_1 处曲线的 YZ 桩开始，向 JD_2 方向先凑整成 20 m 整桩，本例 YZ 桩号为 K2+747.90，因此第一个凑整成 20 m 整桩的桩号为 K2+760。

（2）仿照起点（K0+000）至 JD_1 间的中线测设的（1）到（7）步设置 JD_1 与 JD_2 直线段各桩点。

（3）仿照起点（K0+000）至 JD_1 间的中线测设的（8）到（11）步设置 JD_2 处的曲线段主点桩。

（4）仿照起点（K0+000）至 JD_1 间的中线测设的（12）步设置 JD_2 处的曲线段各详细加桩。

3. JD_2 到据点 1 间的中线测设

当 JD_2 处曲线敷设完毕后，再进行直线桩设量，方法与前相似。

五、水平组

（一）任务

水平组的任务是对中线各中桩高程进行测量，并沿线设置临时水准点，为路线纵断面和横断面设计与施工提供高程资料。

（二）工作内容

纵断面测量一般分为两步进行：第一步是沿路线每隔一定的距离设置水准点，进行高程控制，称为基平测量；第二步是分别在基平测量建立的相邻两个水准点间对中桩进行水准测量，以测定各中桩的地面高程，称为中平测量。基平测量可以按四等或五等水准测量的要求进行。中平测量可按等外水准测量要求进行，并可只作单程观测。

1. 路线水准点的设置

水准点是路线高程测量的控制点，在勘测、施工和竣工阶段都要使用，因此水准点的位置应选在稳固、醒目、易于引测以及施工线以外不易受破坏的地方。设置的水准点应在记录本上绘出草图，并记录位置及所对应的路线的桩号，以便编制“水准点表”。一般规定，在路线的起、讫点，大桥两岸，隧道两端，垭口，以及一些需要长期观测高程的重点工程的附近均应设置永久性水准点。另外，为便于使用水准点，沿线还需布设一定数量的临时性水准点。水准点设置的间隔一般为山区 0.5~1.0 km，平原区 1.0~2.0 km，并在路中线可能经过的地方两侧 50~300 m 的范围内设置。

公路水准测量的等级要求，一般路线均按五等水准测量精度要求测设，高速公路可按四等水准测量要求实施。

2. 基平测量的方法

基平测量前应着手做好准备工作，即首先对路线的走向、沿线地形应有大概的了解；其次应收集沿线附近国家水准点的资料（如水准点的位置、编号、等级和高程等），引用绝对高程作为起始水准点的高程。布设的起始水准点应与附近的国家水准点联测，并尽量构成附合水准路线。

基平测量起始水准点的高程应从附近国家水准点上引测，以获得绝对高程。在沿线基平测量过程中，凡是能与附近国家水准点进行联测的均应联测，以便于检查其测量的精度。

水准点高程的测定通常采用一台水准仪在两个相邻的水准点间作往返观测，也可用两台水准仪作同向单程观测。

基平测量应采用不低于 S_3 级的水准仪，采用一组往返或两组单程测量。对高速公路和一、二级公路，其高程闭合差应不超过 $\pm 30\sqrt{L}$ mm（L 为单程水准路线长度，以 km 计），符合精度要求时取平均值。水准点附合、闭合及检测限差亦应满足上述精度要求。测量时的视线长度一般不大于 150 m，当跨越河谷时可增至 200 m。

3. 中平测量

中平测量又称中桩抄平，其任务是根据基平测量提供的水准点高程，按附合水准路线逐点测量中桩的地面高程。

中平测量的方法一般是以两相邻水准点为一个测段，从一个水准点开始，逐个测定中桩的地面高程，直至闭合于下一个水准点上。观测中，一般把观测的中桩称为中间点。观测时，在每一个测站上应尽量多地观测中桩，当观测的中桩距离较远时，则需要在一定的距离内设置转点。转点应设置于稳固的桩顶或坚石或尺垫上，转点间的视线长度不应大于 150 m。由于转点起着传递高程的作用，因此为了消除高程传递的不利因素，在测站上应先观测转点，后观测中间点。转点的读数取至毫米（mm），中间点的读数按四舍五入取至厘米（cm），中间点的视线也可适当放长，中间点的立尺应立在紧靠桩边的地面上。中平测量可使用 S_{10} 级的水准仪采用单程进行。水准路线应起、闭于水准点，其限差为 $\pm 30\sqrt{L}$ mm。中桩高程取位至厘米（cm），其检测限差为±10 cm。导线点检测限差为±5 cm。

如图 5-6 所示，设 A 点为水准点，高程为 H_A，1，2，…各点为中间点，B 点为转点。将水准仪安置在水准点与转点间的适当位置上，并在水准点上立水准尺。观测时，先后视 A 点的水准尺，读数为 a；再前视转点上的水准尺，读数为 b；最后在各中间点上立水准尺，观测各中间点，得中间点读数，设中视读数为 k。

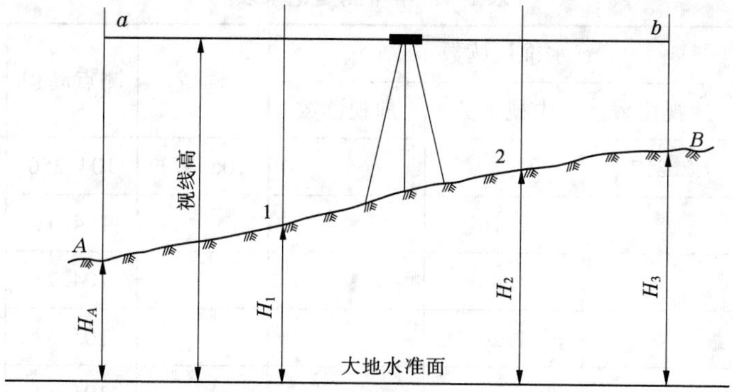

图 5-6　视线高法

则转点和中间点的高程可用视线高法求得，即

测站视线高　　　　　　　　H_i = 水准点高程 H_A + 后视读数 a

前视转点 B 点的高程　　　H_B = 测站视线高 H_A − 前视读数 b

中桩高程　　　　　　　　　H_K = 测站视线高 H_i − 中视读数 k

中平测量的施测步骤如图 5-7 所示。

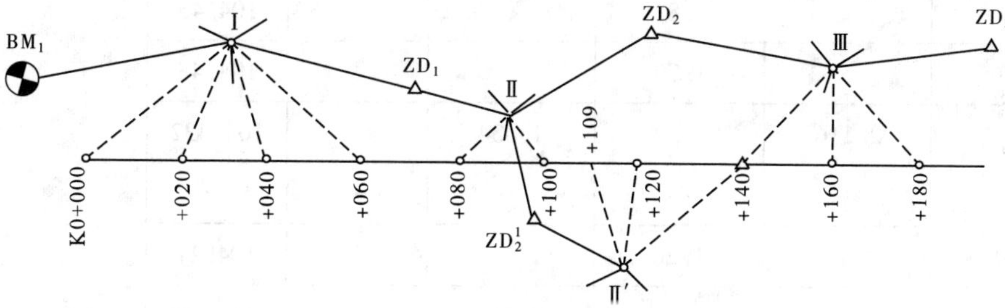

图 5-7　中平测量的施测步骤

（1）安置仪器于Ⅰ点，分别后视 BM_1 和前视 ZD_1 上的水准尺，并将读数填入表 5-4 的 BM_1 后视栏和 ZD_1 的前视栏中。

（2）观测 BM_1 与 ZD_1 之间的中间点 K0+000、K0+020、K0+040、K0+060，将各点的读数分别记入表 5-4 的中视栏中。

（3）将水准仪搬至Ⅱ点，再分别后视 ZD_1 和前视 ZD_2 上的水准尺，将读数分别记入表 5-5 中的 ZD_1 的后视栏和 ZD_2 的前视栏内。

（4）观测 ZD_1 和 ZD_2 之间的中间点 K0+080、K0+100、K0+120，分别将读数填入表 5-4 各点的中视栏中。

（5）按上述方法和步骤继续向前施测，直至闭合到下一个水准点 BM_2 上。

（6）按前述要求计算各测段闭合差，如不符合精度要求，应返工重测。

一测段结束后，应立即算出高差闭合差。高差闭合差 f_h = 测得高程 − 已知高程。若 $f_h \leq f_{h容}$，则符合要求，但不进行闭合差的调整，而以原计算的各中桩的高程作为绘制纵断面图的数据；若 $f_h > f_{h容}$，则应查找原因或返工重测。

表 5-4　中平测量记录表

单位:m

测点	水准尺读数			线高	测点高程	说明
	后视读数	中视读数	前视读数			
BM_1	2. 317			106. 573	104. 256	
K0+000		2. 16			104. 41	
+020		1. 83			104. 74	
+040		1. 20			105. 37	
+060		1. 43			105. 14	
ZD_1	0. 744		1. 762	105. 555	104. 811	
+080		1. 90			103. 66	
+100		1. 76			103. 80	中平测得 BM_2 高程为 104. 795 m
+120		1. 84			103. 72	
ZD_2			1. 405	106. 266	104. 150	
+140		1. 82			104. 45	
+160		1. 79			104. 48	
ZD_3	2. 116		1. 834		104. 432	
…	…	…	…	…	…	
K1+480		1. 26			104. 21	
BM_2			0. 716		104. 754	

复核:f_h = 测得高程-已知高程 = 104. 795-104. 754 = 0. 041(m)

$f_{h容} = \pm 50\sqrt{1.48} = \pm 61$(mm)

$f_h < f_{h容}$,满足精度要求

中桩高程应测至桩志处的地面,高程读数取至厘米(cm)。中桩高程测量精度应符合表 5-5 的规定。

表 5-5　中桩高程测量精度

公路等级	闭合差/mm	两次测量之差/cm
高速公路,一、二级公路	$\leqslant 30\sqrt{L}$	≤5
三级及三级以下公路	$\leqslant 50\sqrt{L}$	≤10

注:L 为高程测量的路线长度,km。

六、横断面组

（一）任务

横断面组作业的主要任务是：在实地逐桩测量每个中桩在路线的横向（法线方向）的地面变坡点之间的距离和高差，并画出横断面的地面线。路线横断面测量主要是为路基横断面设计、土石方计算及今后的施工放样提供资料。

横断面测量的宽度应根据路基宽度、填挖尺寸、边坡大小、地形情况以及有关工程的特殊要求而定，一般要求中线两侧各测 15~50 m。横断面图测绘的密度，除各中桩外，在大中桥头、隧道洞口、挡土墙等重点工程地段，可根据需要加密。由于横断面图一般用于路基的断面设计和确定路基填挖边界，因此在测定地面点的距离和高差时，一般只需精确至 0.1 m 或 0.05 m，可采用简易的工具和方法测量。

（二）工作内容

横断面测量的内容包括横断面方向的确定、横断面测量、横断面图绘制和根据有关资料进行横断面设计。

1. 横断面方向的确定

要进行横断面测量，必须首先确定横断面的方向。在直线路段，横断面的方向与路线垂直；而在曲线段，横断面的方向与该点处曲线的切线相垂直，即法线方向。

在公路中线直线段一般采用方向架测定横断面的方向。方向架是由两个互相垂直的固定方向杆和一个能够自由转动的活动方向杆组成的，如图 5-8 所示，方向杆 $ab \perp cd$；ef 是活动方向杆，可用制动钮固定，方向架高约 1.20 m，，直线段横断面方向的具体测定方法如下。

如图 5-9 所示，将方向架安置于公路中线各直线桩桩位的地面上，用其中一个方向杆 ab 瞄准路线中线方向（前一个中桩或后一个中桩），则方向架的另一个方向杆 cd 所指的方向即为该桩点的横断面方向。

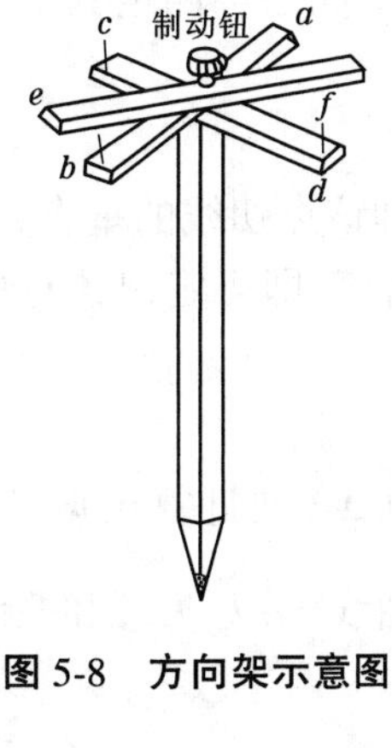

图 5-8　方向架示意图

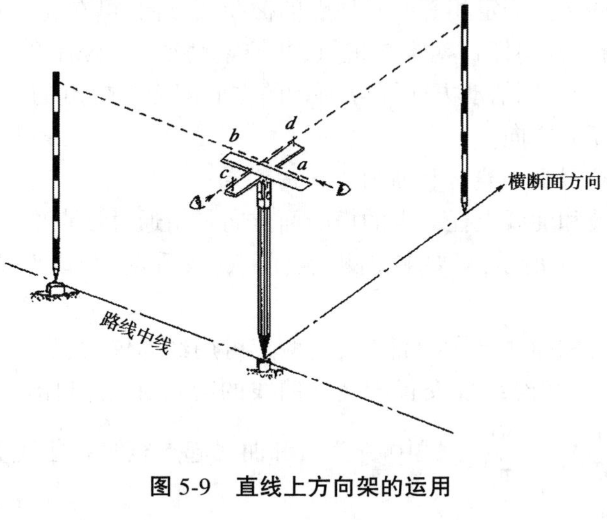

图 5-9　直线上方向架的运用

在圆曲线地段，横断面方向应与测点的切线方向垂直，也是测点指向圆曲线圆心的方向，其方向也可采用方向架来测定，如图 5-10 所示。

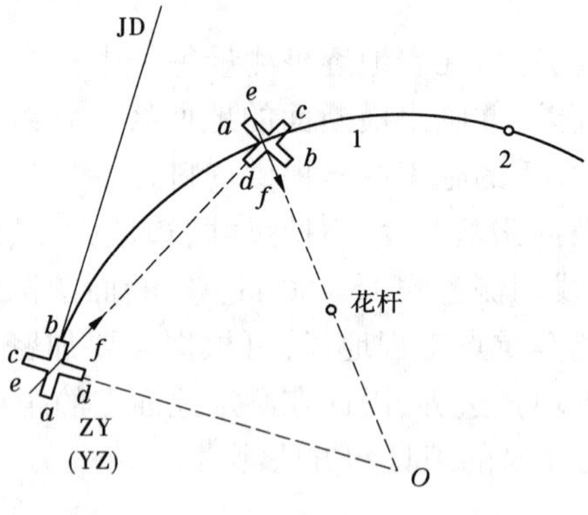

图 5-10 圆曲线上方向架的运用

1）直圆点 ZY（或圆直点 YZ）横断面方向的测定

将方向架安置于直圆点 ZY（或圆直点 YZ）上，用 *ab* 方向杆对准交点或直线上的中线桩，则另一方向杆 *cd* 所指的方向即为直圆点 ZY（或圆直点 YZ）的横断面方向。

2）圆曲线上各点横断面方向的测定

直线上的横断面方向，用方向架或经纬仪作垂线确定。曲线上的横断面方向，根据计算的弦偏角，用弯道求心方向架或经纬仪来确定。

例如：测定曲线上 1 点的横断面方向，可按下述步骤测定：

（1）将方向架安置于曲线的起点 ZY 上，用方向杆 *ab* 对准交点或直线上的中线桩。

（2）将活动方向杆 *ef* 对准曲线上要测的 1 点，拧紧制动钮。

（3）在保持活动方向杆 *ef* 与方向杆 *cd* 的夹角不变的情况下，将方向架移动于待测 1 点，并用 *cd* 杆瞄准曲线起点 ZY，则活动方向杆 *ef* 所指的方向即为待测点的横断面方向。

如果要测定相邻的其他点的横断面方向，可在前一点 1 点用方向杆 *cd* 对准横断面方向，活动方向杆 *ef* 对准 2 桩点，并拧紧制动钮，然后将方向架移动于 2 桩点，用方向杆 *cd* 对准 1 点，则活动方向杆 *ef* 所指的方向即为 2 桩点的横断面方向。同法可测定其他各点的横断面方向。

3）缓和曲线上横断面方向的测定

缓和曲线上任一点的横断面方向是指通过该点的法线方向，即该点切线的垂直方向。如图 5-11 所示，只要求得测点至前点（或后点）与该点切线的偏角值，即可定出该点的法线方向。

缓和曲线上横断面方向的测定可用经纬仪，其步骤如下：

（1）将经纬仪安置于缓和曲线的起点 A 上，测出 P 点的偏角 Δ（或计算出偏角 Δ，$\Delta=\frac{l^2}{6Rl_s}\times\frac{180^\circ}{\pi}$。式中：$l$ 为缓和曲线起点至缓和曲线上 P 点的曲线长；l_s 为缓和曲线的长度）。

（2）将经纬仪移至 P 点，并以 2Δ 的读数瞄准 A 点。

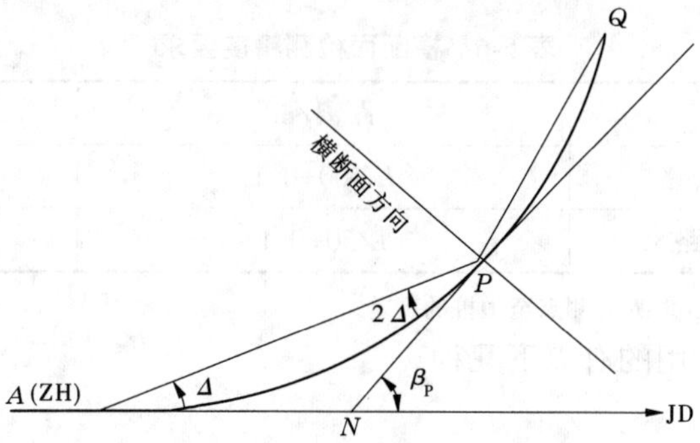

图 5-11　缓和曲线的法线方向

(3)旋转经纬仪照准部至 90°或 270°,则此时经纬仪视准轴所指的方向即为 P 点的横断面方向。依此法可测出其余各点。

上述方法的优点是不用计算。有时为了便于测定,也可以使用方向架,如图 5-12 所示,要测定缓和曲线上 P_i 点的横断面方向,可先计算出缓和曲线起点 A 至 N_i 点的距离 t_i ,根据缓和曲线要素公式可知:

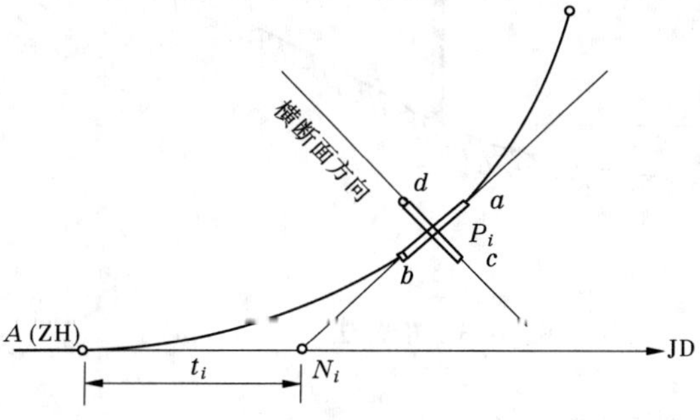

图 5-12　方向架确定缓和曲线法线方向

$$t_i = \frac{2l}{3} + \frac{l^2}{360R^2}$$

式中　l——缓和曲线起点至缓和曲线上 P_i 点的曲线长;

R——平曲线半径。

计算时,忽略 $\frac{l^2}{360R^2}$,直接取 $t_i = \frac{2l}{3}$ 。计算出 t_i 后,从缓和曲线起点沿切线方向量取 t_i ,得到 N_i 点,将方向架安置在 P_i 点上,以 ab 指向对准 N_i 点,则 cd 所指的方向即是 P_i 点的横断面方向。

2. 横断面测量方法

横断面测量以中线地面点即中桩位置为直角坐标原点,分别沿横断面方向向两侧施测地面各地形变化特征点间的相对平距和高差,由此点绘出横断面的地面线。横断面的测量精度如表 5-6 所示。

表 5-6　横断面检测精度要求

公路等级	距离/m	高差/m
高速公路,一、二级公路	$L/100+0.1$	$h/100+L/200+0.1$
三级及三级以下公路	$L/50+0.1$	$h/50+L/100+0.1$

注: L 为测点值中桩的水平距离;h 为测点至中桩的高差。

横断面测量方法常用的有以下几种。

1)抬杆法

如图 5-13 所示,利用花杆和皮尺直接测得横断面方向上相邻两边坡点的水平距离和高差。此法简便、易行,所以被经常采用,它适用于横向变化较多、较大的地段,但由于测站较多,测量和积累误差较大。

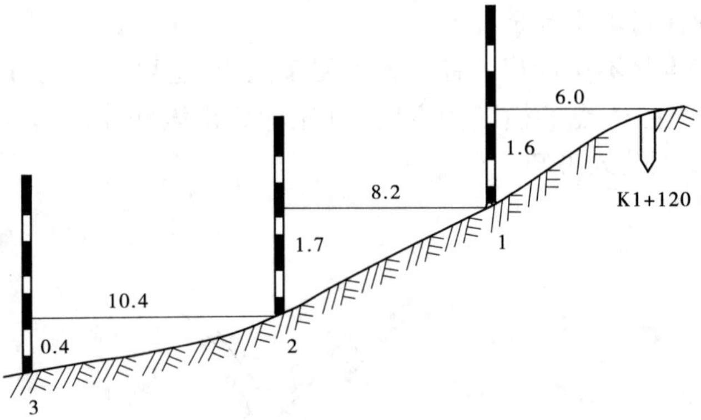

图 5-13　抬杆法　(单位:m)

(1)根据地面情况选定变坡点 1、2、3。

(2)将标杆分别竖立于各变坡点(如 1 点)上。

(3)将皮尺在中桩与变坡点之间(或两变坡点之间)紧靠中桩(或变坡点)沿横断面方向量出水平距离;如图 5-13 中中桩至 1 点的水平距离。

(4)测出此时皮尺截于标杆的红白格数(每格为 0.2 m)即得到两点间的高差。

(5)边测量边记录。

测量中,报数时通常省去"水平距离"四字,高差用"低"或"高"表示。例如:图 5-13 中在中桩点与 1 点间测量,报数为"6.0 m 低 1.6 m;记录时按路线前进方向分左侧、右侧,并以分数形式表示各测段的高差和距离,分子表示高差,分母表示距离,高差为正表示升高或上坡,高差为负表示降低或下坡,自中桩由近及远逐段测量与记录。记录时,从表格下面往上面记录,即从表格底部小桩号逐渐记至表头的大桩号,记录格式如表 5-7 所示。

(6)同法可测得 1 点与 2 点、2 点与 3 点……的距离和高差。

表 5-7　横断面记录表

左侧	桩号	右侧
$\frac{-2.5}{7.5}$ $\frac{-2.5}{7.3}$ $\frac{-1.4}{6.8}$	K2+500	$\frac{-0.2}{1.6}$ $\frac{+0.6}{4.0}$ $\frac{+1.7}{6.0}$
…	…	…
$\frac{-0.4}{10.4}$ $\frac{-1.7}{8.2}$ $\frac{-1.6}{6.0}$	+120	$\frac{-0.8}{1.7}$ $\frac{-0.6}{5.8}$ $\frac{+1.4}{6.9}$
$\frac{-2.7}{8.3}$ $\frac{-1.4}{3.7}$ $\frac{+0.9}{2.1}$ $\frac{-0.6}{4.8}$	+100	$\frac{+1.4}{6.9}$ $\frac{-2.5}{7.3}$ $\frac{0}{2.5}$
$\frac{+0.5}{15}$ $\frac{-2.3}{6.5}$	K1+080	$\frac{+0.2}{3.5}$ $\frac{-0.3}{4.7}$ $\frac{-1.3}{6.3}$

2)水准仪法

水准仪法是利用水准仪按水准测量的方法测定各变坡点与中桩点之间的高差,并用皮尺丈量两变坡点间的水平距离的方法,常用于地形平坦或横断面精度要求较高以及横断面方向高差变化不大的地区。利用水准仪测量横断面,可以在一个测站上同时观测多个中桩横断面,如图 5-14 所示。测量步骤如下:

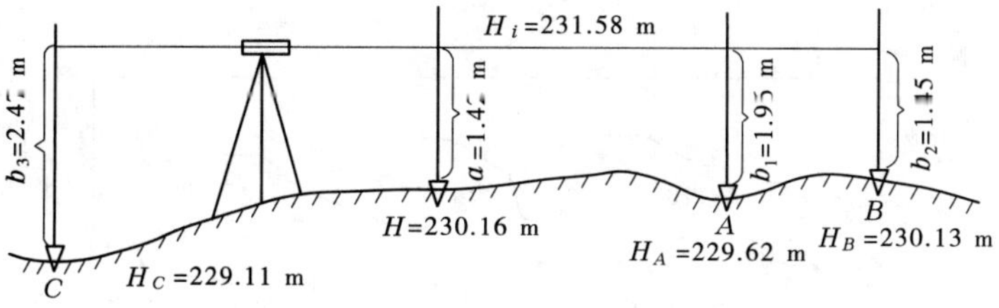

图 5-14　水准仪法

(1)选择一适当的位置安置水准仪,并在中桩上立水准尺。

(2)后视中桩水准尺,读取后视读数,准确到厘米(cm),计算出仪器的视线高程。

(3)分别在横断面方向上的地面变坡点上立水准尺,前视各点上的水准尺,读各前视读数。

(4)用视线高程减去各前视读数,得到各变坡点的高程。

(5)用皮尺分别量取中桩至各变坡点间的水平距离,准确到厘米(cm)。边测量边记录,记录格式如表 5-8 所示。

表 5-8　水准仪测量横断面记录表　　单位:m

桩号	各变坡点至中桩点距离		后视读数	前视读数	各变坡点至中桩点高差
K1+420	左侧	0	1.67		
		6.5		1.69	-0.02
		9.0		2.80	-1.13
		11.3		2.84	-1.17
		12.6		1.51	+0.16
		20.0		1.43	+0.24
	右侧	14.6		1.54	+0.13
		20.0		1.43	+0.20

3)经纬仪法

安置仪器于中桩上,用视距测量法测出中桩与各地形变化点的距离和高差,然后绘制横断面图。经纬仪视距法适用于地形变化较大、山坡陡峻的大型横断面测量。

3.横断面图绘制

横断面图应点绘在透明坐标纸上,点绘时应按桩号的大小先从图下方到上方,再从左侧到右侧的原则安排断面位置。绘图的比例一般为 1:200,对有特殊需要的断面可采用 1:100,每个断面的地物情况应用文字在适当位置进行简要说明,如图 5-15 所示。具体步骤如下:

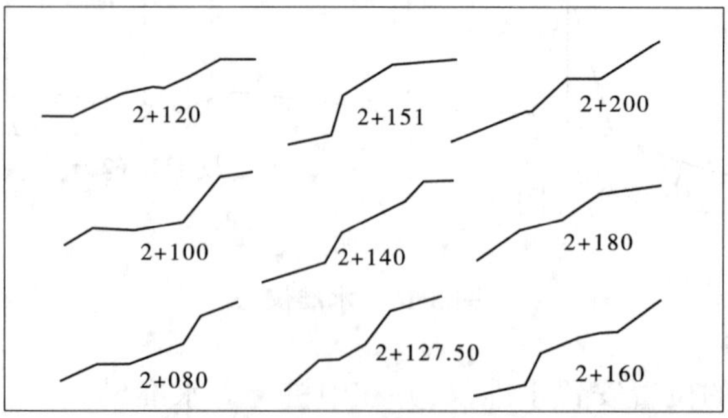

图 5-15　横断面图

(1)在厘米方格纸上由下而上以一定间隔定出各断面的中心位置,并注上相应的桩号和高程。

(2)根据测量时记录的高差和水平距离,按选定的比例尺,将地形点点绘在图纸上,然后用直尺或三角板将这些点连接起来,即得地面线。

(3)标注有关的地物或数据。

(4)根据纵断面图上的施工高度,考虑当地地形、自然条件,并参考路基标准横断面图,在横断地面线上逐桩绘出路基横断面图(俗称“戴帽子”)。

七、地形组

(一)任务

地形组的任务就是根据设计的需要,按一定比例测绘出沿线一定宽度范围内的带状地形图(或局部范围的专用地形图),供设计和施工使用。

地形图分为路线地形图和工点地形图两种。路线地形图是以导线(或路线)为依据的带状地形图,主要供纸上定线或路线设计之用;工点地形图是利用导线(或路线)或与其取得联系的支导线进行测量的为特殊小桥涵和复杂排水、防护、改河、交叉口等工程布置设计的专用地形图。

(二)测设要求

1. 比例及范围

路线地形图比例尺采用 1:2 000,测绘宽度两侧各为 100~200 m,对于地物、地貌简单,地势平坦的地区,比例可采用 1:5 000,测绘宽度每侧不应小于 250 m。

2. 测设精度要求

(1)等高距规定如下:

比例 1:500　　0.5 m、1 m

比例 1:1 000　1 m

比例 1:2 000　1 m、2m

比例 1:5 000　2 m、5 m

(2)地形点观测要求见表 5-9。

表 5-9　地形点观测要求

比例	视距最大长度/m		竖直角
	竖角≤12°	竖角>12°	
1:500	100	80	≤30°
1:1 000	200	150	
1:2 000	350	300	
1:5 000	400	350	

地形点的密度:

(1)地面横坡陡于 1:3时,图上距离不宜大于 15 mm。

(2)地面横坡等于或缓于 1:3时,图上距离不宜大于 20 mm。

(3)地形点在地形图上的点位中误差:比例为 1:500~1:2 000 时,不应超过±1.6 mm;比例为 1:5 000 时,不应超过±0.8 mm。

地形图测绘的具体要求详见《公路勘测规范》(JTG C10—2007)中有关地形图测绘的相关规定。

八、调查组

(一)任务

调查组的工作主要是根据测设任务的要求,通过对公路所经过地区的自然条件和技术经济条件进行调查,为公路选线和内业设计收集原始资料。

(二)分工及调查内容

调查的主要内容有工程地质情况调查、筑路材料情况调查、桥涵调查、预算资料调查及杂项调查等。对于旧路改建,还应对原路路况进行调查。调查组可由2~3人组成,综合调查组也可分小组同时调查。

1. 工程地质调查

工程地质资料是公路设计的重要资料,通过调查、观测和必要的勘探、试验,进一步掌握与评价路线通过地带的工程地质和水文地质情况,为正确选定路线位置、合理进行纵坡、路基、路面、小桥涵及其构造物的设计提供充分准确的工程地质依据。

工程地质调查的主要内容如下。

1)路线方面

(1)在工程地质复杂和工程艰巨地段,会同选线人员研究路线布设及所采取的工程措施。

(2)调查沿线范围的地貌单元和地貌特征、地质构造、岩石、水文地质、植被、土壤种类、地表径流及不良地质现象等情况,并分段进行工程地质评价。

(3)分段测绘代表性工程地质横断面,标明土、石分类界限,并划分土、石等级。

(4)调查气象、地震及施工、养护经验等资料。

(5)编写道路地质说明书。

2)路基方面

(1)调查分析自然山坡或路基边坡的稳定状况,根据地质构造、岩性及风化破碎程度以及其他影响边坡稳定的因素,提出路堑边坡或防护加固措施。

(2)沿溪线应查明河流的形态、水文条件,河岸的地貌、地质特征、河岸稳定情况、受冲刷程度等,进而提出防护类型、长度及基础埋置深度等意见。

(3)路基坡面及支挡构造物调查,提出结构类型、基础埋置深度等意见。

(4)路基土壤、地下水位和排水条件调查,提出路基土壤分类和水文地质类型。

3)路面方面

(1)收集有关气象资料,研究地貌条件,划分路段的道路气候分区,并提出土基回弹模量建议值,供路面设计时采用。

(2)调查当地常用路面结构类型和经验厚度。

4)特殊不良地质地区

如对黄土、盐渍土、沙漠、沼泽以及滑坡、崩塌、岩溶、泥石流等进行综合性地质调查与观测,为制订防治措施提供资料。

2. 筑路材料料场调查

筑路材料质量、数量及运距,直接影响工程的质量和造价。进行筑路材料调查的任务就是根据适用、经济和就地取材的原则,对沿线料场的分布情况进行广泛调查,以探明数量、质量及开采条件,为施工提供符合要求的料场,主要有以下三方面的内容:

(1)料场使用条件调查。主要对自采加工材料如块石、片石、料石、砾石、碎石、砂、黏土料源的质量和数量进行勘探,以必要的取样试验决定料场的开采价值。

(2)料场开采条件调查。主要对矿层的产状条件、水文地质条件、开采季节、工作面大小、废土堆置场地等方面进行调查。

(3)运输条件调查。包括运输支线距离、修筑的难易、料场与路线的相对高差、运输方式、材料的埋藏条件(包括剥土厚度)等方面进行调查。

3. 小桥涵调查

小桥涵调查的主要任务是:调查与收集沿线小桥涵水文、地质、地形资料,配合路线总体布设,进行实地勘测,提供小桥涵及其他排水构造物的技术要求,研究决定小桥涵的位置、结构形式、孔径大小以及上下游的防护处理等。

(1)桥涵水文资料调查。水文资料调查的目的是为确定设计流量和孔径提供必需的资料。调查内容应采用水文计算的方法确定。方法有形态调查法、径流形成法、直接类比法。当跨径在 1.5 m 以下时,可不进行孔径计算,通过实地勘测用目估法确定孔径。

(2)小桥涵位置的选定及测量。小桥涵的位置,原则上应服从路线走向,通常情况下是由选线组根据最佳路线位置确定下来的。但是,桥涵如何布置,则由桥涵人员根据实地地形、地质及水文条件综合考虑,然后进行桥址或涵址测量。

(3)桥涵结构类型的确定。小桥涵类型的选择,应结合路线的等级和性质,根据适用、经济和就地取材的原则,结合其他情况综合考虑,使所选定的形式具有施工快、造价低、便于行车和利于养护的优点。

(4)小桥涵地质调查。小桥涵地质调查的目的在于摸清桥涵基底工程地质及水文地质情况,为正确选定桥涵及附属构造物的基础埋深及有关尺寸、类型等提供资料。调查的内容包括基底土壤地质类型及特征、有无地质不良情况、土壤冻结深度及水文地质对基础和施工的影响等。

4. 预算资料调查

施工预算是公路设计文件的重要组成部分,进行预算资料调查的目的就是要为编制施工预算提供资料。调查应按交通运输部颁布的《公路工程建设项目概算预算编制办法》(JTG 3830—2018)的有关规定进行。调查的主要内容如下:

(1)施工组织形式调查。主要调查施工单位的组织形式、机械化程度和生产能力以及施工企业的等级等。当施工单位不明确时,应由建设单位提供上述可能的情况及编制原则。

(2)工资标准。包括工人基本工资标准和工资性津贴(附加工资、粮价补贴、副食补贴)、其他地区性津贴及工人工资计算办法等的调查。

(3)调拨或外购材料及交通运输调查。包括材料的出厂价格、可能发生的包装费和手续费、可能供应数量、运输方式、运距、中转情况、运输能力、运杂费(包括运费、装卸费,囤存、过渡、过磅等费用)、水电价格等内容。

(4)征用土地和拆迁补偿费。按国务院最新公布的《国家建设征用土地条例》和当地政府有关补偿费用标准和办法办理。

(5)施工机构迁移和主副食运费补贴调查。

(6)气温、雨量、施工季节调查。

(7)其他可能费用资料调查。

5. 杂项调查

杂项调查主要是指占地、拆迁及有关项目的情况和数量调查,为编制设计文件的杂项表格提供资料。主要内容如下:

(1)占用土地的测绘和调查。

(2)拆迁建筑物、构造物(包括水井、坟墓等)调查。

(2)拆迁管道、电力、电信设施调查。

(4)排水、防护、改河以及临时工程(便道、便桥等)的调查。

九、内业组

定测内业工作的复核、检查、整理外业资料和图表制作、汇总等要求,与初测内业工作要求相同。

定测内业工作进程应及时进行路线设计和局部方案的取舍工作,外业期间应做出全部路基横断面设计,并结合沿线构造物的布设,逐段综合检查所定路线线位的技术经济合理性,同时进行必要的现场核对。

思政小课堂

创新精神和科学家精神

一、弘扬创新精神

创新精神是指要具有能够综合运用已有的知识、信息、技能和方法,提出新方法、新观点的思维能力和进行发明创造、改革、革新的意志、信心、勇气和智慧。

创新精神是一个国家和民族发展的不竭动力,也是一个现代人应该具备的素质。创新精神属于科学精神和科学思想的范畴,是进行创新活动必须具备的一些心理特征,包括创新意识、创新兴趣、创新胆量、创新决心,以及相关的思维活动。

创新精神是一种勇于抛弃旧思想旧事物、创立新思想新事物的精神。例如:不满足已有认识(掌握的事实、建立的理论、总结的方法),不断追求新知;不满足现有的生活生产方式、方法、工具、材料、物品,根据实际需要或新的情况,不断进行改革和革新;不墨守成规(规则、方法、理论、说法、习惯),敢于打破原有框架,探索新的规律、新的方法;不迷信书本、权威,敢于根据事实和自己的思考,向书本和权威质疑;不盲目效仿别人的想法、说法、做法,不人云亦云,不唯书唯上,坚持独立思考,说自己的话,走自己的路;不喜欢一般化,追求新颖、独特、异想天开、与众不同;不僵化、呆板,灵活地应用已有知识和能力解决问题……都是创新精神的具体表现。

创新精神是科学精神的一个方面,与其他方面的科学精神不是矛盾的,而是统一的。例如:创新精神以敢于摒弃旧事物旧思想、创立新事物新思想为特征,同时创新精神又要以遵循客观规律为前提,只有当创新精神符合客观需要和客观规律时,才能顺利地转化为创新成果,成为促进自然和社会发展的动力;创新精神提倡新颖、独特,同时又要受到一定的道德观、价值观、审美观的制约。

创新精神提倡独立思考,不人云亦云,并不是不倾听别人的意见、孤芳自赏、固执己见、狂妄自大,而是要团结合作、相互交流,这是当代创新活动必不可少的方式:创新精神提倡胆大、不怕犯错误,并不是鼓励犯错误,只是出现错误认知是科学探究过程中不可避免的;创新精神提倡不迷信书本、权威,并不反对学习前人经验,任何创新都是在前人成就的基础上进行的;创新精神提倡大胆质疑,而质疑要有事实和思考的根据,并不是虚无主义地怀疑一切……总之,要用全面、辩证的观点看待创新精神。

只有具有创新精神,我们才能在未来的发展中不断开辟新的天地。

二、弘扬科学家精神

"科学"是探索未知、发现真理、发展先进、改造世界、造福人类的学问。科学不仅仅是信仰,而是拿证据说实话,研究"是什么""为什么"。"科学家"是从事科学研究的人员,科学包括自然科学、社会科学和工程技术中的科学。科学家首先是人。人,是肉体和精神的复合体,也是"硬件"和"软件"的复合体,每个人的肉体都是相同的,只是精神、软件不同,思想境界不同。人有生物性、社会性、符号性,每个人生物性都相同,只是社会性和符号性不同。因此,科学家精神与科学精神是两个不同的概念。但科学家明白科学精神,并信守科学精神,否则就出不了真成果。科学精神是尊重真理和规律的精神;而科学家精神是为真理和信仰献身的精神,是探索未知和奉献新知的精神。

我们都知道,核反应具有强烈的辐射效应,对人体有巨大伤害,要保持科学、安全的距离,这属于"科学精神"。"两弹元勋"邓稼先,当年作为总指挥,更是十分清楚核弹辐射的危害性。但是,为了获取第一手资料,为了我国"两弹"早日成功,每次核试验后,他都带头钻到爆炸试验巷道里去取样,甚至1979年我国空投氢弹失败,弹体坠地摔碎后,他冒着生命危险,进入现场,用手直接拿起关键性的零件残片进行分析判断。由于他的身体长时间遭受超剂量的核辐射,后来全身出现溶血性出血。这就是"科学家精神",其内涵和外延都远远超出了"科学精神"的范畴,单用"科学精神"是无法解释的。科学家是有崇高理想的专业人才。

科学家首先是人,与普通人一样有衣食住行的需要,有喜怒哀乐的感情,在精神上也有理性和非理性的层面。然而,由于所从事的科学研究自身的固有特性,科学家在某些方面往往表现出不同于常人的特点,有其独有的精神特质。科学家精神是科学家在长期科学实践活动中逐渐形成的,是科学家本性的自然流露或延伸。在中华民族的伟大进程中,经过一代代科学家的不懈努力,铸成了中国科学家独特的精神品质和鲜明的文化气质,铸就了中国科学家精神。

中国科学家精神的主要内涵:一是胸怀祖国、服务人民的爱国精神;二是勇攀高峰、敢为人先的创新精神；三是追求真理、严谨治学的求实精神；四是淡泊名利、潜心研究的奉献精神；五是集智攻关、团结协作的协同精神；六是甘为人梯、奖掖后学的育人精神。作为一名科学工作者，我们要具有“衣带渐宽终不悔，为伊消得人憔悴”的思想境界，“板凳须坐十年冷，文章不写一句空”的文化气质，“不唯书，不唯上，只唯实”的执着精神。

思考题

1. 道路定测中，导线测角组、中桩组、水准组、横断组的工作内容是什么？如何进行？

参 考 文 献

[1] 中华人民共和国交通运输部. 公路工程技术标准:JTG B01—2014[S]. 北京:人民交通出版社,2015.
[2] 中华人民共和国交通运输部. 公路路线设计规范:JTG D20—2017[S]. 北京:人民交通出版社,2017.
[3] 中华人民共和国交通部. 公路勘测规范:JTG C10—2007[S]. 北京:人民交通出版社,2007.
[4] 孙家驷. 道路勘测设计[M]. 北京:人民交通出版社,2011.
[5] 张延楷,张金水. 道路勘测设计[M]. 上海:同济大学出版社,1998.
[6] 张雨化. 道路勘测设计[M]. 北京:人民交通出版社,1997.
[7] 才西月. 公路勘测设计[M]. 北京:人民交通出版社,2021.
[8] 关超. 道路勘测与施工放样技术[M]. 北京:人民交通出版社,2016.
[9] 周世红. 公路勘测技术[M]. 北京:人民交通出版社,2016.
[10] 许金良. 道路勘测设计[M]. 北京:人民交通出版社,2016.

附　录

一、圆曲线的测设方法

(一)圆曲线主点放样

根据圆曲线的曲线要素,可以进行主点的放样工作,其步骤如下。

1. 测设曲线的起点(ZY)

(1)将经纬仪安置于交点 JD 桩上,后视曲线起点方向的转点桩或交点桩,精确照准后制动照准部。

(2)自交点开始沿视线方向量取切线长 T,得曲线起点概略位置,插一测钎。

(3)自该点开始继续沿此方向向前丈量,量至最近一个直线桩。

(4)如果 ZY 点的里程桩号与该直线桩的里程桩号之差等于所量的距离,则表明 ZY 点的位置正确,可在插测钎处钉木桩,并在桩顶标定 ZY 点;否则,应查明原因予以纠正。

(5)在直圆点(ZY)外侧 20 cm 处钉设指示桩并写明桩号。

2. 测设曲线的终点(YZ)

(1)测设出圆曲线起点之后,转动经纬仪照准部,前视曲线终点方向的交点桩或转点桩,精确照准后制动照准部。

(2)自交点开始沿此方向往返丈量切线长 T,得曲线终点,即 YZ 点,钉木桩,并在桩顶标定 YZ 点。

(3)在圆直点(YZ)外侧 20 cm 处钉设指示桩并写明桩号。

3. 测设曲线的中点(QZ)

(1)转动照准部照准曲中方向桩并制动照准部,或测设出圆曲线终点之后,保持照准部位置不变,随即将经纬仪水平度盘调整到 0°00′00″,测设角度 $\frac{180° - \alpha}{2}$ 为止,则得到角平分线方向。

(2)沿此方向从交点 JD 桩开始,量取外矢距 E,即得曲线的中点 QZ。

(3)在曲中点 QZ 外测 20 cm 处钉设指示桩并写明桩号。

(二)切线支距法放样圆曲线加桩

1. 曲线加桩

当圆曲线的主点放样完毕之后,就可以进行圆曲线的详细放样。在一般情况下,当地形条件较好、曲线长度不超过 40 m 时,只要测设出曲线上的三个主点桩即能满足工程施工的需要,但当地形变化复杂、曲线较长、转角较大或圆曲线半径较小时,仅仅依靠三个主点桩是不能将曲线标定清楚的,所以就需要在曲线上每隔一定的距离测设一个加桩,以便把曲线的形状和位置详细地标定出来。

为了既能详细地放样曲线的形状和位置,又不至于增加工作量,详细测设时,一般按

规定桩距 L 加桩,并规定不同的圆曲线半径 R,加桩桩距也不相同,曲线加桩桩距一般规定为:

不设超高的曲线	$L = 25$ m
$R > 60$ m	$L = 20$ m
30 m $< R \leqslant 60$ m	$L = 10$ m
$R \leqslant 30$m	$L = 5$ m

规定的桩距加桩时,常用的加桩方法有整桩距法和整桩号法。

整桩距法就是分别从曲线的起点和终点开始,以桩距 L 连续向曲线中点设桩,或自曲线的一端向另一端连续设桩。这种方法设桩所有的桩号一般均不为整数,还需加设百米桩和公里桩。

整桩号法是指将曲线上靠近曲线起点 ZY 或曲线终点 YZ 的第一个桩的桩号凑整成为 L 倍数的整桩号,然后按整桩距 L 向曲线的中点 QZ 连续设桩。这种方法除个别的加桩桩号不为整数外,其余的桩号均为整桩号。

2. 切线支距法

切线支距法又称直角坐标法(见附图 1),它是以曲线的起点 ZY 或终点 YZ 为坐标原点,以通过该点的切线为 x 轴,以过该点的半径方向为 y 轴,建立直角坐标系详细测设圆曲线的方法。由于在直角坐标系中曲线上的各点均可用它的坐标 (x,y) 来确定,通常又把 y 坐标称为支距,所以称为切线支距法。切线支距法就是通过确定曲线上各点的坐标来测定各加桩位置的方法。

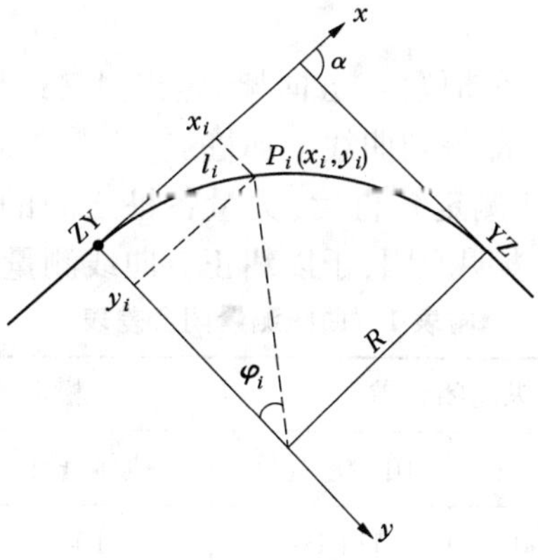

附图 1　切线支距法

3. 加桩坐标的计算公式

如附图 2 所示,设 R 为圆曲线的半径,P_i 为曲线上的某加桩点,该点至曲线起点 ZY(或终点 YZ)的弧长为 l_i,弧长 l_i 所对应的圆心角为 φ_i,则 P 点的坐标为:

$$\varphi_i = \frac{l_i}{R} \cdot \frac{180^\circ}{\pi}$$

$$x_i = R \cdot \sin\varphi_i$$

$$y_i = R(1 - \cos\varphi_i)$$

相邻桩点间的弦长为：

$$C'_i = 2R \cdot \sin \frac{\varphi'_i}{2}$$

$$\varphi'_i = \frac{l'_i}{R} \cdot \frac{180°}{\pi}$$

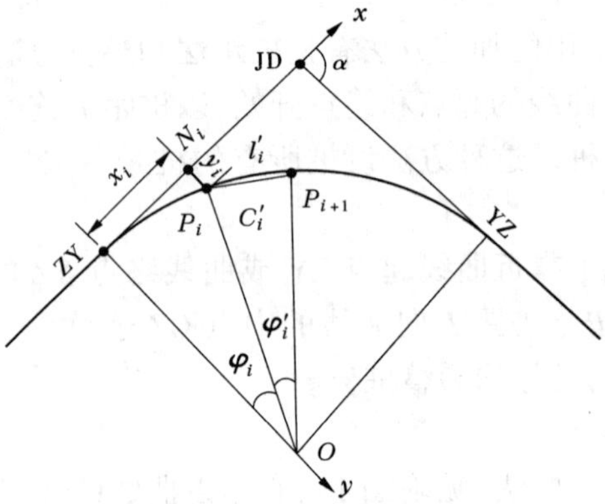

附图 2　切线支距法放样

4. 放样方法

(1)根据曲线加桩的详细计算资料，分别在直圆点或圆直点用经纬仪或方向架照准交点定出切线方向，从 ZY 点或 YZ 点向 JD 方向沿切线用钢尺量取横距，得垂足 N_i 点，用测钎作标记。

(2)在各垂足点 N_i 处，用经纬仪(或方向架)定出过 ZY 点(或 YZ 点)切线的垂线，然后沿垂线方向量取支距，钉桩，即得到曲线上加桩点。

(3)检验方法：用上述方法测定各桩后，丈量各桩之间的弦长与理论弦长进行校核。如不符合或超过容许范围，应查明原因，予以纠正。曲线测量闭合差如附表 1 所示。

附表 1　曲线测量闭合差表

公路等级	纵向闭合差		横向闭合差/cm		曲线偏角闭合差/(″)
	平原微丘区	山岭重丘区	平原微丘区	山岭重丘区	
高速公路、一级公路	1/2 000	1/1 000	10	10	60
二级及二级以下公路	1/1 000	1/500	10	15	120

(三)偏角法放样圆曲线加桩

1. 偏角法

偏角法是利用曲线起点(或终点)到曲线上某一点 P_i 之间的弦线与通过曲线起点(或终点)的切线之间的夹角(弦切角 Δ_i，也称偏角)以及弦长 C_i 来确定 P_i 点的位置的一种方法。

2. 参数计算

如附图 3 所示，设 R 为圆曲线的半径，P_i 为曲线上的某个加桩点，该点至曲线起点 ZY 或终点 YZ 的曲线长(弧长)为 l_i，曲线长 l_i 所对的圆心角为 φ_i，偏角(弦切角)为 Δ_i，若相邻桩点之间的曲线长(弧长)为 l_{ij}，i、j 分别代表相邻的桩点，则 P_i 点的测设参数可按下式计算：

$$\varphi_i = \frac{l_i}{R} \cdot \frac{180°}{\pi}$$

$$\Delta_i = \frac{\varphi_i}{2} = \frac{l_i}{R} \cdot \frac{90°}{\pi}$$

加桩点 P_i 至曲线起点 ZY 或终点 YZ 的弦长为：

$$C_i = 2R \cdot \sin\Delta_i$$

相邻桩点之间的弦长为：

$$C_{ij} = 2R \cdot \sin \frac{l_{ij}}{R} \cdot \frac{90°}{\pi}$$

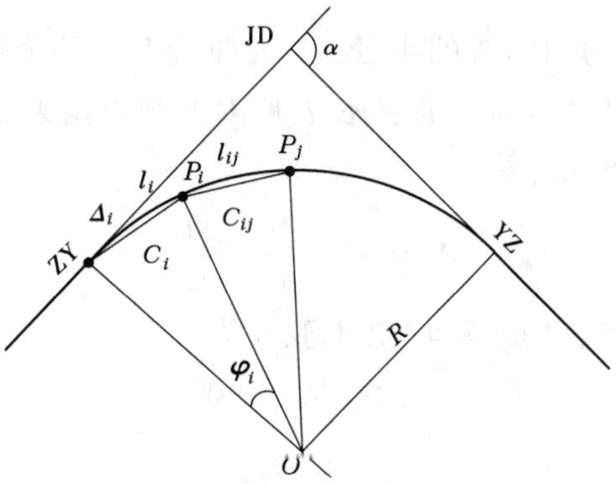

附图 3　偏角法

3. 放样方法

(1)将经纬仪安置于曲线起点 ZY 上，照准路线的交点 JD，配置水平度盘读数 0°00′00″。

(2)转动照准部，使水平度盘读数为第一个加桩点 P_1 的测设偏角 Δ_1，然后由曲线起点沿偏角 Δ_1 的视线方向用钢尺丈量弦长 C_1 并钉桩，得到曲线上第一个加桩点 P_1 的位置。

(3)继续转动照准部，使水平度盘读数为第二个加桩点 P_2 的测设偏角 Δ_2，将钢尺零点对准 P_1 点，以相邻桩点之间的弦长 C_{12} 交于视线方向(距离与方向交会)定出曲线上第二个加桩点 P_2 点。

(4)依次类推，用上述方法测设出其他中间各点，并钉以木桩。

(5)由曲线起点(ZY)测设至曲线中点(QZ)之后，再将经纬仪安置于曲线终点(YZ)上，同法由曲线终点向曲线中点测设后半部分曲线。

当放样至曲线中点时，照准部应转动 $\alpha/4$，视线应恰好通过曲线中点 QZ。偏角法放样出的曲线中点 QZ 与主点放样得到的曲线中点点位之差应符合精度要求。

偏角法是一种测设精度高、实用性强、灵活性大的常用方法，但是由于量距是逐点连续丈量的，前面点位的误差必然会影响到后面测点的精度，点位误差是逐渐积累的。实际测设时，如果曲线较大，为了有效地防止误差积累过大，可分别从曲线起点和终点向中点处测设，并在曲线中点 QZ 处进行校核，或自曲线中点 QZ 向两端测设曲线，在两端处进行校核。

用经纬仪测设偏角时，如果偏角的增加方向与仪器水平度盘的刻画增加方向一致，通常为顺时针转动照准部，称为正拨。正拨时，水平度盘读数等于各桩的计算偏角值。如果偏角的增加方向与水平度盘刻画增加的方向相反，通常为逆时针转动照准部，称为反拨。反拨时，水平度盘读数等于 360°减去各桩的计算偏角值。

（四）极坐标法放样圆曲线加桩

1. 极坐标法

极坐标法是求出放样点的偏角 Δ 以及测站点至各加桩点的弦长 C，然后放样各点的方法。

2. 计算公式

如附图 4 所示，设 R 为圆曲线的半径，P_i 为曲线上的某个加桩点，该点至曲线起点 ZY 或终点 YZ 的曲线长（弧长）为 l_i，曲线长 l_i 所对的圆心角为 φ_i，偏角（弦切角）为 Δ_i，则 P_i 点的测设参数可按下式计算：

$$\Delta_i = \frac{\varphi_i}{2} = \frac{l_i}{R} \cdot \frac{90°}{\pi}$$

加桩点 P_i 至曲线起点 ZY 或终点 YZ 的弦长为：

$$C_i = 2R \cdot \sin\Delta_i$$

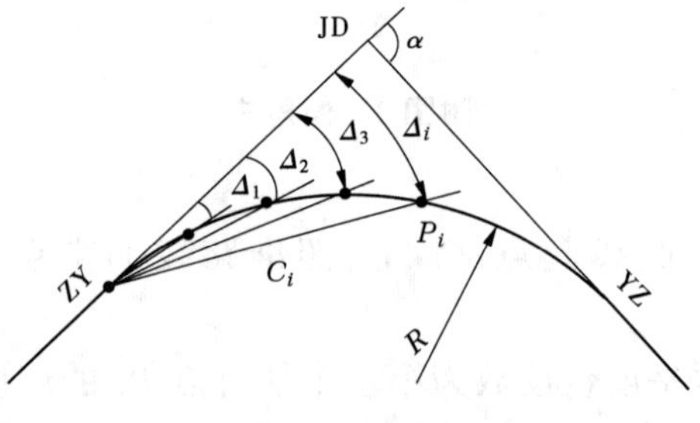

附图 4　极坐标法

3. 放样步骤

（1）将仪器安置在直圆点 ZY 或圆直点 YZ 上，以度盘 0°00′00″照准路线的交点 JD。

（2）转动照准部，依次测设 Δ_i 角和相应的弦长 C_i，钉桩，即可得到曲线上各点。

极坐标法既发挥了偏角法测设曲线精度高、实用性强、灵活性大、可在曲线上任意一点或交点 JD 处设站的优点，同时，点位误差又不会逐渐积累，极大地提高了工作效率和测设速度。

二、缓和曲线的测设方法

(一)缓和曲线主点放样

主点 ZH、HZ 和 QZ 的放样方法与圆曲线主点的放样方法相同。HY 点和 YH 点的测设方法可计算其坐标,然后再用切线支距法放样。

(二)切线支距法放样缓和曲线加桩

1. 切线支距法

切线支距法放样带有缓和曲线的平曲线是以缓和曲线的起点(直缓点 ZH 或缓直点 HZ)为坐标原点,以切线为 x 轴,以过原点的半径为 y 轴,根据缓和曲线和平曲线上各点的坐标放样曲线的方法(见附图 5)。

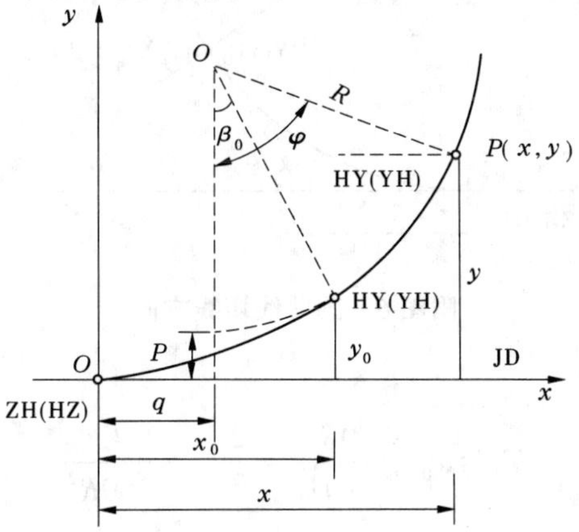

附图 5　切线支距法放样缓和曲线

2. 坐标计算

缓和曲线范围内各点坐标的计算公式如下:

$$x = l - \frac{l^5}{40R^2 l_s^2}$$

$$y = \frac{l^3}{6Rl_s}$$

圆曲线范围内各点的坐标的计算公式如下:

$$x = R\sin\varphi + q$$

$$y = R(1 - \cos\varphi) + p$$

$$\varphi = \frac{l - l_s}{R} \cdot \frac{180}{\pi} + \beta_0$$

式中　l——测点至 ZH 点或 HZ 点的曲线长;

l_s——缓和曲线长;

β_0——缓和曲线角。

(三)测设方法

计算出缓和曲线和圆曲线上各点的坐标后,即可按无缓和曲线时的圆曲线切线支距法的测设方法进行测设。

圆曲线上的各点也可以以缓圆点或圆缓点为坐标原点用切线支距法进行测设。测设时,应首先确定圆曲线切线的方向,由附图 6 可以看出,只要计算出 T_d 的长度后,HY 点或 YH 点的切线即可定出,然后以此方向为 x 轴,以缓圆点 HY 或圆缓点 YH 为坐标原点,以过该原点的半径为 y 轴,即可用已经学过的无缓和曲线时的圆曲线的切线支距法进行圆曲线的详细测设。

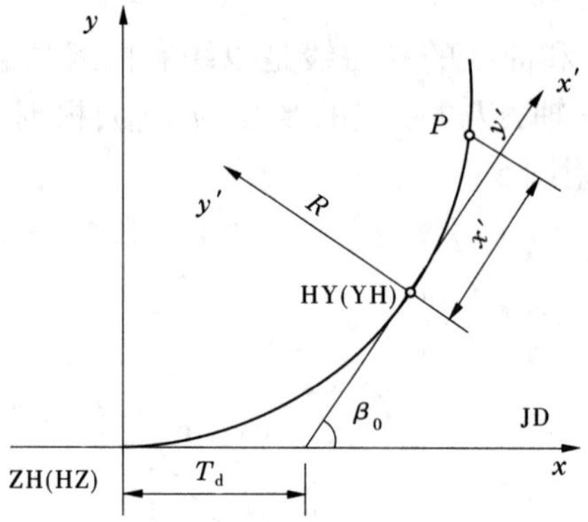

附图 6　圆曲线切线方向

T_d 的计算公式如下:

$$T_d = x_0 - \frac{y_0}{\tan\beta_0} = \frac{2}{3}l_s + \frac{l_s^2}{360R^2}$$

(四)偏角法放样缓和曲线加桩

偏角法放样带有缓和曲线的平曲线应分为两部分进行测设,即缓和曲线段部分和圆曲线段部分。

1. 缓和曲线上各点的放样

放样缓和曲线段上的各点时,可将经纬仪安置于缓和曲线的起点 ZH 或曲线的终点 HZ 进行放样。放样时,应首先计算各加桩的偏角,如附图 7 所示,设缓和曲线上任意一点 P 的坐标为(x,y),则 P 点的偏角为:

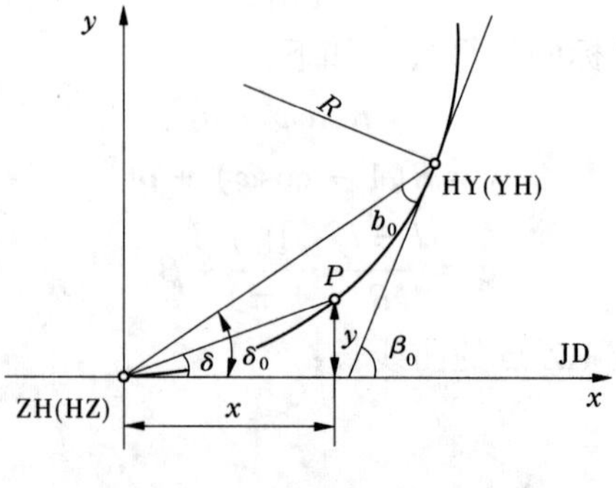

附图 7　偏角法放样缓和曲线

$$\delta = \arctan \frac{y}{x}$$

在实测时，因偏角较小，故可取

$$\delta = \frac{y}{x}(\text{弧度})$$

将曲线参数方程中的 x、y 代入上式并化为度，可得

$$\delta = \frac{l^2}{6Rl_s} \cdot \frac{180^\circ}{\pi}$$

当 $l = l_s$ 时，$\delta_0 = \frac{l_s}{6R} \cdot \frac{180^\circ}{\pi}$，因 $\beta_0 = \frac{l_s}{2R} \cdot \frac{180^\circ}{\pi}$，故有：

$$\delta_0 = \frac{1}{3}\beta_0$$

用上式计算出曲线上各点的偏角后，即可用与偏角法放样圆曲线一样的方法进行缓和曲线段的放样。其放样元素为偏角和弦长。

弦长的计算公式为：

$$c = \sqrt{x^2 + y^2}$$

或

$$c = \sqrt{(x_i - x_{i-1})^2 + (y_i - y_{i-1})^2}$$

式中 (x_i, y_i)，(x_{i-1}, y_{i-1}) ——缓和曲线上两相邻点的坐标。

2. 圆曲线上各点的放样

圆曲线上各点的放样，应将仪器安置于缓圆点 HY 或圆缓点 YH 上进行放样，这时应定出缓圆点或圆缓点的切线方向，要确定缓圆点或圆缓点的切线方向必须先计算出 b_0，如附图 8 所示。

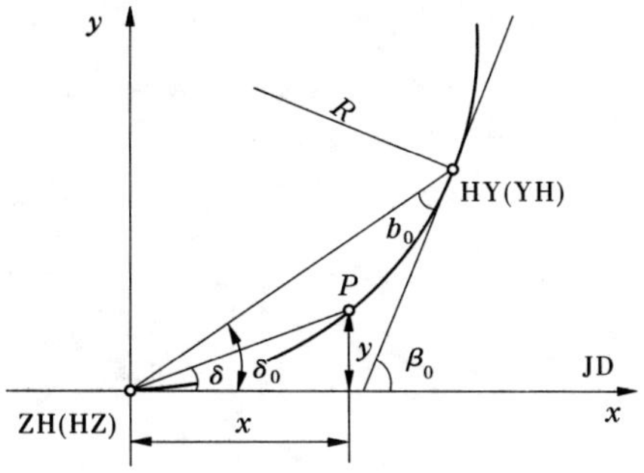

附图 8 缓圆点或圆缓点的切线方向

$$b_0 = \beta_0 - \delta_0 = 3\delta_0 - \delta_0 = 2\delta_0$$

计算出 b_0 后，将仪器置于 HY 点上，瞄准 ZH 点，水平度盘配置在 b_0；当曲线右转时，配置在($360^\circ - b_0$)，转动照准部使水平度盘读数为 0°00′00″并倒镜，此时视线方向即为 HY 点的切线方向，确定出切线方向后，就可以应用前面所讲的无缓和曲线时的圆曲线的放样方法放样圆曲线。